绿色发展理念下贵州农业供给侧结构性改革研究

肖小虹 王 超 著

科学出版社

北京

内 容 简 介

本书系统梳理了贵州省农业供给侧的现状和问题,分析了贵州省农业实施供给侧结构性改革的重大意义,提出以"绿色发展理念"来引领贵州省农业供给侧结构性改革的思路,并构建了贵州省农业供给侧结构性改革的框架。在以上理论研究的基础上,深入研究绿色发展理念下贵州省农业供给侧结构性改革的具体路径,有利于资源与环境约束下贵州省特色高效农业的可持续发展,提升贵州省的农业竞争力,增强农产品的品质与安全,帮助当地农民摆脱贫困实现持续增收。

本书适合"三农"问题、供给侧改革等领域的研究者和相关领域的高校师生阅读。

图书在版编目(CIP)数据

绿色发展理念下贵州农业供给侧结构性改革研究 / 肖小虹,王超著. —北京:科学出版社,2018.11
 ISBN 978-7-03-059253-8

Ⅰ.①绿… Ⅱ.①肖… ②王… Ⅲ.①农业改革-研究-贵州 Ⅳ.①F327.73

中国版本图书馆 CIP 数据核字(2018)第 245678 号

责任编辑:郭勇斌 周 爽 / 责任校对:张怡君
责任印制:张 伟 / 封面设计:无极书装

科 学 出 版 社 出版

北京东黄城根北街 16 号
邮政编码:100717
http://www.sciencep.com

北京中石油彩色印刷有限责任公司 印刷

科学出版社发行 各地新华书店经销

*

2018 年 11 月第 一 版 开本:720×1000 1/16
2018 年 11 月第一次印刷 印张:13 1/2
字数:240 000
定价:**98.00 元**
(如有印刷质量问题,我社负责调换)

序　言

随着农业发展形势的变化，农业供给侧结构性改革成为当前和今后一段时间我国农业必须解决的一个重要问题。贵州围绕这一重要问题，需要思考：贵州如何紧跟中央的步调，如何挖掘自身优势，如何凝练农业供给侧结构性改革方向，特别是贵州如何依据自身自然历史条件和禀赋特征，因地制宜地推进实施农业供给侧结构性改革。多年的实践、不断的反思和论证都表明：以绿色发展理念推动的贵州农业供给侧结构性改革是符合贵州农业实现高质量发展的一条重要道路。这条道路要求：既要发展山地特色农业，在一定程度解决地方"三农"问题，确保贵州与全国"同步小康"；又能保护好贵州脆弱的自然生态环境，切实突破产业发展与生态环境同步提升的世界性难题。

为此，商务部国际贸易经济合作研究院与贵州财经大学组织力量，成立课题组着手研究。在为期两年的研究时间里，课题组先后奔赴贵州省的贵阳市、遵义市、安顺市、黔东南苗族侗族自治州、黔西南布依族苗族自治州、黔南布依族苗族自治州、毕节市、铜仁市、六盘水市9个地州市开展调研，和各地社会科学部门及基层部门建立了紧密联系，从而保证研究的理论性和实践性都较为扎实可靠。项目成果在贵州财经大学工商管理重点学科资助下，形成了《绿色发展理念下贵州农业供给侧结构性改革研究》一书。

本书通过对相关概念及国内外文献的细致爬梳，阐述了近年来我国农业供给侧结构性改革的历史举措和经济、文化、社会三方面的现实成就。同时，介绍了美国、日本、德国三国的典型案例和国内有关省份农业供给侧结构性改革的经验路径。此外，课题组经过大量的调研发现，贵州长期以来在农业的发展上存在许多实际问题，很多与绿色发展理念是相悖的。譬如，无公害绿色有机农产品规模化、标准化程度低，农村劳动力专业技能落后，电子商务平台运营效果不理想等问题。针对这些实际问题，书中还颇有特色地提出了绿色发展理念推进贵州农业供给侧结构性改革的"系统路径"，包括调整绿色化的农业产业结构、推动现代山地特色高效农业发展、大力培育新型职业农民、利用贵州大数据的发展优势等。

本书以一个较大的篇幅从政府层面、社会层面及个体层面重点阐明了绿色发展理念下推进贵州农业供给侧结构性改革的保障措施。在政府层面，要落实新农业补贴及金融保险政策；引导新型农业经营主体试点工作；建立产品链体系保障价格与销量；完善相关制度和法律法规促进农业生产；引入知识管理提升农民参与水平；加快交通基础设施建设，保障产品出山通勤性；增加贫困劳动力就业创业的机会。在社会层面，要强化产业融合发展，加快构建发展新经济体系；构建农村电子商务产业链，培育本土电商企业；强化农业科技创新，转变传统农业发展旧轨道；鼓励社会资本参与，激发乡村创意农业新经济。在个体层面，要转变传统思维方式，积极顺应农业改革趋势；重视职业能力培养，打造新型职业农民；积极维护个体利益，避免改革产生内部矛盾；积极参与资本投资，增加农民参与改革方式。

　　总的来说，本书系统地研究了绿色发展理念下引领贵州农业供给侧结构性改革的内在机理和驱动机制；明确提出了推动绿色发展理念、引领贵州农业供给侧结构性改革的政策精准跟进举措，为贵州农业供给侧结构性改革推动精准扶贫给出了可行的方案。尤其是专门论述了如何在新形势下依据贵州优势地理位置和自然环境做出贵州特色的农业供给侧结构性改革，打造全国农业供给侧结构性改革的"贵州样板"。

　　贵州财经大学工商学院肖小虹同志及其研究团队长期在教学科研一线，为贵州各级政府部门提供了许多高水平、高质量政策建议，为贵州经济发展奉献了他们的智慧。相信本书的出版能够为贵州各级政府、涉农经济社会组织、科研机构和学者们提供一个在绿色发展理念下推进贵州农业供给侧改革问题较好的参考和研究范本。同时，我们也希望该团队继续努力，出更多的精品力作。

蒋永穆

四川大学经济学院教授，国务院特殊津贴获得者

2018 年 11 月 26 日

目　　录

第一章　绪　　论

第一节　绿色发展理念下贵州农业供给侧结构性改革的时代机遇

一、中央政策大力支持绿色发展推进农业供给侧结构性改革

随着我国对"三农"方面体制机制的不断深化改革，当前农业发展取得了丰硕成果，真真切切地实现了农业发展"质"的飞跃。然而，以追求产量为目的的发展方式造成了诸多矛盾和难题。如何在经济发展进入新常态下继续强本固基，破解"三农"新问题，习近平总书记指明了改革的方向，扩大总需求要适合当前发展的实情，同时注重供给侧结构性改革的作用[1]。此外，随着农业农村的发展进入新时期，农业主要矛盾由总量不足变化为结构性矛盾，而阶段性供过于求和有效供给不足是最为明显的两点[2]。2015年中央农村工作会议指出："要着力加强农业供给侧结构性改革，提高农业供给体系质量和效率，使农产品供给数量充足、品种和质量契合消费者需要，真正形成结构合理、保障有力的农产品有效供给。"[3]

党的十八届五中全会后，习近平总书记多次在重要场合强调加强供给侧结构性改革的重要性，同时与之相对应，也多次提及"创新、协调、绿色、开放、共享"五大发展理念，可见推动新的发展理念下农业供给侧的结构性改革是党的重要工作之一[4]。2016年3月18日，农业部党组书记、部长韩长赋在农业部召开的党组中心组（扩大）学习会上也再次强调，要深入学习贯彻习近平总书记关于推进农业供给侧结构性改革的重要指示精神，以新的发展理念推进农业供给侧结构性改革，把中央"三农"决策部署和全国"两会"精神真正落地，扎实推进农业农村经济发展，确保"十三五"开门红，树榜样[5]。

2017年中央一号文件指出，促进农业农村发展由过度依赖资源消耗、主要满足"量"的需求，向追求绿色生态可持续、更加注重满足"质"的需求转变[6]。2018年国务院关于构建现代农业体系深化农业供给侧结构性改革工作情况的报告再次强调各有关部门认真贯彻落实党中央、国务院决策部署，坚持以提高农业供给质量为主攻方向，以体制改革和机制创新为根本途径，着力推进农业

供给侧结构性改革，把高品质的、有效供给不足问题的解决放在首位，可见国家对于供给侧结构性改革的重视力度之大，重视程度之深[7]。增强农产品有效供给，必须以绿色发展理念为引领，以市场需求为导向，通过体制机制创新，改善及优化农产品的产业结构、运营结构，最终以激发农业农村发展的新动力为目标、提升农业供给效率和竞争力为动机，进而推动农业朝绿色生态可持续的路线发展，保障农产品从田间到"舌尖"的安全，以绿色、安全、高品质的农产品满足群众消费升级的需求，是当前国内农业供给侧结构性改革的重中之重[8]。

此外，生态、绿色农业经济作为21世纪农业经济发展的新业态，是绿色发展理念引领下我国农业迈向绿色生态、经济高效、可持续发展的基本要求。党的十八届五中全会提出绿色发展理念，是将生态文明融入经济发展的全新发展理念，即在经济发展中注重资源节约、生态环保、低碳循环、安全高效[9]。综合而言，生态化、可持续性是时代给农业发展赋予的新标准，是推动农业供给侧结构性改革的必然要求[10]。

二、乡村振兴战略为农业供给侧结构性改革创造了时代机遇

"农业、农村、农民"问题一直是全党工作的重中之重，只有解决好、处理好"三农"问题才能确保全面建成小康社会的目标实现。党的十九大报告明确指出乡村振兴战略是新时代党做好"三农"工作的总抓手，该战略再次强调"三农"问题是国家、党的中心任务。2018年1月国家出台的《中共中央 国务院关于实施乡村振兴战略的意见》中指出："坚持农业农村优先发展，按照产业兴旺、生态宜居、乡风文明、治理有效、生活富裕的总要求，建立健全城乡融合发展体制机制和政策体系，统筹推进农村经济建设、政治建设、文化建设、社会建设、生态文明建设和党的建设，加快推进乡村治理体系和治理能力现代化，加快推进农业农村现代化，走中国特色社会主义乡村振兴道路，让农业成为有奔头的产业，让农民成为有吸引力的职业，让农村成为安居乐业的美丽家园。"[11]乡村振兴战略在政策上给予了农业供给侧结构性改革明确支撑，为深入推进农业供给侧结构性改革增添推力。推进乡村振兴，最根本是要解决农业高质量发展问题，从而最终归结到农业供给侧结构性改革的层面，尤其是对于作为全国脱贫攻坚的主战场的贵州省而言，乡村的发展是从根本上精准扶贫、消贫的根治"良药"。正是乡村振兴战略的提出，为贵州在绿色发展理念下推动农业供给侧结构性改革指明了正确方向和提供了政策上的巨大支持。

在"五位一体"和"四个全面"的基本前提下，推进乡村振兴战略过程中，《中共中央 国务院关于实施乡村振兴战略的意见》指出："农业综合生产能力稳步提升平稳上升态势，农业供给体系质量明显提高，农村一二三产业融合发展水平进一步提升"，这一建设目标要求再次肯定农业的发展在新时代尤为关键，从而为农业供给侧结构性改革提供了更加坚定的目标导引，更为绿色发展理念下的贵州农业供给侧结构性改革提供明确的政策支持。《中共中央 国务院关于实施乡村振兴战略的意见》指出，要对农村基础设施加大建设力度，从而为乡村振兴战略的实施做好基础保障，这也再次戳中贵州当前农业发展的"痛点"，贵州独特的喀斯特地理地貌致使交通基础设施建设成本高、难度大，制约了当地农业的高质量发展，此次乡村振兴战略对农村基础设施建设有了明确要求，从而为贵州推进农业供给侧的绿色改革提供了指引，更加坚定地推进绿色发展理念下农业供给侧结构性改革的任务要求。

"推进乡村绿色发展，打造人与自然和谐共生发展新格局"是乡村振兴战略的重要内涵之一。当前生态环境脆弱和乡村污染是国家急需重点解决的问题，直接关乎老百姓的健康和生存质量。对于农业来说，关键是在绿色发展理念下推进乡村建设发展，发展绿色农业。乡村振兴战略的实施为当前农业供给侧结构性改革提供明确指引和政策支撑。尤其对拥有优良的先天生态环境，被誉为"公园省"的贵州来说，必须紧跟"新时代"乡村振兴发展的步伐，及时调整农业供给侧结构性改革的方案，实施高质量、高标准、高附加值、深层次的农业供给侧结构性改革，紧抓当前良好的发展机遇，将绿色发展理念引领下的贵州农业供给侧结构性改革充分融入乡村振兴战略当中，发挥其政策优势条件，实现农业供给侧结构性改革的顺利推进[5]。

三、贵州优势资源条件为农业供给侧结构性改革奠定了基础

从自然条件来说，贵州主要是云贵高原典型的高原山地地形，高原、山地、丘陵和盆地是贵州主要的地貌类型，且其中92.5%的面积为山地和丘陵。地理环境决定了其不能像东部平原地区一样开展传统的利用农耕机械发展大规模机械化种植，所以必须因地制宜，充分发挥贵州山地的绿色、生态的优势，改善结构，加快发展，发挥山地特色优势，发展现代高效生态绿色农业经济。从产品源头、产业结构布局、市场开发、运营主体全方位调整贵州农业供求矛盾，实现供求最大程度匹配，提高农业发展效率和质量，提升贵州特色山地农业的发展空间。基于上述分析，充分发挥绿色发展理念下的农业供给侧结构性改革这一策略的作用

是贵州农业发展的必然要求和途径。

从技术优势来说，贵州大数据强劲的发展势头为贵州发展高效的现代农业提供了技术上的强大支撑。高新技术产业在贵州不断发展，带动了当前农产品电子商务的极大发展，使得贵州农村电子商务的发展有了一定的规模和基础，从而为贵州农业供给侧结构性改革提供了相应的技术保障和支持。

从政策优势条件来说，从 2017 年以来，贵州继续深入贯彻落实中央农村工作会议、中央一号文件和《中共贵州省委 贵州省人民政府关于深入推进农业供给侧结构性改革加快培育农业农村发展新动能的实施意见》（黔党发〔2017〕1 号）等会议、文件精神，贵州省农业委员会对贵州省农业供给侧结构性改革作出安排部署。同时，为做好 2017 年贵州省农业农村工作，贵州省农业委员会再次强调，把握稳中求进总基调，围绕农业生产增效、农民生活增收、农村生态增值，以农业供给侧结构性改革为主线[12]，以调结构、增规模、创品牌、占市场为主要任务，加快结构调整步伐，加大农村改革力度，强化产业精准扶贫，推动现代山地特色高效农业发展取得新进展，农业供给水平再上新台阶，农村脱贫攻坚和全面小康建设迈出新步伐，为贵州省农业供给侧结构性改革保驾护航。

第二节　绿色发展理念下贵州农业供给侧结构性改革的原则与方向

一、原则

（一）以市场需求为导向，强化市场信息引导

随着农业发展主要矛盾从量的层面转变为质的层面，当前如何更加贴合市场消费者的需求是关键，贵州农业同样存在这样的问题。在推进贵州农业供给侧结构性改革时，要紧紧围绕市场需求组织农业生产经营，使农产品供给在数量上更加充足、在品质上更加符合消费需求，形成结构合理、保障有力的农产品有效供给[13]。以农产品的市场需求为导向，遵循经济规律，要深入研究贵州、中国甚至全球农产品市场需求特点，全方位把握市场供求形势，善于利用市场动态信息及时指导农业生产，善于运用市场的办法指导，同时充分发挥政府的调控和支持作用来保障绿色发展理念下农业供给侧结构性改革顺利开展。

（二）从实际出发，优化绿色有机农产品供给

推动农业供给侧结构性改革，必须依据贵州各地实际情况，因地制宜，进而使生产以动态的供给信息为引导，充分发挥贵州各地的农业资源优势，真正实现有效供给。此外，其对农业生态环境保护具有重要意义，进而不断建立有效率、有效益、可持续的贵州特色的有机农产品供给体系。同时，要不断厚植贵州农业农村发展优势，在绿色发展理念的引领下，推动贵州现代山地特色高效农业发展、一二三产业协调均衡有序发展、高效农业生态园区的发展，进一步促进贵州乡村振兴。另外，还要大力发展现代种业和山地农业机械化，积极推进多种形式农业适度规模经营，加强农业资源保护和农业生态保护与修复，把贵州打造成无公害绿色有机农产品大省[14]。

（三）坚持农民的主体地位，尊重当地农民意愿和经营自主权

"农民"是核心、是前提，这是推动农业供给侧结构性改革的必然要求，必须要重视农民的想法和尊重其经营主动性，才能从根本上确保农业供给侧结构性改革的顺利开展。此外，必须发挥农民的主动性，农民能够及时了解农业、农产品的市场行情或发展趋势，各级政府则要行使好为农民保驾护航的作用，例如，积极营造良好的农产品交易环境，提供各项有针对性的优惠政策，切勿过于行使硬性政府杠杆，不可脱离各地实际情况，等等。还要充分调动贵州农业各类经营主体的积极性，加快构建以农户家庭经营为基础、合作与联合为纽带、社会化服务为支撑的现代农业经营体系[15]。一切改革都应以农民主体地位、增进农民福祉为核心目标和工作重点，为乡村振兴战略的推进做好基础保障。保证农户家庭经营是农业发展的前提条件不可动摇，同时各地政府要投入相应资源努力培育新型农业经营主体和新型农业服务主体，进而使农户在生产经营中能够得到更加科学系统的指导和技术保障，提高农业生产效率，增强有效供给，真正实现农业供给侧结构性改革的目标。

（四）推进农业机制改革创新，激发内生动力

要想更加稳固地推动农业供给侧结构性改革，改革创新必须更加深入、全面，科技创新为内在推动力，同时积极建立健全农业结构优化完善、贴合现代高效农业发展要求的体制机制。一是深化农产品价格形成机制和收储制度改革，增添农业市场活跃因子；二是深化农村产权制度改革，激发农业要素活力；三是推进农

业经营机制的创新，激发农业主体的内在动力；四是提升科技创新的推动力，进而发掘农业的新动能和创新创业活力。

（五）结合贵州特色绿色生产，走现代高效农业的道路

绿色生态是贵州农业的特色，化解绿色产品生产弊病、保障农产品的质量安全，是农业供给侧结构性改革的底线原则[16]。一是提升农业的发展质量，建立健全绿色产业生产和供给体制机制；二是发挥生态优势带动现代高效农业的发展，推进绿色经济的进程。规范农业生产主体和经营企业的准入、监督机制，进而推进建设资源节约型、环境友好型农业的进程，最终构建出资源利用率高、生态系统成熟、产地环境优质、产品质量高的现代高效农业发展格局。

二、方向

（一）调结构

在农业供给侧结构性改革中，必须重视农产品供给结构的合理性，从结构上注重是核心要求。贵州农业供给侧要以调结构为出发点，在以下几个方面努力。一是为市场供给质量、品质、安全过关的农产品，大力增加地理标志的农产品品牌的建设力度和推广及使用范围；二是植根于贵州特殊生态环境和气候特点，发展特色个性农产品；三是加大生产功能性的农产品的力度，同时大力支持培育绿色有机、对生命健康有增效作用的高质量农产品；四是转变传统农业生产方式和种植结构，优化高效、绿色、合理的农业发展方式，积极尝试创建和完善农业资源有效保护、利用率高的政策和技术支撑体系，建设符合贵州地方特色的农业绿色生产试验示范区和现代高效农业产业园。

（二）提品质

以消费者多层次的需求结构为引领，加大农业供给侧结构性改革的力度，提升农产品的有效供给和高品质供给水平是核心要求。当前农产品供给低端产品产量过大，高品质产品不能满足消费者的需求，因此，在贵州农业供给侧结构性改革中必须处理好品质与数量的关系，尽快化解农产品供给与需求不对称的问题，进而增强其需求与供给的贴合度，形成良性循环的农业经济。此外，要及时掌握市场动态、了解农产品消费者不断变化的需求，针对性地生产与市场极度匹配的农产品，提升农产品转化为经济价值的效率，降低转化成本。贵州在进行农业供给侧结构性改革的过程中，必须注重现代农业的科学标准和要求，同时加大创建品牌和推广品牌的力度，推动品牌经济的发展。必须要培育知名农业品牌，如现有的"生态鸡"、茶叶、食用菌、黑毛猪、马铃薯、火龙果等绿色优质品牌，形成优质优价的正向激励机制。因此，要提高农产品品质，创建品牌及加大品牌保护力度，从而提升贵州农产品的品牌价值。

（三）去库存

一定阶段内我国的主要农产品供给主要来源于国内生产、进口等途径。随着农业科技、政策支撑等条件的大力改善，国内的基本农产品数量越来越多，基本上供给大于需求，且形成一定的库存量。针对低端产品过剩，库存压力大的问题必须要有针对性地解决，通过加大和深化农业供给侧结构性改革来化解国内库存和市场出清弊病，必须要合理控制基本农产品的生产，同时注重市场需求的高端农产品的生产。此外，为合理调节农产品供给与需求关系，进一步完善农产品价格机制，同时延长农产品产业链条，推动农产品深加工，提升单位农产品的附加价值[17]，还要充分考虑当前创新发展、绿色发展等新理念的提出，推动农业的发展切合绿色发展等新发展理念，推动现代高效农业的发展。贵州也不例外，必须要注重质量，合理调节库存量，把发展的空间倾斜到更高品质的发展上来。

（四）降成本

在推动农业供给侧结构性改革的过程中，必须要以当前新的发展理念为引领，突出绿色发展理念的指引作用，处理好国内、国际两个市场，解决好国内农产品生产成本与国外进口农产品成本之间的矛盾，吸取国际经验，发展国内优势，降低农业发展成本，提升农业综合竞争力，推进农业供给侧结构性改革。此外，贵州还要采取各项政策措施减轻绿色有机、高端农产品的生产成本及市场流通交易成本，进而形成一定优势。必须要以降低农业经济成本为方向去开拓全省、全国乃至全球的农产品市场。贵州农业要借鉴先进技术和经验，转变农户的生产观念，来适度规模化和专业化生产，降低生产成本，提高竞争力。

（五）补短板

整体经济的发展，使得农业也得到了巨大的发展，同时随着市场不断地变化，农业之前供给量不足的主要矛盾转化成有效供给不足、结构性的矛盾[18]。因此，在推动贵州农业供给侧结构性改革的过程中，必须要抓住主要矛盾，具体问题具体分析，不可盲目照搬其他地区或国家的经验，以免脱离实际情况，造成不必要的农业损失，抓住短板，集中突破是核心。此外，还要注重农业产业链的延伸发展，推动一二三产业的有机结合发展。由于地形条件，贵州农业的基础设施不完善，科技支撑能力不足，农业及农产品加工效率不高，农业产业过于分散，无法朝着规模化生产转变，这种局面阻碍着该地区农业发展增收与农村产业发展，基础设施建设、技术、人才、创新和资金等是主要短板。总而言之，必须要重视"木桶理论"，抓住短板，高质量地推动农业供给侧结构性的改革；必须要注重主要矛盾的解决才是重点指导方向，最终才能逐步实现贵州农业供给侧的结构性改革，推进乡村振兴战略的进程。

第三节 核心概念的界定与理论基础

一、核心概念的界定

（一）绿色发展

"绿色发展"是近十几年才由国外引进国内的新名词，相关概念及理论尚处在不断完善的过程中，学术界对于"绿色发展"尚无明确的界定，本书主要总结论述"绿色发展"这一核心概念提出的时间，并对一些著名学者对绿色发展概念的定义进行梳理。

联合国开发计划署（United Nations Development Programme，UNDP）发表的《中国人类发展报告 2002：绿色发展，必选之路》中，首次提出绿色发展应当成为中国的发展之路[19]。长期以来中国实行的是以"增长优先"的传统发展模式，绿色发展是一条创新的发展之路，中国经济建设领域就出现了"绿色发展"的概念。2003 年，清华大学国情研究中心（现为国情研究院）主任胡鞍钢在首届"绿色中国"论坛上提出，从"黑色发展"到"绿色发展"的转型之路是中国的根本出路。2004 年 1 月，在第二届"绿色中国"论坛上，胡鞍钢教授又提出了"绿色改革"是我国绿色发展之路的首要问题。《2010 中国可持续发展战略报告》以"绿色发展与创新"来应对我国在推进可持续发展战略过程中遇到的各种问题。我国"十二五"规划纲要明确指出发展循环经济的首要任务，从推行循环型生产方式、健全资源循环利用回收体系、推广绿色消费模式、强化政策和技术支撑四个方面做起[20]，也阐明了我国建设资源节约型和环境友好型社会过程中面临的诸多挑战和困难。2012 年联合国可持续发展大会认为，绿色经济是实现可持续发展目标的途径，绿色经济的核心就是绿色发展。党的十八大对大力推进生态文明建设作出战略部署，明确提出着力推进绿色发展、循环发展、低碳发展，形成节约资源和保护环境的空间格局、产业结构、生产方式、生活方式[21]。党的十八届三中全会围绕建设美丽中国、深化生态文明体制改革提出了新的要求，强调加快建立生态文明制度，健全国土空间开发、资源节约利用、生态环境保护的体制机制[22]。在 2015 年 10 月，党的十八届五中全会上，"十三五"规划纲要提出要牢固树立和贯彻落实创新、协调、绿色、开放、共享的新发展理念[7]，为实现"十三五"时期发展目标，破解发展难题，厚植发展优势[23]，必须号召坚持绿色富国、绿色惠民，推动形成绿色发展方式和生活方式，促进人与自然和谐共生，加快建设主体功能区，推动低碳循环发展，全面节约和高效利用资源，加大环境治理力度，筑牢生态安全屏障。这是关系我国发展全局的一场深刻变革。其中"绿色发展理念"更是顺应当前生态经济发展的浪潮，对各产业具有重要的引领意义，特别是为农业供给侧结构性改革提供了强大的理论支撑。

2017 年 10 月党的十九大上习近平总书记指出："走向生态文明新时代，建设美丽中国，是实现中华民族伟大复兴的中国梦的重要内容。中国将按照尊重自然、顺应自然、保护自然的理念，贯彻节约资源和保护环境的基本国策，更加自觉地推动绿色发展、循环发展、低碳发展，把生态文明建设融入经济建设、政治建设、文化建设、社会建设各个方面和全过程，形成节约资源、保护环境的空间格局、产业结构、生产方式、生活方式，为子孙后代留下天蓝、地绿、水清的生产生活环境。"[24]党的十九大对生态文明建设和绿色发展高度重视，表明我国生态文明建设和绿色发展将迎来新的战略机遇。坚持绿色发展，必须坚持节约资源和保护环境的基本国策，坚持可持续发展，坚定走生产发展、生活富裕、生态良好的文明发展道路，加快建设资源节约型、环境友好型社会，形成人与自然和谐发展现代化建设新格局，推进美丽中国建设，为全球生态安全做出新贡献[25]。此外，要促进人与自然和谐共生，构建科学合理的城镇化格局、农业发展格局、生态安全格局、自然岸线格局，推动建立绿色低碳循环发展产业体系[26]。牢固树立并切实贯彻"五大发展理念"，是关系我国发展全局的一场深刻变革，攸关"十三五"乃至更长时期我国发展思路、发展方式和发展着力点，是我们党认识把握发展规律的再深化和新飞跃，丰富发展了中国特色社会主义理论宝库，成为全面建成小康社会的行动指南、实现"两个一百年"奋斗目标的思想指引[27]。同时，也以此为思想明灯指引农业供给侧结构性改革稳健发展，取得优异成效。

关于绿色发展的学术研究，国内学者起步较晚，随着国家政府的重视及相关政策的颁布，国内学者逐步深入对于绿色发展的研究，主要从其理论基础、发展路径、影响结果等多方面进行探索。关于绿色发展的概念论述，从其侧重点出发，主要包括以下几个方面。

一是绿色发展是不同于传统发展模式的一种新型创新发展模式。绿色发展是在传统基础上的一种模式创新，是建立在生态环境容量和资源承载力的约束条件下，将生态保护作为实现可持续发展重要支柱的一种新型发展模式[28]。例如，霍艳丽和刘彤提出并阐述了绿色发展包括生态健康、经济绿化、社会公平和人民幸福这四层内涵，并指出绿色发展属于生态经济建设范畴[29]；胡鞍钢将绿色发展界定为"经济、社会、生态"三位一体的新型发展道路，以合理消费、低消耗、低排放、生态资本不断增加为主要特征，以绿色创新为基本途径，以积累绿色财富和增加人类绿色福利为根本目标，以实现人与人之间和谐、人与自然之间和谐为根本宗旨[30]；杨继枝将绿色发展与生态文明建设二者融为一体，阐述了四个内涵各三个特征，但是没有给出一个清晰的总括的界定[31]，等等。

二是从绿色发展与我国传统文化的渊源上来论述其概念。例如，罗文东和张曼从纵向的人类社会文化背景角度，阐述了绿色发展理念的提出是基于人类对于发展规律的认知不断深化，接着论述了绿色发展实践和绿色发展制度，并没有对绿色发展做具体界定[32]；李珍从中国传统文化之儒家"天人合一"、道家"道法自然"的思想中蕴含的绿色思想，以及马克思主义生态文明思想中对遵循自然规律的阐述，介绍了绿色发展观提出的思想来源及其三个基本特征[33]，等等。

三是从时代背景、地方绿色发展建设等不同方面来探讨绿色发展的概念。例如，王金南等根据国家目前发展现状，提出了绿色发展战略规划的五个内容、国家绿色发展战略需要实现的中长期目标，为国家绿色发展规划提供了建议和制定策略[34]；刘纪远等建立起以自然、经济、社会和人力四大资本为核心的绿色发展概念框架，借鉴了国际上有关国家绿色发展的经验，结合我国西部地区具体情况，利用政府干预，最终实现社会经济发展与自然生态环境和谐相处的绿色发展[35]；张涛探讨了"新时代中国特色社会主义"背景下习近平总书记对绿色发展做出的贡献，指明绿色发展观包含着两个问题，一是回答什么是绿色发展，二是怎样实现绿色发展，分别从树立绿色发展理念、加快绿色发展实践和健全绿色发展制度三方面贯彻党中央的发展战略[36]，等等。

（二）供给侧结构性改革

供给侧研究最先是在国外兴起的，代表是20世纪70年代的西方的供给学派，强调供给侧与政府减少干预，经济自由。随着我国领导人根据中国国情、经济发展面临的具体问题提出供给侧结构性改革这一项国家政策性改革措施，中国学者纷纷涌入该领域进行研究。

推动供给侧结构性改革的国际背景：一是2008年金融危机爆发后世界主要经济体量化宽松政策以求经济复苏，但实际效果微弱，单一的需求刺激手段没有取得经济回升的效果；二是全球分工格局加快调整，跨境资本重新配置，各主要经济体都力求通过结构性调整提升分工位势，争取更有利的分工地位[37]。

推动供给侧结构性改革的国内背景：2008年的金融危机爆发后，经济复苏速度缓慢，我国经济增速自2010年以来波动下行，目前我国经济发展需求与供给间出现严重失衡现象。

我国关于供给侧结构性改革概念的研究相对于国外比较晚，国内对于供给管理的重视始于2008年的金融危机。贾康等发表《中国需要构建和发展以改革为核心的新供给经济学》，标志着中国新供给经济学的到来，贾康等从经济增长的动力，系统地提出了供给侧理论的创新，"突破需求管理局限而助力经济增长，急需推进经济学理论在供给侧研究的创新——在不完全竞争这一更符合真实世界情况的大前提下，认识和把握以物质要素的供给和制度安排的供给所合成的动力源"[38]。中国新供给经济学的核心观点是："政府应当以机制创新为切入点，以结构优化为侧重点，着力从供给端入手推动中国新一轮改革，以有效化解'滞胀''中等收入陷阱'等潜在风险，实现中国弥合'二元经济'、趋向现代化的新一轮经济可持续健康发展与质量提升，并提出了'八双''五并重'的政策主张。"

2015年11月10日，习近平总书记主持召开中央财经领导小组第十一次会议，会议主题为研究经济结构性改革和城市工作，习近平总书记首次在中国提出供给侧结构性改革经济政策，旨在调整经济结构，使要素实现最优配置，提升经济增长的质量和数量。供给侧结构性改革结合中国国情，正确解读了当今中国所处的经济发展位置，为中国经济政策、前景提出了新的方向。2016年1月6日，习近平总书记主持召开中央财经领导小组第十二次会议，会议主题为研究供给侧结构性改革方案，供给侧结构性改革被视为经济转型过程中的重要举措。2017年10月18日，习近平总书记在十九大报告中指出，深化供给侧结构性改革，必须把发展经济的着力点放在实体经济上，提高供给侧质量，建设现代化经济体系[39]。供给侧是相对于需求侧提出来的，需求侧改革主要有投资、消费、出口这"三驾马车"驱动，且过度依赖投资来拉动；供给侧则有制度变革、结构优化和要素升级，对应着改革、转型、创新这"三大发动机"，提升全要素增长率，培育新的增长点，形成新的增长动力。供给侧结构性改革实际上就是"供给侧＋结构性＋改革"，即用改革的办法推进结构调整，减少无效和低端供给，扩大有效和中高端供给，增强供给结构对需求变化的适应性和灵活性，提高全要素生产率，使供给体系更好地适应需求结构变化。

（三）农业供给侧结构性改革

在供给侧结构性改革的大背景下，针对中国农村经济发展的现状及面临的问题，2015年12月的中央农村工作会议上，首次提出且强调关于"农业供给侧结构性改革"这一创举，其指出，要着力加强农业供给侧结构性改革，提高农业供给体系质量和效率，使农产品供给数量充足、品种和质量契合消费者需要，真正形成结构合理、保障有力的农产品有效供给。农业供给侧结构性改革的核心：通过自身的努力调整，让农民生产出的产品，包括质量和数量，符合消费者的需求，实现产地与消费地的无缝对接。会上，中国农业部部长韩长赋表示，中国农业经济运行中有总量平衡问题，但结构性问题更为突出，要加快推进农业供给侧结构性改革，下力气推进种植业、畜牧业、渔业结构调整[40]，重点是调减玉米种植面积，调整生猪、牛羊、渔业生产布局，巩固提升粮食产能，推动粮经饲统筹、农牧渔结合、种养加一体、一二三产业融合发展[23]。2016年3月，习近平总书记在第十二届全国人民代表大会第四次会议上指出："推进农业供给侧结构性改革，提高农业综合效益和竞争力，是当前和今后一个时期我国农业政策改革和完善的主要方向。"[41] 2017年2月，21世纪以来指导"三农"工作的第14份中央一号文件《中共中央 国务院关于深入推进农业供给侧结构性改革加快培育农业农村发展新动能的若干意见》，文件指出推进农业供给侧结构性改革，要在确保国家粮食安全的基础上，紧紧围绕市场需求变化，以增加农民收入、保障有效供给为主要目标，以提高农业供给质量为主攻方向，以体制改革和机制创新为根本途径，优化农业产业体系、生产体系、经营体系，提高土地产出率、资源利用率、劳动生产率，促进农业农村发展由过度依赖资源消耗、主要满足量的需求，向追求绿色生态可持续、更加注重满足质的需求转变[42, 43]。2017年3月，国务院总理李克强在第十二届全国人民代表大会第五次会议开幕会上作政府工作报告时强调,推进供给侧结构性改革是农业政策改革和完善的主要方向[44]。2017年10月,习近平总书记在党的十九大报告中指出:"农业农村农民问题是关系国计民生的根本性问题,必须始终把解决好'三农'问题作为全党工作重中之重。"[45]要解决我国农业当前问题,就要以提高供给质量为新时代农业供给侧结构性改革的主攻方向[46]。

关于农业供给侧结构性改革的概念,学者们从不同方面对其进行了阐述,主要包括以下三个方面。

一是运用农业供给侧结构性改革的内涵,对农产品种业进行改革。例如,戴晋等指出我国经济处于转型发展期,农业供给侧结构性改革主要集中在生产满足人民需要的高质量农产品方面,从改革目标、任务、保障措施等方面侧重研究了玉米种业农作物的供给侧结构性改革[46];谢明杰等指出在农业供给侧结构性改革政策背景下农产品供需失衡,要加大农业产品加快提质增效转型升级的力度,并以河南省这一谷子生产大省为例,分析了谷子产业现状、谷子产业突破发展的路径[47],等等。

二是运用农业供给侧结构性改革的内涵,研究不同省份具体的农业改革问题。例如,韦晓菡根据农业供给侧结构性改革要求,考察了广西壮族自治区农业产业集群发展现状存在的问题、问题产生的原因及解决路径[48];陈训波和朱文调查研究了四川省新型农业经营主体发展的具体情况,根据农业供给侧结构性改革的内涵指出了新型农业经营主体发展现存的问题[49];许婷指出推进农业结构调整要以市场为导向,侧重利用市场供需关系来调控农业资源配置,着力注重高效率生产高质量的农产品,分析重庆市农产品流通不畅的原因并提出改进路径[50],等等。

三是将农业供给侧结构性改革与时代背景结合,进一步阐明农业供给侧结构性改革的内涵和外延。例如,李娜梅和刘欣琪提出结合当今信息时代这一背景,运用"互联网+农业"的新路径,加快传统农业发展转型[51];费文君等研究了旅游型乡村对乡村发展的推进作用,根据我国农业供给侧结构性改革的内涵和具体要求,对旅游型乡村的发展现状及问题进行分析并提出了"四态"规划法[52];杨丽君研究了新常态背景下农村消费视角的我国供给侧结构性改革,实现农村消费供给和需求匹配和农业生产的技术创新[53],等等。

农业供给侧的改革的过程是农民自身要处理好农业生产的规模与质量,因为农民是运行的主体。农业的发展方式也需要转变,要从供给入手,改善供给结构,这才能充分地实施农产品供给侧的改革。供给侧结构性改革,要想得到有效的推进，除了国家的宏观调控之外，农民也要转变发展观念。通过施化肥、打农药、单纯追求产量增长的生产方式，已经不符合时代的潮流[54]，农民还得要调整种植结构，多生产绿色有机食品，满足消费者的需求，来提升经济效益[55]。同时，推进农业供给侧结构性的改革不仅有利于增强农业的经济效益和竞争力，而且也会促进农民收入的增长，提升农村的生活水平，最终有益于实现全面建成小康社会的目标。

二、研究的理论基础

（一）可持续发展理论

1980 年国际自然保护同盟制定的《世界自然保护大纲》里提到了"可持续发展"一词，这是最早出现可持续发展概念的国际性文件，从此引起了国际范围内的广泛关注。1987 年，世界环境与发展委员会（World Commission on Environment and Development，WCED）在联合国大会上发表《我们共同的未来》（Our Common Future）报告，将"可持续发展"正式定义为一种发展模式，既能满足我们现今的需求，同时又不损及后代子孙满足他们的需求[56]。自此，可持续发展成为国际性关注问题，这也被普遍认同为可持续发展概念的起点。Mebratu 将可持续发展概念的发展分为三个时期，前斯德哥尔摩时期——从斯德哥尔摩到 WCED 时期——后 WCED 时期[57]。国外研究丰富了可持续性发展理论内容，如 Ahmad 等的可持续发展数学分析，运用定量分析对在"人口-资源-环境-发展-管理"五位一体复杂系统中提取的关系进行调控[58]；《可持续发展百科全书》（The Encyclopedia of the Sustainable Development）中，提到了建立在可持续发展系统中的三维模型，即"生态响应（自然）—经济响应（财富）—社会响应（人文）"这三维，用来侦查可持续性发展行为的正确性[59]，该模型如图 1-1 所示。

Kates 提出可持续性科学（Sustainability Science）是"在局地、区域、全球尺度上研究自然和社会动态关系的科学，是为可持续发展提供理论基础和技术手段的科学"，强调在发展的名义下，将"自然—社会"互动机制的有机融合，开辟了新兴的"可持续发展科学"，为可持续发展的探索提供了理论和实践基础[60]。

国内学者对可持续发展理论的理解，从相关学科视角提出关于可持续发展的基础与核心理论。例如，李龙熙总结出可持续发展的 5 个基础理论包括经济学理论中的增长的极限理论、知识经济理论、可持续发展的生态学理论、人口承载理

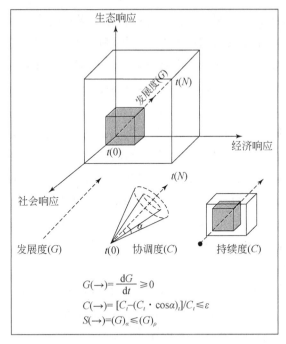

图 1-1 可持续发展系统中的三维模型

论、人地系统理论，4 个核心理论包括资源永续利用理论、外部性理论、财富代际公平分配理论、三种生产理论[61]；牛文元总结了可持续发展的阈值判断，由资源丰富、忍耐能力、可替代性和前瞻能力 4 个变量形成测算中国可持续发展表达式，可持续发展能力（Capacity of Sustainable Development，CSD）的建设方程，对可持续发展能力进行了定量分析并加以修正[62]；牛文元还总结了近年来可持续发展理论的三个发展方向及根据中国国情研究产生的第四种理论发展方向，即把"发展度、协调度、持续度在系统内的逻辑自洽"作为可持续发展中心思考点的可持续发展的系统学方向[63]；张晓玲在层级空间维度引入了"可持续发展"，系统阐述了可持续发展的两种形式，即以"人"为中心的弱可持续发展和以"自然"为中心的强可持续发展[64]，等等。

（二）绿色发展理论

David Pierce 首次提出"绿色经济"名词，又称为"可承受的经济"，发展社会经济应该在自然环境和人类自身承受范围内，社会发展的管理方式与生态环境是相互影响、相互依赖的，环境质量在很大程度上影响着经济发展质量[65]。联合国开发计划署将绿色经济定义为在正确处理人与自然和谐相处的关系中，能给人们创造体面高薪的工作、能够促进社会经济健康发展并且可以提高人类生活质量的经济[66]。Reardon 提出:"绿色经济的中心思想包括可持续性、生产过程和消耗过程要符合当地的环境状况、尊重生态环境并且不能不加限制地使用资源。"Reardon 认为研究绿色经济与自然环境的关系需要从能源与环境角度进行探究[67]。

绿色发展的理论外延不断被学界研究扩展。直到近年来,绿色发展被中国提到了一个新的高度。习近平总书记提出"两山"理论也是对绿色发展理论内容的补充,即"绿水青山"和"金山银山"。2005 年 8 月 15 日,时任浙江省委书记的习近平在安吉考察时首次提出"绿水青山就是金山银山"这一科学论断。2013年,习近平总书记针对我国经济发展过程中生态环境面临着严峻问题,再次强调"我们既要绿水青山,也要金山银山。宁要绿水青山,不要金山银山,而且绿水青山就是金山银山"[68]。

联合国环境规划署(United Nations Environment Programme,UNEP)认为绿色经济可以"改善人类福祉和社会公平,同时极大地减少环境风险和资源稀缺性,具有低碳、资源节约和社会包容性的特点"[69]。

胡鞍钢和周绍杰从建立的绿色发展 "三圈模型"即包括经济系统、社会系统和自然系统的分析框架入手,形成了"绿色增长-绿色财富-绿色福利"之间的耦合关系,分别界定了三个名词的内涵与外延,提出在该模型形成的交互机制基础上促进三大系统的正向交互、抑制负向交互,最终实现绿色发展[70]。

2015 年,党的十八届五中全会上,国家领导人将绿色发展理念作为五大发展理念之一,列为我国的基本国策。绿色发展理念是建立在传统发展模式基础上的一种创新,它是将时代发展的特征和马克思主义的生态理念结合起来,将生态文明建设融入经济、政治、文化、社会建设各方面和全过程的全新发展理念,中国提出的这一发展理念是对绿色发展理论的重要补充[71]。付伟等在习近平总书记"两山"理论的基础上又提出了"生态山"和"经济山",并结合生态学的Lotka-Volterra 共生模型,提出三种绿色发展模式,即灰度绿色发展模式、浅度绿色发展模式和深度绿色发展模式[72]。

(三)农业供给侧结构性改革理论

农业供给侧结构性改革的理论发展包括以下四个时期。

第一个时期是萨伊定律广受欢迎的时期。起初,英国的经济学家、历史学家詹姆斯·穆勒说:"生产、分配、交换只是手段。谁也不为生产而生产。所有这一切都是中间、中介的活动，目的是消费。"[73]刘建武指出，19世纪初，法国著名经济学家萨伊又针对此内容提出了一个著名的论断——"生产给产品创造需求"即"萨伊定律"，强调供给侧[74]。王韧平指出当时的法国正处于拿破仑时代，社会成分既包括封建主义成分又包括资本主义成分，法国对外四处征战，促进法国经济发展的工业品供不应求，所以萨伊提出"供给自动创造需求"[75]。金鑫总结道："供给和需求在结构上必须匹配，当供给和需求在结构上匹配时，供给和需求就在总量上保持一致。此外，萨伊既重视供给又重视非生产性需求，只是萨伊认为供给对于经济增长是更加重要的。"[76]

第二个时期处于西方世界爆发经济大危机阶段。张建刚指出，20世纪30年代的西方爆发了经济危机以后，各国经济市场一片萧条，萨伊定律失效。1936年，英国经济学家凯恩斯提出有效需求不足理论[77]，其理论核心是有效需求决定的就业理论，强调需求侧[78]。王志伟提出"凯恩斯革命"的意义就在于：否定了新古典经济学关于市场自动调节机制有效性的信条；提出了国家积极干预经济以解决经济萧条和普遍失业问题的新的思路和方向；提出了总量分析的经济学研究和分析方法；导致了现代宏观经济学的出现和发展[79]。

第三个时期处于20世纪70年代，西方各国进入经济发展的滞胀阶段，凯恩斯主义已经黔驴技穷，不能改变经济发展止步不前的现状，这时候供给学派应运而生。陈维辰指出，"供给学派反对国家干预经济，主张经济的自由发展，政府应该强化资金、劳动力、土地、技术等生产要素的使用，催生经济发展的内生动力"[80]。钟祥财指出该学派强调经济的供给方面，认为生产的增长决定于劳动力和资本等生产要素的供给和有效利用，个人和企业提供生产要素和从事经营活动是为了谋取报酬，对报酬的刺激能够影响人们的经济行为，自由市场会自动调节生产要素的供给和利用，应当消除阻碍市场调节的因素[81]。

第四个时期处于2008年全球范围内金融危机的爆发时期，这场危机导致过度投资次贷金融衍生品的公司和机构纷纷倒闭，并在全球范围内引发了严重的信贷紧缩。为应对次贷危机造成的负面影响，中国实施积极的财政政策，刺激需求，拉动经济增长，然而这样只能短期缓解危机，经济结构性深层次问题仍然存在，全球经济仍在探索中寻求突破[77]。

可见，不同经济发展时期需要不同的理论指导，当前我国农业面临着"有效农产品供应、库存过高、国内外价格倒挂、农产品价格上限、成本下限挤压及农业生态环境压力加大等问题"，这些问题都指向供给侧，若要解决我国供给问题还需要主攻农业供给的结构性问题。

关于农业供给侧结构性改革指标体系的研究,代表的有王平和王琴梅根据与农业生产核心"六要素"即主体、产品、资金、信息、技术及制度,相对应提出"六能力",即准则层,通过构建指标体系来综合评价各地农业供给侧结构性改革的能力,来测度我国各地开展农业供给侧结构性改革的基础能力。权重是学者运用熵权法计算而来的,数据引用统计年鉴[82],见表1-1。

表1-1 农业供给侧结构性改革能力综合指数表

目标层	准则层	指标层	单位	权重
农业供给侧结构性改革能力综合指数	供给主体形成能力	有效灌溉面积	千公顷	0.072
		第一产业增加值比重	%	0.066
	高品质产品生产能力	生态与农业气象试验业务站点个数	个	0.051
		农业机械总动力	万千瓦	0.053
	资金融通能力	财产保险支出	亿元	0.083
		农村居民家庭年人均财产性收入	元	0.075
		资本形成总额	亿元	0.073
	农业信息应用能力	农村居民平均每人交通通信支出	元	0.064
		农村居民家庭计算机拥有量	台/百人	0.105
	技术研发能力	农业技术人员数量	人	0.051
		财政科技支出	亿元	0.088
	制度保障能力	产品抽检质量合格率	%	0.050
		社区服务机构数	个	0.084
		农村居民人均转移性收入	元	0.085

第四节 本 章 小 结

在全面落实国家供给侧结构性改革的指导方针下,贵州农业供给侧结构性改革是重要的改革任务。盲目的农业结构性改革是不可取的,要与当前时代发展的要求相结合,必须要遵循"五位一体"战略布局。党的十九大提出的乡村振兴战略,再一次突出了对于"三农"问题的关注,要想实现乡村优先发展,"农业"的高质量发展是关键。因此,高质量地推进农业供给侧的结构性改革显得尤为重要。被誉为"公园省"的贵州必须充分发挥自身优质的生态环境,不可盲目照搬其他地区的模式,要结合实际情况进行农业供给侧结构性改革。国家将"生态环境建设"作为长远国策,绿色生态的重要性不言而喻。本章基于"绿色发展""供给侧结构性改革""农业供给侧结构性改革"这三个核心概念进行了论述，分别阐明了每个概念首次提出的时间，以及不同学者对三个概念的研究，深度挖掘了核心概念的深层内涵。总结了"可持续发展理论""绿色发展理论""农业供给侧结构性改革理论"这三个理论基础，为本书其余章节的研究夯实了理论基础。

第二章 我国农业供给侧结构性改革的历史举措与现实成就

第一节 历 史 举 措

一、中央政策举措

供给侧结构性改革的思想理念国外早有提及,中国政府高度重视供给侧结构性改革,把这种思想置于国家战略层面进行系统规划。2015 年,习近平总书记提出要进行供给侧结构性改革,指通过改革的办法将结构进行调整,从而减少低端甚至是无效供给,让供给有效并扩大发展中高端供给,从供给上调整结构从而应对需求变化时具有适应性和灵活性,提高全要素生产率,让供给体系能够更好地适应需求结构变化[83]。

近几年来,供给侧结构性改革从提出到落实深化,期间在中央政策的支持下取得卓越的成绩。农业供给侧结构性改革是我国供给侧结构性改革的重要组成部分,2015—2018 年,关于农业供给侧结构性改革的政策在中央各种文件中都有提及,可见中央对农业供给侧结构性改革的重视程度之高。如表 2-1 所示。

表 2-1 部分中央政策举措梳理和相关领导人讲话汇总（2015—2018 年）

序号	时间	文件名称	侧重点概述
1	2015	中共中央 国务院关于加大改革创新力度加快农业现代化建设的若干意见	注重农业结构调整
2	2015	2015 年农业部部长韩长赋在全国农业工作会议上的讲话	大力推进供给侧结构性改革,优化产品结构、产业结构
3	2016	中共中央 国务院关于落实发展新理念加快农业现代化实现全面小康目标的若干意见	首次以供给侧结构性改革的理念来解决"三农"问题
4	2016	降低实体经济企业成本工作方案	进一步降低企业用能成本

续表

序号	时间	文件名称	侧重点概述
5	2016	第十二届全国人民代表大会第四次会议国务院总理李克强作政府工作报告，审查计划报告和预算报告	加强供给侧结构性改革，增强持续增长动力
6	2017	关于促进储能技术与产业发展的指导意见	①推进储能技术装备研发示范 ②推进储能提升可再生能源利用水平应用示范 ③推进储能提升电力系统灵活性稳定性应用示范 ④推进储能提升用能智能化水平应用示范 ⑤推进储能多元化应用支撑能源互联网应用示范
7	2017	中共中央　国务院关于深入推进农业供给侧结构性改革加快培育农业农村发展新动能的若干意见	强调农业供给侧结构性改革是长期过程，面临诸多重大考验
8	2017	关于推进农业供给侧结构性改革的实施意见	强调绿色发展，创新驱动
9	2017	李克强对全国春季农业生产暨现代农业产业园建设工作会议作出重要批示	①完善强农惠农政策，推进农业供给侧结构性改革 ②提高农业稳定发展能力和农村发展水平实现农民持续增收
10	2017	国务院总理李克强在全国深化简政放权放管结合优化服务改革电视电话会议发表重要讲话	坚韧不拔推进政府职能转变，推进供给侧结构性改革
11	2017	第十二届全国人民代表大会第五次会议国务院总理李克强作政府工作报告	深入推进农业供给侧结构性改革，促农民增收
12	2018	中共中央　国务院关于实施乡村振兴战略的意见	解决农业结构等问题，部署农业现代化战略目标
13	2018	第十三届全国人民代表大会第一次会议国务院总理李克强作政府工作报告	五年来坚持以供给侧结构性改革为主线　经济结构加快优化升级

　　由表 2-1 可以看出我国中央政府在推动供给侧结构性改革的各种政策举措中，对"三农"问题的热切关注。而近几年，国家领导人根据我国农业农村发展出现的问题，把农业供给侧结构性改革列为供给侧结构性改革的重心内容之一，从开始的产业结构调整到供给侧结构性改革的提出，再从绿色创新上升到现代化战略部署，无一不体现中央对农业的重视，阶段性的代表政策如下。

（一）2015 年中央一号文件《中共中央 国务院关于加大改革创新力度加快农业现代化建设的若干意见》

文件指出：为了主动适应我国当前经济发展的新常态、保障粮食的稳定增收、提质增效和创新驱动的总要求，继续全面深化农村改革，全面推进农村法制建设，推动新型工业化、信息化、城镇化和农业现代化的同步发展，要着力挖掘提高粮食生产能力的新潜力，开辟优化农业结构的新途径，在转变农业发展方式上寻求新突破，实现农民增收新成果，在新农村建设中迈出新步伐。为持续健康的经济和社会发展提供强有力的支持。

在经济新常态下，农业发展的问题涉及结构的调整和完善。实现农业现代化建设需要从以下 5 个方面入手：

第一，围绕建设现代农业，加快农业发展方式转变。中国要强，农业必须强。为了强化农业，我国必须尽快转变发展方式，继续加强粮食生产能力建设，深化农业结构调整，提高农产品质量和食品安全水平，加强农业科技创新驱动作用，创新农产品流通等，从而走出高效、安全、节约、可持续的现代农业发展道路。

第二，围绕促进农民增收，加大惠农政策力度。富裕农民必须充分挖掘农业收入增长潜力，发展农村二三产业收入增长空间，拓宽农村收入增长的外部渠道，加大政策力度，提高农业收入。在新常态下，保持城乡居民收入差距缩小的势头。

第三，围绕城乡发展一体化，深入推进新农村建设。中国是美丽的，乡村必须先美。农村的繁荣，要坚定不移地推进社会主义新农村建设。加强规划的指导作用，加快农村基础设施的升级，均等化城乡基本公共服务，使农村成为农民安居乐业的美丽家园。

第四，围绕增添农村发展活力，全面深化农村改革。要全面深化改革，必须把农村改革放在突出位置，进一步激发农村经济社会发展的活力。

第五，围绕做好"三农"工作，加强农村法治建设。农村的法制建设相对薄弱，只有加快农业和农村发展的法律体系，同时推动城市和农村法治建设，充分利用法治的思想和方式把"三农"工作做好。同时从实际出发，要善于发挥农村人民对法治和道德建设的积极作用。

（二）2015 年农业部部长韩长赋在全国农业工作会议上的讲话

农业农村经济形势好，为新常态下经济社会发展大局提供了有力支撑，得到中央充分肯定和社会广泛好评。"十三五"是农业发展方式的转型期。我国农业发展取得了巨大成就，但也付出了很大代价，各种问题凸显，农业已经到了迫切需要加快转变发展方式的新阶段。"十三五"时期，农业只能走可持续发展道路，必须在发展思路、技术体系、政策支持、资源配置等方面进行重大调整，大力推进供给侧结构性改革，优化产品结构、产业结构，提高农业供给体系的质量和效率。

（三）2016 年中央一号文件《中共中央 国务院关于落实发展新理念加快农业现代化实现全面小康目标的若干意见》

在 2016 年中共中央、国务院的第一份文件中，首次以供给侧结构性改革的理念来解决"三农"的新问题，这是新时期指导"三农"工作的重要决策。该文件指出：推进农业供给侧结构性改革的核心是围绕市场需求开展生产，优化农业资源配置，扩大农产品有效供给，提高供给结构的适应性和灵活性。农业供给侧结构性改革是农业结构调整的升级版，它涵盖了生产力的调整和生产关系的转变。通过体制机制改革推进农业转型升级，优化农产品供给结构。减少低效和低端供给，扩大有效和中高端供给，提高农业供给体系的质量和效率，提高农业质量的效率和竞争力。该文件对农业供给侧结构性改革提出以下指导意见：

第一，调整优化农业产品结构、生产结构和区域结构。推进融合农村产业，发现农业在产品、生产的结构问题，并进一步优化。寻找农业区域结构问题，促进合理布局。实现农民收入持续较快增长，让农村成为可以大有作为的广阔天地。

第二，促进农村三个产业的融合发展，深度挖掘农业的多种功能，把农业生产与农产品加工流通和农业休闲旅游融合起来，培育壮大农村新产业、新业态，更好地满足全社会对农业多样化的需求。

第三，进一步巩固和提升粮食的生产能力。粮食生产要尊重市场规律，要顺应供求变化，要实时调整粮食种植结构，特别是玉米非优势产区要把产量压下来，要实施藏粮于地、藏粮于技的战略，真正加大对粮食主产区的支持力度，进一步调动农民种粮和地方抓粮的积极性。

（四）2016 年国务院颁布《降低实体经济企业成本工作方案》

该方案将进一步降低企业用能成本作为"降成本"改革的重点任务之一，对加快能源体制改革中的市场化改革和政府监管两个方面提出了新要求。在新形势下，必须加速推进电力、石油、天然气等领域的市场化改革，放开竞争性领域和环节价格管制，显著提升企业用电、用气定价机制市场化程度，"还原能源的商品属性"，使能源价格更加灵活、更能反映供求关系的变化。与此同时，强化对自然垄断环节的有效监管。政府也通过制度化建设来促进企业用能成本的下降。

为了实现企业"降成本"的目的，该方案建议要做到以下三点：

第一，力图通过规范的制度和透明的规则，放开价格管制，使能源价格反映供需关系，提高价格的灵活性，从而能从根本上缓解煤炭价格大幅下滑、用电价格降幅不大的电价传导机制不畅的问题。

第二，政府之手和市场之制并举，在采取必要行政手段的同时，注重通过市场化手段降低企业用能成本。能源市场化改革的主要目标是还原能源的商品属性，"降成本"改革措施应当有利于实现能源的商品属性，而不是相反。通过在可竞争领域和环节引入竞争，自然垄断环节加强监管，理顺能源价格机制，更多地依赖灵活的能源价格，而非一事一议的行政利益分割实现企业用能成本的下降。

第三，在降低企业用电成本的同时，还兼顾了实现普遍服务、妥善处理交叉补贴、支持可再生能源发展、使燃煤电厂达到更严环保标准等多重目标。

（五）2016年第十二届全国人民代表大会第四次会议国务院总理李克强作政府工作报告，审查计划报告和预算报告

李克强指出，2016 年是全面建成小康社会决胜阶段的开局之年，也是推进结构性改革的攻坚之年。做好政府工作，必须高举中国特色社会主义伟大旗帜，全面贯彻党的十八大和十八届三中、四中、五中全会精神，以邓小平理论、"三个代表"重要思想、科学发展观为指导，深入贯彻习近平总书记系列重要讲话精神，按照"五位一体"总体布局和"四个全面"战略布局，坚持改革开放，坚持以新发展理念引领发展，坚持稳中求进工作总基调，适应经济发展新常态，实行宏观政策要稳、产业政策要准、微观政策要活、改革政策要实、社会政策要托底的总体思路，把握好稳增长与调结构的平衡，保持经济运行在合理区间，着力加强供给侧结构性改革，加快培育新的发展动能，改造提升传统比较优势，抓好去产能、去库存、去杠杆、降成本、补短板，加强民生保障，切实防控风险，努力实现"十三五"时期经济社会发展良好开局。

（六）2017年国家发展和改革委员会颁布《关于促进储能技术与产业发展的指导意见》

《关于促进储能技术与产业发展的指导意见》指出：我国储能技术总体上已经初步具备了产业化的基础。加快储能技术与产业发展，对于构建"清洁低碳、安全高效"的现代能源产业体系，推进我国能源行业供给侧结构性改革、推动能源生产

和利用方式变革具有重要战略意义，同时还将带动从材料制备到系统集成全产业链发展，成为提升产业发展水平、推动经济社会发展的新动能。促进能源技术与产业发展的基本原则是政府引导，企业参与；创新引领，示范先行；市场主导，改革助推。发展目标为在未来 10 年内分两个阶段推进相关工作，第一阶段实现储能由研发示范向商业化初期过渡；第二阶段实现商业化初期向规模化发展转变。

该文件指出重点任务有五点[84]：

第一，推进储能技术装备研发示范，具体包括集中攻关一批具有关键核心意义的储能技术和材料、试验示范一批具有产业化潜力的储能技术和装备、应用推广一批具有自主知识产权的储能技术和产品、完善储能产品标准和检测认证体系。

第二，推进储能提升可再生能源利用水平应用示范，具体包括鼓励可再生能源场站合理配置储能系统、推动储能系统与可再生能源协调运行、研究建立可再生能源场站侧储能补偿机制、支持应用多种储能促进可再生能源消纳。

第三，推进储能提升电力系统灵活性稳定性应用示范，具体包括支持储能系统直接接入电网、建立健全储能参与辅助服务市场机制、探索建立储能容量电费和储能参与容量市场的规则机制。

第四，推进储能提升用能智能化水平应用示范，具体包括鼓励在用户侧建设分布式储能系统、完善用户侧储能系统支持政策、支持微电网和离网地区配置储能。

第五，推进储能多元化应用支撑能源互联网应用示范，具体包括提升储能系统的信息化和管控水平、鼓励基于多种储能实现能源互联网多能互补、多源互动、拓展电动汽车等分散电池资源的储能化应用。

（七）2017 年《中共中央 国务院关于深入推进农业供给侧结构性改革加快培育农业农村发展新动能的若干意见》

该文件指出：在推动农业结构的供应方面改革上，即农业供给侧结构性改革，先要确保国家粮食在安全的基础上，紧密围绕市场需求的变化，以增加农民收入和确保有效供给为主要目标，并采取提高农产品供给的质量为主要方向[85]。以体制改革和机制创新为基本途径，优化农业的产业和生产等体系，提高土地产出率、资源利用率、劳动生产率，促进农村农业的发展从资源消耗依赖向绿色生态可持续转变，从而激活内生发展动力。并强调，农业供给侧结构性改革的推进是一个长期过程，处理好政府与市场的关系，协调各方利益，面临诸多重大考验。只有直面困难和挑战，将改革进行到底，勇敢地承受痛苦，控制降低改革成本，主动防范改革风险，确保粮食生产能力不降低、农民增收势头不逆转、农村稳定不出问题。

（八）2017年农业部《关于推进农业供给侧结构性改革的实施意见》

该文件指出：推进农业供给侧结构性改革，是农业农村经济工作的主线。要稳定粮食生产，推进结构调整，促进绿色发展，促进创新驱动，推进农村改革。把提高绿色和优质农产品的供应放在突出位置，以提高质量和效率的农业供给系统为主要方向，并将促进农民收入作为核心目标。调整和优化农业结构，优化农业产业等体系，强调绿色发展。工作重心内容包括：稳定粮食生产，巩固提升粮食产能推进结构调整；提高农业供给体系质量和效率；推进绿色发展，增强农业可持续发展能力；推进创新驱动，增强农业科技支撑能力；推进农村改革，激发农业农村发展活力；完善农业支持政策，千方百计拓宽农民增收渠道。

（九）2017年李克强对全国春季农业生产暨现代农业产业园建设工作会议作出重要批示

李克强总理指出：各地区、各部门要认真贯彻落实中央农村工作会议和政府工作报告的决策部署，以推进农业供给侧结构性改革为主线，完善强农惠农政策，加大农业结构调整力度，切实抓好春管春播，做好农资供应、农田水利建设、防汛抗旱和气象为农服务等各项工作。务实推进现代农业产业园建设。着力在完善农业农村发展体制上下功夫，着力在培育新型农业经营主体、因地制宜发展多种形式的适度规模经营上加强探索，着力在保障农产品质量安全和增强市场竞争力上求实效，进一步提高农业稳定发展能力和农村发展水平，实现农民持续增收，以优异成绩迎接党的十九大胜利召开。

（十）国务院总理李克强在全国深化简政放权放管结合优化服务改革电视电话会议发表重要讲话

李克强总理指出：党的十八大以来，以习近平同志为核心的党中央把转变政府职能作为深化经济体制改革和行政体制改革的关键，多次作出部署。中央政府紧紧围绕处理好政府与市场关系，按照使市场在资源配置中起决定性作用和更好发挥政府作用的要求，始终抓住"放管服"改革这一"牛鼻子"，坚韧不拔地推进政府职能转变。

"放管服"改革是一个系统的整体，既要进一步做好简政放权的"减法"，打造权力瘦身的"紧身衣"，又要善于做加强监管的"加法"和优化服务的"乘法"，啃政府职能转变的"硬骨头"，真正做到审批更简、监管更强、服务更优，这是一个艰巨复杂过程。当前我国经济运行保持稳中向好态势，但困难和挑战不可小视，要以推进供给侧结构性改革为主线，落实中央经济工作会议和政府工作报告各项部署。做好今年的"放管服"改革，重点是做到五个"为"：

第一，为促进就业创业降门槛，以进一步减证和推进"证照分离"为重点大幅放宽市场准入，全面推行清单管理制度，把不该有的权力坚决拦在清单之外。

第二，为各类市场主体减负担，全面落实结构性减税政策，切实减少涉企收费，不折不扣落实 2017 年已出台的使企业减负 1 万亿元的措施。

第三，为激发有效投资拓空间，破除制约投资特别是民间投资的各种羁绊，下决心彻底打破各种互为前置的审批怪圈，着力推动压减工业产品生产许可，除涉及安全、环保事项外，凡是技术工艺成熟、通过市场机制和事中事后监管能保证质量安全的产品，一律取消生产许可。

第四，为公平营商创条件，放管结合并重推进，明规矩于前，明确市场主体行为边界特别是不能触碰的红线；寓严管于中，充实一线监管力量；施重惩于后，把严重违法违规的市场主体坚决清除出市场，严厉惩处侵害群众切身利益的违法违规行为。

第五，为群众办事生活增便利，大刀阔斧砍掉各种"奇葩"证明、循环证明、重复证明，大力提升与群众生活密切相关的水、电、气、暖等公用事业单位及银行等服务机构的服务质量和效率。打破"信息孤岛"，提高政务服务便利化水平。

（十一）第十二届全国人民代表大会第五次会议国务院总理李克强作政府工作报告

李克强总理指出：

第一，促进农业稳定发展和农民持续增收。深入推进农业供给侧结构性改革，完善强农惠农政策，拓展农民就业增收渠道，保障国家粮食安全，推动农业现代化与新型城镇化互促共进，加快培育农业农村发展新动能。

第二，推进农业结构调整。引导农民根据市场需求发展生产，增加优质绿色农产品供给，扩大优质水稻、小麦生产，适度调减玉米种植面积，粮改饲试点面积扩大到 1000 万亩[①]以上。鼓励多渠道消化玉米库存。支持主产区发展农产品精深加工，拓展产业链价值链，打造农村一二三产业融合发展新格局。

第三，加强现代农业建设。加快推进农产品标准化生产和品牌创建，打造粮食生产功能区、重要农产品生产保护区、特色农产品优势区和现代农业产业园。

---

① 1 亩≈666.7 米^2。

推进土地整治，大力改造中低产田，新增高效节水灌溉面积 2000 万亩。

（十二）2018 年《中共中央 国务院关于实施乡村振兴战略的意见》

该文件指出："三农"问题是关系到国计民生的根本性问题。要实现国家的现代化，就不能没有农业农村的现代化。目前我国最突出的发展不平衡、不充分的问题是在乡村。其表现为：农产品阶段性供过于求和供给不足并存，农业供给质量有待提高；农民适应生产力发展和市场竞争的能力不足，需要加强新型专业农民的建设。农村基础设施和人民生活在农村环境和生态问题上更加突出，农村发展的整体水平有待提高；国家农业支持体系相对薄弱，农村金融改革任务繁重，城乡要素合理流动机制有待完善；农村基层党建存在薄弱环节，农村治理体系和治理能力有待加强。农村振兴战略的实施，是解决人民日益增长的生活需求与不平衡、不充分发展之间矛盾的必然要求，是实现"两个一百年"奋斗目标的必然要求，是实现全体人民共同富裕的必然要求。

要坚持优先发展农业农村，按照产业繁荣、生态宜居、农村文明、有效治理、富裕生活的总要求，建立健全城乡一体化发展的制度、机制和政策体系，统筹推进农村经济、政治、文化、社会、生态文明建设和党的建设，加快推进农村治理体系和治理能力现代化，加快农业和农村现代化建设，走中国特色社会主义乡村振兴道路，让农业成为有奔头的产业，让农民成为有吸引力的职业，让农村成为安居乐业的美丽家园。提出实施乡村振兴战略的目标任务：到 2020 年，乡村振兴取得重要进展，制度框架和政策体系基本形成。到 2035 年，乡村振兴取得决定性进展，农业农村现代化基本实现。到 2050 年，乡村全面振兴，全面实现农业强、农村美、农民富[86]。

（十三）第十三届全国人民代表大会第一次会议国务院总理李克强作政府工作报告

李克强总理指出：坚持以供给侧结构性改革为主线，着力培育壮大新动能，经济结构加快优化升级。紧紧依靠改革破解经济发展和结构失衡难题，大力发展新兴产业，改造提升传统产业，提高供给体系质量和效率[87]。

第一，扎实推进"三去一降一补"。五年来，在淘汰水泥、平板玻璃等落后产能基础上，以钢铁、煤炭等行业为重点加大去产能力度，中央财政安排 1000 亿元专项奖补资金予以支持，用于分流职工安置。

第二，加快新旧发展动能接续转换。深入开展"互联网＋"行动，实行包容审慎监管，推动大数据、云计算、物联网广泛应用，新兴产业蓬勃发展，传统产业深刻重塑。实施"中国制造2025"，推进工业强基、智能制造、绿色制造等重大工程，先进制造业的快速发展。出台现代服务业改革发展举措，服务新业态新模式异军突起，促进了各行业融合升级。深化农业供给侧结构性改革，新型农业经营主体大批涌现，种植业适度规模经营比重从30%提升到40%以上。

第三，推进供给侧结构性改革，必须破除要素市场化配置障碍，降低制度性交易成本。针对长期存在的重审批、轻监管、弱服务问题，持续深化"放管服"改革，加快转变政府职能，减少微观管理、直接干预，注重加强宏观调控、市场监管和公共服务[88]。

二、地方政府响应

农业供给侧结构性改革是我国供给侧结构性改革中的一部分。关于供给侧结构性改革的响应的研究能给农业供给侧结构性改革提供借鉴，进一步思考更合适的改革方案。为稳步推进农业供给侧结构性改革，研究各地供给侧结构性改革的手段极为重要。

（一）有关供给侧结构性改革响应

为了响应中央关于推进供给侧结构性改革的发文，各地方政府都积极召开会议制定方案和意见。其中，重庆、广东、云南、四川、浙江、江苏、青海、山西等地结合实际情况，先后出台了推进供给侧结构性改革的方案和意见；河北、甘肃、辽宁等出台了专项实施方案；上海、安徽、湖南等审议通过实施方案。各地明确农业供给侧结构性改革是一个长期过程，方案基本都是3—5年的执行期，通过一个主体方案结合配套多个专项方案执行，其主要做法如表2-2所示。

表2-2 部分省市地方政府供给侧结构性改革响应的主要做法

类别	方式	地区	主要做法
运用"加减法"，提高供给质量和效率	去产能	重庆	建立国外网贸馆，向国外市场转移
		广东	"三管齐下"构建新体系
		山西	五个一批化解煤炭产能过剩
	去库存	广东	实行"一类一策"，发展住房租赁
		四川	鼓励企业出租房源，并给予奖励
		江苏	推行棚改货币安置
		河北	将进城务工农民和城镇工商户纳入公积金覆盖范围
		昆明	设立"以购代建"基金去库存

续表

类别	方式	地区	主要做法
运用"加减法"，提高供给质量和效率	降成本	广东	多举措推动企业"轻装上阵"
		四川	实施高新研发、税务优惠，小微企业的优惠政策
		江苏	下调工资标准等，全面为企业减负
	补短板	重庆	"基础设施、社会事业、生态环境"补短板工程
		浙江	"治污水、防洪水、排涝水、保供水、抓节水"
使用"两只手"，发挥政府和市场优势作用	推进简政放权	上海	实行严格的知识产权保护制度
		浙江	下放或委托项目审批到市县，市县基本同权
		四川	税制改革、税收政策支持等
		云南	取消一批审批事项
	加强风险管控	广东	出台债务风险三级应急处理措施
		重庆	鼓励企业引入各类投资者实现股权多元化
	优化政府服务	浙江	实施高新科技微小企业倍增计划
		云南	实施"两个10万"微型企业培育工程
打出"组合拳"，助推产业结构转型升级	强化创新驱动	深圳	打造创新、创业、创投、创客、"四创联动"
		四川	安排专项发展基金10亿元改造技术并创新
	发展新兴产业	浙江	大力发展七大产业和文化创意产业
		杭州	建立跨境电商体系，助推跨境电商"买卖全球"
	助推融合发展	广东	引导增资基金，实现创业投资机构同股同权
		重庆	引导银行支持新兴服务业发展
		深圳	设立各项基金，促进中小企业壮大
		云南	大力发展高新技术和绿色开发，促进产业融合
	加强人才保障	上海	"海外金才、领军金才、青年金才"开发计划
		深圳	五大措施培养高精尖人才、紧缺专业人才等

各地方关于供给侧结构性改革的办法有三个类别：一是运用"加减法"，提高供给质量和效率；二是使用"两只手"，发挥政府和市场优势作用；三是打出"组合拳"，助推产业结构转型升级。每一个类别都有多种方式，对供给侧结构性改革有了明确的指导。这些对农业供给侧结构性改革提供了借鉴，简单来看也可以从三个角度进行改革：提高生产效率、优化结构的同时要升级产业结构、发挥政府和市场的积极作用。

（二）有关农业供给侧结构性改革响应

各地对供给侧结构性改革的响应非常积极，相应的对农业供给侧结构性改革也有促进作用。根据中央对农业供给侧结构性改革的政策文件指导，各省份也积极地结合实际情况做出了相关举动，如表 2-3 所示，部分省（自治区）农业供给侧结构性改革的相关顶层设计。

表 2-3　部分省（自治区）农业供给侧结构性改革的相关顶层设计

省（自治区）	文件主要内容
山东	山东省出台《山东省人民政府办公厅关于加快推进农业供给侧结构性改革大力发展粮食产业经济的实施意见》（鲁政办发〔2018〕2 号）：①深入推进粮食供给侧结构性改革；②加快粮食产业新旧动能转换；③大力促进粮食产业转型升级；④强化粮食科技创新和队伍建设；⑤夯实粮食产业发展基础
江苏	江苏省出台《中共江苏省委　江苏省人民政府关于深入推进农业供给侧结构性改革促进农民持续增收的意见》（苏发〔2017〕1 号）：①着力推进农业结构调整，促进农业提质增效；②着力推行绿色生产方式，增强农业生态功能；③着力强化科技创新驱动，引领农业转型升级；④着力发展新产业新业态，拓宽农民增收渠道；⑤着力改善创业创新环境，提高农民创业就业能力；⑥着力补齐农业农村发展短板，改善农民生产生活条件；⑦着力深化农村改革，激发农业农村发展活力；⑧着力加强组织领导，提高"三农"工作科学化水平
安徽	安徽省出台《中共安徽省委　安徽省人民政府关于深入推进农业供给侧结构性改革加快培育农业农村发展新动能的实施意见》（皖发〔2017〕1 号）：①优化产品产业结构，着力推进农业提质增效；②推进农业产业化，提升农业产业链价值链；③培育壮大新产业新业态，持续增加农民收入；④推行绿色生产方式，增强农业可持续发展能力；⑤强化科技创新驱动，引领现代农业加快发展；⑥补齐农业农村短板，夯实农村共享发展基础；⑦加大农村改革力度，激活农业农村内生发展动力
浙江	浙江省出台《浙江省人民政府办公厅关于加快推进农业供给侧结构性改革大力发展粮食产业经济的实施意见》（浙政办发〔2018〕37 号）：①培育壮大粮食产业主体；②加快粮食产业转型升级；③创新粮食产业发展方式；④夯实粮食产业发展基础；⑤完善保障措施
江西	江西省出台《中共江西省委　江西省人民政府关于深入推进农业供给侧结构性改革加快培育农业农村发展新动能的实施意见》（2017）：①围绕"稳粮、优供、增效"，大力推进农业供给侧结构性改革；②提升农业供给侧结构性改革成效，促进农民持续较快增收；③加快农业供给侧结构调整的体制机制改革，激活农业农村内生发展动力；④全面推进"整洁美丽、和谐宜居"新农村建设行动，改善农民生产生活条件；⑤扎实推进脱贫攻坚，补齐决胜全面小康短板；⑥培育壮大村级集体经济，增强村级组织公共服务能力和运转保障水平；⑦强化农村精神文明建设，推动形成农村社会新风尚；⑧加强和改进党的领导，为推进农业供给侧结构性改革提供坚强政治保证
福建	福建省出台《中共福建省委　福建省人民政府关于深入推进农业供给侧结构性改革加快培育农业农村发展新动能的实施意见》（2017）：①优化农业产业产品结构，促进农业提质增效；②推动农业绿色发展，增强农业可持续发展能力；③培育新产业新业态，加快农村一二三产业融合发展；④强化农业科技创新，提升现代农业发展水平；⑤补齐农业农村短板，加快城乡一体化发展；⑥加大脱贫攻坚力度，全力推进精准扶贫精准脱贫；⑦全面深化农村改革，增强农业农村发展活力；⑧全面加强和改进党对"三农"工作的领导
广东	广东省出台《广东省推进农业供给侧结构性改革实施方案》（2017）：①优化农业产业和结构布局；②大力培育新型经营主体；③强化科技创新驱动；④加快推进一二三产业融合发展；⑤扎实推进农业绿色可持续发展；⑥建立支持农业供给侧结构性改革的新机制；⑦加快推进农村集体土地承包经营权确权；⑧深化农村改革
广西	广西壮族自治区出台《自治区党委　自治区人民政府关于坚定不移推进农业供给侧结构性改革大力培育广西农业农村发展新动能的实施意见》（2017）：①推动优势特色产业提档升级；②推进农业绿色发展；③促进农村一二三产业融合发展；④依靠科技创新驱动引领现代农业发展；⑤补齐农业农村发展短板；⑥全面深化农村改革

续表

省（自治区）	文件主要内容
河南	河南省出台《中共河南省委 河南省人民政府关于深入推进农业供给侧结构性改革加快培育农业农村发展新动能的实施意见》（2017）：①加快农业结构调整，推进农业提质增效；②推行绿色生产方式，实现农业持续发展；③壮大新产业新业态，促进农村融合发展；④强化科技创新驱动，加快农业发展方式转变；⑤补齐农业农村短板，夯实全面发展基础；⑥加大农村改革力度，激活内生发展动力；⑦切实加强党的领导，推动"三农"工作健康发展
湖北	湖北省出台《中共湖北省委 湖北省人民政府关于深入推进农业供给侧结构性改革加快培育农业农村发展新动能的实施意见》（2017）：①优化农业产品产业结构；②推进农业绿色发展；③培育农村新产业新业态；④加强农业科技创新驱动；⑤着力补齐农业农村发展短板；⑥深化农村改革激活发展动力；⑦加强"三农"工作组织领导
河北	河北省出台《中共河北省委 河北省人民政府 关于深入推进农业供给侧结构性改革 加快培育农业农村发展新动能的实施意见》（2017）：①加快农业结构调整促增效；②加快农村产业融合促增收；③加快美丽乡村建设促增绿；④夯实农业农村基础补短板；⑤深化农村改革增活力
甘肃	甘肃省出台《中共甘肃省委 甘肃省人民政府关于深入推进农业供给侧结构性改革加快培育农业农村发展新动能的实施意见》（2017）：①优化产品产业结构，推进农业提质增效；②推行绿色生产方式，增强农业可持续发展能力；③发展新产业新业态，拓展农业产业链价值链；④强化科技创新驱动，引领现代农业加快发展；⑤补齐农业农村短板，进一步夯实农村共享发展基础；⑥加大农村改革力度，激发农业农村内生发展动力；⑦强力推进精准扶贫，加快精准脱贫步伐；⑧加强党对"三农"工作的领导，提高做好农业农村工作的能力和水平
四川	四川省出台《推进农业供给侧结构性改革加快四川农业创新绿色发展行动方案》（川办函〔2016〕174号）：①推进农产品有效供给；②推进一二三产业融合发展；③推进农业科技创新；④推进品牌农业发展和市场开拓；⑤推进农业经营体系创新；⑥推进农业生态保护与治理
云南	云南省出台《中共云南省委 云南省人民政府关于深入推进农业供给侧结构性改革加快培育农业农村发展新动能的实施意见》（2017）：①推进高原特色农业提质增效；②推行绿色生产方式；③培育壮大农村新产业新业态；④强化农业科技创新与推广；⑤夯实农村经济社会全面发展基础；⑥加大农村改革力度
辽宁	辽宁省出台《关于推进农业供给侧结构性改革的实施意见》（辽政发〔2016〕41号）：①大力提高优质特色农产品供给能力；②积极推进农业与二三产业融合发展；③着力强化农业供给侧科技和物质支撑；④积极推动农业绿色发展；⑤努力增强农业供给侧市场主体活力；⑥保障措施

1. 山东省

山东省在2018年发布了《山东省人民政府办公厅关于加快推进农业供给侧结构性改革大力发展粮食产业经济的实施意见》[89]，包括了以下具体内容。

第一，"深入推进粮食供给侧结构性改革"。培育壮大粮食产业主体；增加绿色优质粮油产品供给；深入推动主食产业化。

第二，"加快粮食产业新旧动能转换"。发展全产业链；发展产业集群；推动绿色发展；发展新业态，实施"互联网＋"行动，推进涉粮数据共享和开放，发展粮食公共服务平台，推广"网上门店""体验店"等零售业态，促进线上线下融合。

第三，"大力促进粮食产业转型升级"。发展粮食产业化龙头企业；促进粮食精深加工与转化；加强粮食品牌建设。

第四，"强化粮食科技创新和队伍建设"。加快粮食科技创新；加快科技成果转化，实施"科技兴粮工程"；加强人才队伍建设，实施"人才兴粮工程"。

第五，"夯实粮食产业发展基础"。用好粮食仓储设施资源；提升粮食产后服务水平，适应粮食收储制度改革和农业社会化服务体系需要，发展一批专业化、市场化的粮食产后服务中心，为农户提供粮食"五代"（代清理、代干燥、代储存、代加工、代销售）服务；完善粮食市场物流体系，发展粮食电子商务；提高质量安全保障能力。

2. 江苏省

江苏省于 2017 年发布《中共江苏省委　江苏省人民政府关于深入推进农业供给侧结构性改革促进农民持续增收的意见》[90]，包括八大部分 42 项具体内容。

第一，"着力推进农业结构调整，促进农业提质增效"。提升农业主导产业发展水平；加快农业特色产业发展，推进粮改经、粮改特、粮改饲，提高高效作物比重；发展农业多元复合经营，扩大稻田综合种养试点；推动开放型农业发展，引导支持园艺、特粮制品、畜禽、水海产品等出口支柱产业发展和示范基地建设，培育一批出口农产品示范企业；积极发展农业适度规模经营，大力培育新型农业经营主体和服务主体，实施家庭农场主培训行动，培育一批省级示范家庭农场和绿色家庭农场；加强农产品品牌和质量安全建设。

第二，"着力推行绿色生产方式，增强农业生态功能"。加强农业生态保护和修复，严格保护耕地，划定永久基本农田，完善补偿激励机制，落实保护措施；大力发展节水农业，推进大中型灌区水利设施配套改造，重点推进节水灌溉设施建设；综合治理农业面源污染；加快农业废弃物资源化利用；推进绿色江苏建设，加强长江森林生态屏障和沿海防护林体系建设，推进平原农田林网完善和丘陵岗地植被恢复。

第三，"着力强化科技创新驱动，引领农业转型升级"。推进农业科技创新，瞄准农业重大科技需求；加快现代种业发展，实施种业科技创新专项行动；加强农业科技推广，实施农业重大技术推广计划和"挂县强农富民"工程；培育新型职业农民，推进新型职业农民整省培育工程。

第四，"着力发展新产业新业态，拓宽农民增收渠道"。加强农业信息化建设，大力发展"互联网＋"现代农业；推进农业农村电子商务发展；加快发展创意农业，推动科技、文化、艺术元素在农业生产中的运用，提升农业全产业链价值；

发展休闲观光农业和乡村旅游，推动农业、林业、渔业、水利与旅游、教育、文化、康养等产业深度融合；提升农产品加工水平；促进农业服务业发展，加快培育多元化农业社会化服务组织，推广农业生产经营环节服务外包，开展专业化服务。

第五，"着力改善创业创新环境，提高农民创业就业能力"。落实鼓励农民就业创业政策；完善农民就业创业服务体系，进一步清理农民工就业歧视性规定；加强农村劳动力职业技能培训；保障农民工合法权益，全面治理拖欠农民工工资问题。

第六，"着力补齐农业农村发展短板，改善农民生产生活条件"。加强农田基本建设和物质装备，加快高标准农田建设；推进农村基础设施建设，加快重大水利工程建设；促进城乡社会事业均衡发展，积极推动城乡义务教育一体化发展；提高农村社会保障水平，深入实施全民参保计划；持续改善农村人居环境，继续实施村庄环境改善提升行动，分类推进美丽宜居乡村建设；深入实施精准扶贫精准脱贫。

第七，"着力深化农村改革，激发农业农村发展活力"。深化农村土地"三权分置"改革，完成农村土地承包经营权确权登记颁证工作；推进农村集体产权制度改革；探索建立农业农村发展用地保障机制；完善重要农产品价格形成机制和收储制度；优化财政支农投入机制，坚持把农业农村作为财政支出的优先保障领域；加快农村金融创新，支持金融机构优化农村网点服务；统筹推进农业农村其他改革，启动实施新一轮农村改革试验区改革试点，推进国家现代农业示范区和国家农业可持续发展试验示范区建设，支持开展农村产业融合发展试点示范。

第八，"着力加强组织领导，提高'三农'工作科学化水平"。坚持"三农"工作重中之重地位不动摇；加强农村基层党组织建设；创新农村社会治理；推进农村精神文明建设，加强社会主义核心价值观宣传教育，运用乡村文化墙、宣传栏、道德讲堂、善行义举榜等载体，推动核心价值观进村入户、融入生产生活。

3. 安徽省

安徽省于 2017 年发布《中共安徽省委 安徽省人民政府关于深入推进农业供给侧结构性改革加快培育农业农村发展新动能的实施意见》[91]，包含七大部分 37 项具体内容。

第一，"优化产品产业结构，着力推进农业提质增效"。统筹调整粮经饲种植结构；发展规模高效养殖业；做大做强优势特色产业；进一步优化农业区域布局；全面提升农产品质量和食品安全水平；积极发展适度规模经营。

第二，"推进农业产业化，提升农业产业链价值链"。加快农产品加工业转型升级；推动农村一二三产业融合发展；培育壮大龙头企业；建设现代农业产业园。

第三，"培育壮大新产业新业态，持续增加农民收入"。大力发展乡村休闲旅游产业；推进农村电商发展；培育宜居宜业特色村镇；推动农村创业创新。

第四，"推行绿色生产方式，增强农业可持续发展能力"。大力推进秸秆综合利用产业化；推进农业清洁生产；大规模实施农业节水工程；集中治理农业环境突出问题；加强重大生态工程建设。

第五，"强化科技创新驱动，引领现代农业加快发展"。加强农业科技研发；强化农业科技推广；完善农业科技创新激励机制；加强农业科技园区建设；开发农村人力资源。

第六，"补齐农业农村短板，夯实农村共享发展基础"。大力加强农业基础设施建设；深入推进美丽乡村建设和农村人居环境治理；提升农村基本公共服务水平；扎实推进脱贫攻坚。

第七，"加大农村改革力度，激活农业农村内生发展动力"。加强农村承包地确权登记颁证成果应用；深化农村集体产权制度改革；深化农村土地制度改革；严格执行粮食等重要农产品收储和农业补贴政策；改革财政支农投入机制；加快农村金融创新；推动农业保险产品创新；建立农业农村发展用地保障机制；统筹推进农村各项改革。

4. 浙江省

浙江省于 2018 年发布了《浙江省人民政府办公厅关于加快推进农业供给侧结构性改革大力发展粮食产业经济的实施意见》[92]，共包含五大部分。

第一，"培育壮大粮食产业主体"。鼓励龙头企业与产业链上下游各类市场主体结成产业联盟，发展粮食产业化联合体。在推荐和认定各级各类农业龙头企业中，同等条件下对粮食产业化企业予以倾斜。在确保区域粮食安全的前提下，探索创新具备条件的龙头企业参与地方储备粮代储、轮换等相关业务。

第二，"加快粮食产业转型升级"。实施优质粮食工程，大力发展主食产业，促进粮食精深加工与转化。

第三，"创新粮食产业发展方式"。促进全产业链发展；推动产业集聚发展；积极发展新业态，大力推广"互联网＋粮店"等新型粮食产品零售业态，重点支持粮食交易中心、农业电子商务产业园、粮食电子商务产业园等发展；发挥品牌引领作用。

第四，"夯实粮食产业发展基础"。实施粮食仓储物流现代化工程，健全粮食质量安全保障体系，强化科技创新和人才支撑。

第五，"完善保障措施"。落实财税扶持政策；加强金融支持服务；强化用地用电保障；优化行业监管服务，深化粮食行业"放管服"改革和"最多跑一次"改革，加强行业信用体系建设；加强组织领导，各市、县（市、区）政府要结合当地实际制定实施方案，加强统筹协调，明确职责分工。

5. 江西省

江西省于 2017 年发布《中共江西省委 江西省人民政府关于深入推进农业供给侧结构性改革加快培育农业农村发展新动能的实施意见》[93]，包含八大部分34 项具体内容。

第一，"围绕'稳粮、优供、增效'，大力推进农业供给侧结构性改革"。增强粮食等重要农产品供给保障能力；进一步调整优化农业结构，推进农业供给侧结构性改革，把农业结构调好、调顺、调优；发展绿色生态农业；持续改善农田水利基础设施条件，抓紧水毁灾损水利工程修复；强化农业科技创新和技术推广；提升农业机械化和信息化水平；扩大农业开放合作，改进农业招商引资方式，举办有特色、有创意的农业招商专题活动，引进更多的农业企业，特别是跨国公司、行业龙头企业。

第二，"提升农业供给侧结构性改革成效，促进农民持续较快增收"。做美做精休闲农业和乡村旅游；发展农村电子商务，完善农村电子商务服务体系，支持"赣农宝""邮乐网""供销 e 家"等农产品电子商务平台和乡村电商服务站点建设；推动农产品加工业转型升级，大力培育、引进和发展农产品加工企业，做大做强一批农产品加工型龙头企业；促进农民共享产业融合增值收益。

第三，"加快农业供给侧结构调整的体制机制改革，激活农业农村内生发展动力"。深化农村集体产权制度改革，细化和落实农村土地集体所有权、农户承包权、土地经营权"三权分置"办法；发挥多种形式农业适度规模经营引领作用；加快培育新型农业经营主体和服务主体，加快完善扶持政策体系，不断提升新型农业经营主体发展质量；建立农业农村投入稳定增长机制，坚持把农业农村作为财政支出的优先保障领域，确保适度增加；推进农村金融服务创新和产品创新。

第四，"全面推进'整洁美丽、和谐宜居'新农村建设行动，改善农村生产生活条件"。深入推进新农村建设，充分调动广大农民参与建设新农村的积极性，共建共享幸福美好家园；重点整治农村人居环境，集中开展农村生活垃圾和污水治理，大力推进城市环卫建设职能、垃圾收运体系、城镇污水收集管网向农村延伸；加大农村生态保护建设力度；不断提高农村公共服务水平；加强农村基础设施建设，加快实施农村公路"提质增效、通达通畅、平安公路"三大工程。

第五，"扎实推进脱贫攻坚，补齐决胜全面小康短板"。深入推进脱贫攻坚工程，按照"核心是精准、关键在落实、确保可持续"的要求精准施策；提升精准脱贫管理水平，健全精准脱贫的退出机制、核查机制、激励机制，严格把握脱贫标准，确保贫困地区、贫困群众真脱贫、脱真贫；健全脱贫攻坚支撑保障体系，健全扶贫资金投入管理机制，统筹整合使用财政涉农扶贫资金。

第六，"培育壮大村级集体经济，增强村级组织公共服务能力和运转保障水平"。加大村级集体经济发展政策支持力度；探索发展村级集体经济有效途径；规范农村集体"三资"管理。

第七，"强化农村精神文明建设，推动形成农村社会新风尚"。加强思想道德建设；树立文明乡风民风；繁荣农村文化。

第八，"加强和改进党的领导，为推进农业供给侧结构性改革提供坚强政治保证"。坚持把"三农"工作摆在重中之重；加强农村基层党组织建设，强化"党建＋"理念，深入推进"连心、强基、模范"三大工程；加强农村党风廉政建设；加强农村民主法治建设。

6. 福建省

福建省于2017年发布《中共福建省委　福建省人民政府关于深入推进农业供给侧结构性改革加快培育农业农村发展新动能的实施意见》[94]，包含八大部分34项具体内容。

第一，"优化农业产业产品结构，促进农业提质增效"。增强粮食安全保障能力；大力发展品牌农业；加强农业新品种选育推广；持续提升农产品质量安全水平；提升壮大特色优势产业；积极发展适度规模经营。

第二，"推动农业绿色发展，增强农业可持续发展能力"。大力发展生态农业；促进农业废弃物资源化利用；加大农业环境突出问题整治力度；推进重点生态工程建设。

第三，"培育新产业新业态，加快农村一二三产业融合发展"。大力发展智慧农业；加快发展农产品精深加工；加强农产品流通体系建设；加快发展乡村旅游和休闲农业；拓展农业对外开放合作。

第四，"强化农业科技创新，提升现代农业发展水平"。加强农业新技术的研发和应用推广；健全农业科技创新激励机制；打造"一区两园"升级版；壮大农业农村人才队伍。

第五，"补齐农业农村短板，加快城乡一体化发展"。持续加强农田水利基本建设；完善农村基础设施；提高农村基本公共服务水平；推进美丽乡村建设。

第六，"加大脱贫攻坚力度，全力推进精准扶贫精准脱贫"。完善精准扶贫稳定脱贫工作机制；大力实施造福工程扶贫搬迁；多渠道增加贫困户收入和贫困村集体收入。

第七，"全面深化农村改革，增强农业农村发展活力"。创新财政支农强农机制；促进农村金融服务创新；推进农村集体产权制度改革；健全新农民就业创业创新机制；统筹推进农村各项改革。

第八，"全面加强和改进党对'三农'工作的领导"。坚持把"三农"工作摆在重中之重；筑牢基层组织基础；促进农村全面发展，大力推进平安乡镇、平安村庄建设，构建农村立体化社会治安防控体系。

7. 广东省

广东省于2017年出台了《广东省推进农业供给侧结构性改革实施方案》[95]，农业供给侧结构性改革的重点任务包含了八大部分32项具体内容。

第一，"优化农业产业和结构布局"。编制出台全省农业现代化功能区划；划定粮食生产功能区和重要农产品生产保护区；创建特色农产品优势区；发展健康养殖业；发展林下经济，加大资金、政策和技术扶持力度，大力发展林菌、林药、林花、林茶、林禽等林下经济，丰富林下经济产品种类，提升林下经济规模化、集约化、专业化水平。

第二，"大力培育新型经营主体"。实施新一轮农业龙头企业培优工程；规范新型经营主体发展；加强新型职业农民就业创业培训；支持培育农业社会化服务组织。

第三，"强化科技创新驱动"。推动农业科技协同创新；加快发展现代种业；加快发展农业装备设施；健全基层农技推广体系。

第四，"加快推进一二三产业融合发展"。建设现代农业园区，集聚生产、加工、科技、营销、创业等现代产业要素，创建一批现代农业产业园、科技园、创业园，发展农产品加工流通；发展农产品加工流通；培育发展农业新产业新业态；支持农村创业创新。

第五，"扎实推进农业绿色可持续发展"。强化质量安全监管，严格落实农产品质量安全属地管理责任和生产经营主体责任，确保不发生重大农产品质量安全问题；推进农业标准化生产和品牌创建；推进畜禽养殖废弃物治理行动；加强农业资源环境保护；大力建设生态屏障。

第六，"建立支持农业供给侧结构性改革的新机制"。加大财政支持力度，创新财政支农资金投入方式，发挥财政资金的引导放大作用，撬动更多社会资本投入农业供给侧结构性改革重点领域；创新"三农"投融资机制，发展农村普惠金融，推进普惠金融"村村通"，积极培育村镇银行、涉农投资和担保公司等新型农村金融机构；开展"两权"抵押贷款试点；扩大政策性农业保险覆盖率。

第七，"加快推进农村集体土地承包经营权确权"。确保如期完成确权登记颁证任务；发展农业适度规模经营，健全土地承包经营权流转服务体系，引导土地经营权有序流向种田能手、种粮大户和新型经营主体。

第八，"深化农村改革"。稳步推进农村集体产权制度改革；推动林业重点领域改革；推进农垦体制机制改革；深化供销合作社综合改革，围绕密切与农民利益联结，分类推进基层社改造，推进跨层级、跨区域的联合合作，促进供销合作社上下贯通，全面打造全省供销"一张网"。

8. 广西壮族自治区

广西壮族自治区于 2017 年出台了《自治区党委　自治区人民政府关于坚定不移推进农业供给侧结构性改革大力培育广西农业农村发展新动能的实施意见》[96]，包含六大部分 33 项具体内容。

第一，"推动优势特色产业提档升级"。坚持藏粮于地藏粮于技；加快蔗糖业转型升级；优化特色产业结构；科学划定和建设"三区"；加快现代农业园区建设；提升农产品品种品质品牌；积极发展适度规模经营；全面提升农产品质量和食品安全水平。

第二，"推进农业绿色发展"。发展循环农业；发展生态种养；加强资源保护和生态修复；实施农业节水工程。

第三，"促进农村一二三产业融合发展"。加快发展乡村休闲旅游；大力发展农产品加工业；加强农产品流通和市场建设；推进农村电子商务发展；发展宜居宜业特色村镇。

第四，"依靠科技创新驱动引领现代农业发展"。完善农业科技体系；加强农业科技攻关；加快农业科技成果转化推广；健全农业科技创新激励机制，落实事业单位科技成果使用处置和收益管理规定，落实科技人员兼职取酬等制度规定；加强科技人才队伍建设，实施农业科研杰出人才培养计划，加强农业高层次科研人才和青年骨干人才培养，完善人才引进政策，引导科技人才投身到农业中来。

第五，"补齐农业农村发展短板"。扎实推进脱贫攻坚；加强水利基础设施建设；扎实开展"美丽广西"乡村建设，深入开展农村环境综合整治，巩固提升清洁乡村、生态乡村建设成效；提升农村基本公共服务水平，推进县域内城乡义务教育一体化改革发展，继续实施"全面改薄"工程，实施义务教育"两免一补"政策全覆盖。

第六，"全面深化农村改革"。深化农村集体产权制度改革，2017 年基本完成农村土地承包经营权确权登记颁证工作；完善财政支农投入机制；深化农村金融改革；建立健全农业农村发展用地保障机制；健全农村创业创新体制；统筹推进农村综合改革；加强农业对内交流和对外合作，不断拓展国内市场，办好"一内一外"两届广西名特优农产品交易会。

9. 河南省

河南省于 2017 年出台了《中共河南省委 河南省人民政府关于深入推进农业供给侧结构性改革加快培育农业农村发展新动能的实施意见》[97]，包含七大部分 34 项具体内容。

第一，"加快农业结构调整，推进农业提质增效"。调整种养结构；做强优势特色产业；推进农业区域布局；强化质量安全监管；推进适度规模经营；建设现代农业产业园；坚持农业开放发展。

第二，"推行绿色生产方式，实现农业持续发展"。推进农业清洁生产；实施农业节水工程；集中治理农业环境突出问题；加强重大生态工程建设。

第三，"壮大新产业新业态，促进农村融合发展"。发展农产品加工业；推进"互联网＋"现代农业；发展乡村休闲旅游业；鼓励创业创新。

第四，"强化科技创新驱动，加快农业发展方式转变"。加强农业科技研发；强化农业科技推广，创新公益性农技推广服务方式，引入项目管理机制，推行政府购买服务，支持各类社会力量广泛参与农业科技推广；完善农业科技创新考核激励机制，深化农业科技体制、农业科技人员收入分配制度等改革，加快落实科技成果转化收益、科技人员兼职取酬等制度规定；提升农业科技园区建设水平；开发农村人力资源。

第五，"补齐农业农村短板，夯实全面发展基础"。加强农田基础设施建设；积极推进新农村建设，大力发展充满活力的县域经济，加快建设一批实力强、特色靓、人气旺、环境美的经济强县；提升农村基本公共服务水平；扎实推进脱贫攻坚，认真落实脱贫攻坚"1＋N"政策措施体系，确保做到精准扶贫、精准脱贫。

第六，"加大农村改革力度，激活内生发展动力"。落实惠农补贴政策，提高农业补贴政策的指向性和精准性，重点补主产区、适度规模经营、农民收入、绿色生态；深化农村集体产权制度改革，稳妥推进农村土地集体所有权、农户承包权、土地经营权"三权分置"配套改革；改革财政支农投入机制，坚持把农业农村作为财政支出的优先保障领域，确保农业农村投入适度增加，着力优化投入结构、创新使用方式、提升支农效能；加强农村金融服务，持续增加"三农"贷款投放，支持金融机构增加县域网点，适当下放县域分支机构业务审批权限；探索建立用地保障机制，优化城乡建设用地布局，合理安排农业农村各业用地；健全农业劳动力转移就业机制；统筹推进农村各项改革，包括水利改革、省农信联社改革、供销社综合改革等。

第七，"切实加强党的领导，推动'三农'工作健康发展"。加强组织领导；筑牢基层基础；建设乡村文明。

10. 湖北省

湖北省于 2017 年出台了《中共湖北省委　湖北省人民政府关于深入推进农业供给侧结构性改革，加快培育农业农村发展新动能的实施意见》[98]，包含七大部分 18 项具体内容。

第一，"优化农业产品产业结构"。大力发展特色优势农业，按照"稳粮、优经、扩饲"的要求，加快构建粮经饲协调发展的三元种植结构；积极创新农业经营体系，加快培育新型农业经营主体和服务主体，通过经营权流转、股份合作、代耕代种、土地托管等多种方式，发展多种形式适度规模经营；全面提升农产品质量和食品安全水平。

第二，"推进农业绿色发展"。大力发展农业清洁生产，全面实施化肥农药零增长行动，开展有机肥替代化肥试点；着力治理农业环境突出问题，开展土壤污染状况详查，实施土壤污染防治行动计划；加大农业生态建设保护，加强生态保护红线管理，强化林地、湿地、森林等生态红线刚性约束。

第三，"培育农村新产业新业态"。促进农村产业融合发展，探索利用"旅游＋""生态＋"等模式，积极推进农林水与旅游、教育、文化、康养等产业深度融合，大力发展乡村休闲旅游产业；加快特色村镇发展。

第四，"加强农业科技创新驱动"。加强农业科技研发与推广，适应农业调结构转方式的新要求，调整农业科技创新方向和重点；培育壮大农村人才队伍。

第五，"着力补齐农业农村发展短板"。加强基本农田建设和中小河流及湖泊整治；深入开展美丽宜居乡村建设；推进城乡公共服务均等化，全面落实城乡统一、重在农村的义务教育经费保障机制。

第六，"深化农村改革激活发展动力"。加大财政支持力度，坚持把农业农村作为财政支出的优先保障领域，确保农业农村投入适度增加，固定资产投资继续向农业农村倾斜；创新农村金融服务体系，继续开展农村合作金融创新试点；积极推进农村集体产权制度改革，落实农村土地集体所有权、农户承包权、土地经营权"三权分置"办法；加快推进农业转移人口市民化；统筹推进农村各项改革。

第七，"加强'三农'工作组织领导"。把农业农村工作的重心转移到推进农业供给侧结构性改革上来，落实到政策制定、工作部署、财力投放、干部配备等各个方面。

11. 河北省

河北省于 2017 年出台了《中共河北省委 河北省人民政府 关于深入推进农业供给侧结构性改革 加快培育农业农村发展新动能的实施意见》[99]，包含六大部分内容。

第一，"加快农业结构调整促增效"。优化粮经饲三元种植结构；发展规模高效养殖业；打造绿色优质农产品生产基地；全面提升农产品质量和食品安全水平；实施农业品牌创建行动；大力发展规模经营。

第二，"加快农村产业融合促增收"。建设现代农业园区；加快发展农产品加工业；积极发展外向型农业；发展休闲农业和乡村旅游；推进农产品电商发展；实施农村创业创新行动。

第三，"加快美丽乡村建设促增绿"。进一步强化规则引领；改善农村人居环境，突出抓好农村散煤治理，宜气则气、宜电则电，大力实施"气代煤""电代煤"等清洁能源替代工程，促进农村散煤替代和清洁高效集中利用；推进农业清洁生产；加强农村生态建设；推进"三区"同建。

第四，"夯实农业农村基础补短板"。加强农田基本建设，大力建设高标准农田，探索建立鼓励金融机构支持高标准农田建设和中低产田改造有效机制；加强农产品市场体系建设；强化农业科技支撑；加强农村防灾救灾体系建设；扎实推进脱贫攻坚。

第五，"深化农村改革增活力"。深化农村集体产权制度改革，全面开展农村集体资产清产核资，力争用 3 年时间基本完成；深化农村土地制度改革，2017年基本完成确权登记任务；创新生产供销信用综合合作机制；创新财政金融支农机制；协调推进农村其他改革。

第六，"加强和改进党对'三农'工作领导"。严格落实重中之重责任要求；夯实农村基层组织基础；强化投入和政策保障；创新工作方式方法。

12. 甘肃省

甘肃省于 2017 年出台了《中共甘肃省委 甘肃省人民政府关于深入推进农业

供给侧结构性改革加快培育农业农村发展新动能的实施意见》[100]，包含八大部分43项具体内容。

第一，"优化产品产业结构，推进农业提质增效"。稳定粮食生产，落实粮食安全省长责任制，完善目标管理考核办法；统筹调整粮经饲种植结构；做大做强特色优势产业，加快实施优势特色农业提质增效行动计划；进一步优化农业区域布局；发展规模高效健康养殖业；积极发展适度规模经营；推进现代农业产业园区建设；加快培育外向型农业企业。

第二，"推行绿色生产方式，增强农业可持续发展能力"。推进农业清洁生产，大力实施化肥农药零增长行动，开展有机肥替代化肥试点，鼓励开发有机肥和施用农家肥；大规模实施农业节水工程；全面提升农产品质量和食品安全水平；加强生态保护和建设。

第三，"发展新产业新业态，拓展农业产业链价值链"。大力发展休闲农业和乡村旅游；推进农村电商发展；加快发展新型运销业和现代食品产业；培育宜居宜业特色村镇。

第四，"强化科技创新驱动，引领现代农业加快发展"。加强农业科技研发，坚持农业科技创新的公益性、基础性和社会性定位，发挥好农业科研机构、农业高等院校和农业企业的主体作用；强化农业科技推广，稳定和加强基层农技推广服务机构，健全经费保障和激励机制，鼓励公益性服务机构拓展服务范围；完善农业科技创新激励机制；开发农村人力资源；提升农业科技园区建设水平。

第五，"补齐农业农村短板，进一步夯实农村共享发展基础"。持续加强农田水利建设；加快农村基础设施建设；加强农业信息化建设；深入开展农村人居环境治理和美丽乡村建设；提升农村基本公共服务水平。

第六，"加大农村改革力度，激发农业农村内生发展动力"。落实农业补贴制度；改革财政支农投入机制；加快农村金融创新；深化农村集体产权制度改革；探索建立农业农村发展用地保障机制；健全农业劳动力转移就业和农村创业创新机制；统筹推进农村各项改革。

第七，"强力推进精准扶贫，加快精准脱贫步伐"。实行"七个一批"清单式管理；推进易地扶贫搬迁；强化县域经济发展支撑；充分发挥双联行动和驻村帮扶工作队作用；进一步健全完善精准脱贫工作机制；加快革命老区和民族地区脱贫进程。

第八，"加强党对'三农'工作的领导，提高做好农业农村工作的能力和水平"。强化组织领导；加强农村基层组织建设；大力培育文明乡风；创新和完善乡村治理机制。

13. 四川省

四川省于 2016 年出台《推进农业供给侧结构性改革加快四川农业创新绿色发展行动方案》[101]，重点工作主要包含六大部分内容。

第一，"推进农产品有效供给"。推进结构性调整和推进标准化生产，强化质量安全监管。

第二，"推进一二三产业融合发展"。延伸农业产业链条，发展多种产业业态，打造产业融合示范园区。

第三，"推进农业科技创新"。强化农业科技原始创新，加强农业科技成果应用，推进农业机械化进程，提升农业信息化水平。

第四，"推进品牌农业发展和市场开拓"。优化农业品牌培育环境，提升品牌竞争力，扎实推进市场开拓。

第五，"推进农业经营体系创新"。建立健全土地经营权流转市场和服务平台，强化农业支持保护，培育壮大新型农业经营主体，强化农业社会化服务，推进农业产业化经营。

第六，"推进农业生态保护与治理"。强化农业生态环境保护，优化农业资源利用方式，加快推进农业面源污染综合治理，坚持改善基础条件和设施装备，严格落实环境影响评价制度，全面加强环保执法监管。

14. 云南省

云南省于 2017 年发布了《中共云南省委 云南省人民政府关于深入推进农业供给侧结构性改革加快培育农业农村发展新动能的实施意见》[102]，包含六大部分。

第一，"推进高原特色农业提质增效"。大力发展优势特色产业，按照生态优先、比较效益最大化的原则，统筹调整粮经饲种植结构；优化农业区域布局，以主体功能区规划和优势特色农业产业规划为依托，促进特色产业向优势区集中；严格农产品质量和食品安全监管，严格落实农产品质量和食品安全属地管理责任；积极发展农业适度规模经营，加强政策引导，推动农业适度规模经营有序发展；加快高原特色农业走出去步伐，优化农业对外合作环境，实施全方位走出去，深化与南亚、东南亚周边国家的农业合作，拓展与非洲、欧洲、大洋洲、北美等区域的农业合作。

第二，"推行绿色生产方式"。实施农业节水工程；加强农业环境保护和治理，深入推进化肥农药使用量零增长行动；加强重大生态环保工程建设。

第三，"培育壮大农村新产业新业态"。加快发展特色食品加工产业；推进农产品流通和电子商务发展；大力发展乡村休闲旅游业、特色手工业和文化创意产业；推进农业劳动力转移就业和农村创业创新。

第四，"强化农业科技创新与推广"。加强农业科技创新，以高原特色现代农业全产业链建设为方向，依托领军科技人才和团队，整合科技创新资源，加快完善现代农业产业技术体系；强化农业科技推广，构建农业科技成果产业化服务平台，强化区域农业科技成果转化集成示范；建立健全农业科技创新激励机制。

第五，"夯实农村经济社会全面发展基础"。扎实推进精准扶贫精准脱贫，坚持把脱贫攻坚作为最大政治任务和第一民生工程，紧盯脱贫攻坚目标，坚持问题导向，狠抓政策措施和工作责任落实；持续加强农田水利建设，深入实施藏粮于地、藏粮于技战略，严守耕地红线，保护优化粮食产能；加强农村人居环境治理和美丽宜居乡村建设；提升农村基本公共服务水平，全面落实城乡统一、重在农村的义务教育经费保障机制，加强乡村教师队伍建设。

第六，"加大农村改革力度"。加大农业农村投入力度，坚持把农业农村作为财政支出的优先保障领域，确保农业农村投入持续增加；加大农村金融服务力度，强化激励约束机制，落实涉农贷款增量奖励政策，确保"三农"贷款投放持续增长；深化农村集体产权制度改革，开展农村土地集体所有权、农户承包权、土地经营权"三权分置"改革；建立健全农业农村发展用地保障机制，优化城乡建设用地布局，合理安排农业农村各业用地；统筹推进农村各项改革，深化供销合作社联合社综合改革，增强为农服务能力。

15. 辽宁省

辽宁省于 2016 年发布了《关于推进农业供给侧结构性改革的实施意见》[103]，包含六大部分 25 项具体内容。

第一，"大力提高优质特色农产品供给能力"。优化种植业结构、畜牧业结构、水产业结构、林业结构。

第二，"积极推进农业与二三产业融合发展"。大力发展高品质农产品加工业，加快提升农产品加工园区集聚功能，积极扩大高附加值农产品出口，加快提升农产品加工园区集聚功能，加快农产品现代流通体系建设，依托农业资源发展旅游、健康养老产业，大力发展农业新型业态。

第三，"着力强化农业供给侧科技和物质支撑"。大力发展现代种业，加大科技对农业的支撑，切实提高耕地质量，提高农业机械化水平。

第四，"积极推动农业绿色发展"。推行农业标准化生产，实施化肥和农药零增长行动，推进农业废弃物资源化利用。

第五，"努力增强农业供给侧市场主体活力"。发展多种形式适度规模经营，培育新型农业经营主体，完善农业社会化服务体系。

第六，"保障措施"。加强组织领导，落实政策措施，营造良好环境，强化督查落实。

三、政策支持总结

农业供给侧结构性改革是要提高农业供给体系质量和效率，使农产品供给数量充足、品种和质量契合消费者需要，真正形成结构合理、保障有力的农产品有效供给。关于农业供给侧结构性改革的方向、工作重点和具体措施，中央政策具有指导性意见，地方政策都是根据当地实际情况以中央政策为指导从而制定的，都是为了稳步推进农业供给侧结构性改革，实现改革目标。

（一）中央政策支持总结

中央政策从开始的农业结构调整到农业供给侧结构性改革的提出，再到绿色、创新的重视，最后到农业现代化战略的布局。从时间和政策支持上来看政策理念的提出具有递进关系，更具有阶梯性和实践性，是实现我国农业强大的可靠途径。农业供给侧结构性改革是我国为了让农业有效供给实现农业现代化强国的长期性系统工程，可知中央对农业供给侧结构性改革的重视程度较高。农业供给侧结构性改革的主要目标是增加广大农民的收入，保障粮食的有效供给；主要针对的方向是要提高农业供给的质量；通过体制改革和机制创新的根本途径推进改革，优化农业产业体系、生产体系、经营体系，提高土地产出率、资源利用率、劳动生产率，从过度依赖资源消耗转变为追求绿色生态可持续，从满足需求转变为注重质量。总的来看，工作的基调有以下三个方面：第一，确保粮食稳定增收，保障基本的用粮。第二，从供给侧推动农业结构调整，实现合理高效布局，并注重绿色、高效、创新。第三，通过改革推进农业现代化发展，实现农业现代化强国的战略布局。

（二）地方政策支持总结

中央政策下发后，全国各地都积极推进农业供给侧结构性改革。根据当地情况以中央政策为指导制定了相关实施方案或下发指导文件。地方政策中从大方向来看：一是强调供给结构优化，优化结构的同时完善生产体系；二是强化内生力提高效率，通过支持新组织培育新动力。从具体实施手段来看，对农业供给结构进行调整的直接方式主要是通过改种其他品种，顺应需求变化调整。对供给过量不合适的品种进行改种，改种需求较大产量较少的品种。针对某些供给问题，有利用"互联网＋"的方式扩大销售渠道，也有通过品牌建设，增加产品竞争力从而扩大销售的方式。这些都是有效地将供给过量等问题解决的直接手段。地方政策中多数都开始注重生态和文化的发展，有通过培育新型农业经营主体发展农业新动力的，也有发展休闲观光旅游实现多方盈利的模式，均为实现农业现代化提供了多种途径。

地方政策各地具体措施差异较大，都是结合当地实际情况制定的。总的方向与中央政策一致，都是为了推进和深化农业供给侧结构性改革，将农业供给体系完善，让其能够适应需求的变化。

第二节　现实成就

一、经济成就

自农业供给侧结构性改革以来，坚持稳中求进工作总基调，在确保粮食产量的基础上依然保持丰收，积极推动农业由追求数量增长向高质量发展转变，调整了农业结构，市场运行平稳，稳步推进农业供给侧结构性改革，我国在农业方面不断取得新进展。

（一）2016 年我国农业供给侧结构性改革所取得的经济成就

2016 年我国全年的粮食种植面积是 11 303 万公顷，比 2015 年的 11 334 万公顷减少了 31 万公顷。同比 2015 年，各类粮食种植面积都进行了调整，其中，小麦的种植面积从 2414 万公顷，增至 2419 万公顷；稻谷种植面积减少 5 万公顷为 3016 万公顷；玉米种植面积 3676 万公顷，减少 136 万公顷；棉花种植面积减少 42 万公顷后为 338 万公顷；油料种植面积 1412 万公顷，增加 8 万公顷；糖料种植面积 168 万公顷，减少 6 万公顷。在种植面积上调整了各类粮食的种植面积，优化了种植面积结构[104]。

全年粮食的总产量为 61 624 万吨，相比 2015 年减少了 520 万吨，同比减产 0.8%。从季节来看：夏粮产量 13 920 万吨，减产 1.2%；早稻产量 3278 万吨，减产 2.7%；秋粮产量 44 426 万吨，减产 0.6%。从粮食类别来看：整年谷物产量有 56 517 万吨，比上年减产 1.2%。其中，稻谷产量 20 693 万吨，减产 0.6%；

小麦产量 12 885 万吨，减产 1.0%；玉米产量 21 955 万吨，减产 2.3%。全年棉花产量 534 万吨，比上年减产 4.6%；油料产量 3613 万吨，增产 2.2%；糖料产量 12 299 万吨，减产 1.6%；茶叶产量 241 万吨，增产 7.4%。粮食产量获得丰收。

全年肉类总产量 8540 万吨，比上年下降 1.0%。其中，猪肉产量 5299 万吨，下降 3.4%；牛肉产量 717 万吨，增长 2.4%；羊肉产量 459 万吨，增长 4.2%；禽肉产量 1888 万吨，增长 3.4%。禽蛋产量 3095 万吨，增长 3.2%；牛奶产量 3602 万吨，下降 4.1%；年末生猪存栏 43 504 万头，下降 3.6%；生猪出栏 68 502 万头，下降 3.3%。肉类产量控制平稳，结构获得优化。

全年水产品产量 6900 万吨，比上年增长 3.0%。其中，养殖水产品产量 5156 万吨，增长 4.4%；捕捞水产品产量 1744 万吨，下降 1.0%。

全年木材产量 6683 万立方米，比上年下降 7.0%。全年新增耕地灌溉面积 118 万公顷，新增节水灌溉面积 211 万公顷[105]。

（二）2017 年我国农业供给侧结构改革所取得的经济成就

2017 年农业生产增长加快，农业结构进一步调整。全年粮食种植面积 11 222 万公顷，比上年减少 81 万公顷。其中，小麦种植面积 2399 万公顷，减少 20 万公顷；稻谷种植面积 3018 万公顷，增加 2 万公顷；玉米种植面积 3545 万公顷，减少 131 万公顷；棉花种植面积 323 万公顷，减少 15 万公顷；油料种植面积 1420 万公顷，增加 8 万公顷；糖料种植面积 168 万公顷，同上一年持平。从农作物种植面积上进行结构性改革。

全年粮食产量 61 791 万吨，比上年增加 167 万吨，增产 0.3%。从季节来看：夏粮产量 14 031 万吨，增产 0.8%；早稻产量 3174 万吨，减产 3.2%；秋粮产量 44 585 万吨，增产 0.4%。从粮食类别来看：全年谷物产量 56 455 万吨，比上年减产 0.1%。其中，稻谷产量 20 856 万吨，增产 0.8%；小麦产量 12 977 万吨，增产 0.7%；玉米产量 21 589 万吨，减产 1.7%。全年棉花产量 549 万吨，比上年增产 2.8%。油料产量 3732 万吨，增产 3.3%。糖料产量 12 556 万吨，增产 2.1%。茶叶产量 255 万吨，增产 5.8%。

全年猪牛羊禽肉产量 8431 万吨，比上年下降 1.3%。其中，猪肉产量 5340 万吨，增长 0.8%；牛肉产量 726 万吨，增长 1.3%；羊肉产量 468 万吨，增长 2.0%；禽肉产量 1897 万吨，增长 0.5%。禽蛋产量 3070 万吨，下降 0.8%。牛奶产量 3545 万吨，下降 1.6%。年末生猪存栏 43 325 万头，下降 0.4%；生猪出栏 68 861 万头，增长 0.5%。

全年水产品产量 6938 万吨，比上年增长 0.6%。其中，养殖水产品产量 5282 万吨，增长 2.4%；捕捞水产品产量 1656 万吨，下降 5.0%。

全年木材产量 7682 万立方米，增长 14.9%。全年新增耕地灌溉面积 109 万公顷，新增高效节水灌溉面积 144 万公顷[106]。

（三）2018 年一季度我国农业供给侧结构性改革所取得的经济成就

一季度农业农村经济运行情况发布会上，农业农村部发展计划司司长魏百刚表示，一季度，农业农村经济运行开局良好，第一产业增加值达到 8904 亿元，同比增长 3.2%；农村居民人均可支配收入达到 4226 元，实际增长 6.8%，与 GDP 增速保持同步，高于城镇居民收入增速 1.1 个百分点，延续 "双增长" 势头，实现了 "开门红"。各地大力发展新农民新技术，建立了一批农民创业创新园区，吸引了越来越多的在城市有作为的进城务工农民，大中专毕业生、退伍军人和科技人员返乡创业创新。据农业农村部统计，截至 2018 年 4 月，返乡创业人员达到 740 万人。魏百刚表示，下一步，农业农村部将以实施乡村振兴战略为总抓手，推进农业高质量发展、农村人居环境整治、农村基础设施建设、农村公共服务改善、农村人才队伍建设[107]。

（四）典型省（直辖市）农业供给侧结构性改革的取得的经济成就

浙江省农业供给侧结构性改革取得的经济新成就。浙江省坚持发展新理念，发力供给侧结构性改革，农业发展方式、农民增收方式、农民生活方式和乡村治理方式都发生了深刻变化：2016 年，农林牧渔业增加值比上年增长 2.8%，农业科技贡献率达 62% 以上，农业现代化水平加快提升；农民收入连续 32 年领跑全国省份；从治水拆违到垃圾分类，环境美、乡风美、生活美成为浙江乡村 "美美与共" 的新风尚，农村成为 "双创" 沃土，主体活力、业态活力不断激发[108]。

上海市农业供给侧结构性改革取得的经济新成就。在沪郊金山枫泾地区，"双创＋农业" 新探索已初步成型——以农创项目技术 "路演" 机制创新为突破口，形成农技推广共同体，孵化草莓、龙虾、黄桃、梨等都市农业双创项目，推进 "农业＋创意产业＋旅游业＋文化产业" 的综合发展模式，打造美丽乡村 "田园综合体"；上海市农科研究成果不断积累，上海市在枫泾探索全新的农科 "路演" 机制，打通农业科研院所的技术供给侧与农业从业人员的技术需求侧两端，实现有效对接，这个新型农创项目技术 "路演" 机制，已在果蔬、水产等领域发挥作用，农技成交金额累计近 2000 万元[109]。

海南省农业供给侧结构性改革取得的经济新成就。海南省以农村电子商务、互联网农业小镇建设等工作为抓手，加快发展"互联网＋农业"，助推农业供给侧结构性改革。海南省积极构建农村电子商务支撑体系，依托淘宝网、京东商城等主流电子商务平台建立了覆盖全岛、品类齐全、特色鲜明的农产品电子商务网络。2016年，全省互联网农业小镇电子商务平台销售额达到10.8亿元，互联网农业小镇农民人均收入同比增长19.6%；带动全省2800名返乡大学生和村民投身创新创业；农民足不出户享受便捷的政务、民生在线服务。截至2017年10月底，农产品电子商务企业累计达4950家，累计销售额达134亿元，同比增长32%，连续三年保持20%以上的增速。全省已建成13个互联网农业小镇、13个镇级运营中心和70个村级服务中心，为农村电子商务构建了完善的服务网点[110]。

天津市农业供给侧结构性改革取得的经济新成就。天津市农业系统通过产业结构调整，严抓农产品质量安全，实现了结构调优，质量提升，绿色、优质、特色农产品供给能力大幅增强，促进了农民增收和城乡"菜篮子"丰盈。农业系统坚持市场导向，实施"一减三增"农业结构调整，2017年调减粮食面积21.5万亩，增加经济作物16.4万亩，经济林、生态林、苗圃种植5.1万亩，新增和改造海淡水工厂化养殖车间18万平方米。累计调减粮食种植面积107.48万亩，完成了调减100万亩的工作目标，土地产出率明显提高，通过调减玉米等低效作物改种高效益经济作物，农民实现每亩增加收入1500—2000元。在提高绿色农产品生产能力方面，天津市累计建成放心菜基地234个，年产优质放心菜240万吨，占全市蔬菜总产量的53%；完成312家放心肉鸡养殖基地的提升改造，年产肉鸡6000万只以上，占全市肉鸡总产量75%；启动放心猪肉工程建设，建成180个放心猪肉基地，年出栏114万头，占全市生猪出栏量的30%；启动放心水产品建设工程，建设放心水产品基地30个，养殖水面达到10万亩。培育"三品一标"优质农产品1592个，11个产品在中国国际有机食品博览会和中国绿色食品博览会上获得金奖。天津市还不断增强农产品质量安全监管能力，确保重大动植物疫情保持持续稳定，动物疫病净化成效显著，实现了从养殖到屠宰全链条风险监管。启动建设农产品质量安全追溯平台，实现从种养殖到市场全程可追溯管理。2017年，全市农产品抽检总体合格率持续保持在99%以上[111]。

山西省农业供给侧结构性改革取得的经济新成就。省农业厅着力推进杂粮、鲜干果、蔬菜、中药材、饲草作物"五大替代玉米行动"，在调减籽粒玉米187万亩的情况下，2017年全省粮食总产达129.99亿公斤，为历史第四高产年份，粮经饲比例由2016年的85.3∶13.1∶1.6调整为2017年的82.9∶14.4∶2.7，功能农产品种植面积达到 720 万亩。在雁门关地区，粮改饲试点县由 10 个增加到 22 个，一批粮农成功转型草农、牧农，粮改饲和草牧业在增加农民收入中的作用逐步凸显，农民人均牧业纯收入达到 1600 元。在吕梁、阳泉、长治等"两山"地区，2017 年新增杂粮 10.4 万亩、新增果树 2300 亩、新增中药材 9.6 万亩。另外，在汾河平原，蔬菜、水果、食用菌等产业势头强劲。2017 年山西省发展富硒小麦、彩色马铃薯、富硒苹果、富硒葡萄等 30 余种特色功能产品 720 万亩，山药、甘草、桔梗等药食同源中药材种植面积 100 万亩。大同县从事黄花产业的农民人均纯收入 1.5 万元，隰县玉露香梨、怀仁肉羊等特色产业带动整个县农民收入快速增长。潞安集团开发生产的油用牡丹形成了种植、加工、销售的生态高科技产业链，惠及贫困户 1 万余户[112]。

二、文化成就

农业供给侧结构性改革以来，农村文化事业得到良好发展，尤其是乡村旅游文化。发展乡村旅游是推进农业改革，也是实现农业现代化的重要措施。农业部部长韩长赋表示，发展休闲农业和乡村旅游，有利于调优农产品品种和品质，增强农业的供给活力，有利于统筹城乡的要素资源，补农村短板、美乡村风貌，有利于增加农业经营性收入和农民的财产性收入，并通过扩大就业容量增加农民的工资性收入[113]。休闲农业和乡村旅游的发展，已充分彰显了其促进增收的经济功能、带动就业的社会功能、传承农耕文明的文化功能、美化乡村环境的生态功能、促进村民自治的社会功能，促使农区变景区、田园变公园、劳动变运动、农产品变商品、民房变客房，让农村闲置的土地利用起来，让农民闲暇的时间充实起来，让富余的劳动力流动起来，让传统的文化活跃起来，在农业农村经济社会发展中发挥了不可替代的重要作用，以独特的乡村生态、生产、风情、风光为基础提供了农村发展新方向，已成为农业增效、农民增收、农村增绿的新产业新业态，成为农业农村经济发展的新动能[114]。

1. 2016 年我国农业供给侧结构性改革所取得的文化成就

2016 年全国休闲农业和乡村旅游投资金额约 3000 亿元，同比增长 15.38%。截至 2016 年底，全国休闲农业和乡村旅游接待游客已接近 21 亿人次，营业收入超过 5700 亿元，从业人员 845 万，带动 672 万户农民受益。

2. 2017 年我国农业供给侧结构性改革所取得的文化成就

2017 年我国休闲农业和乡村旅游接待人数就已超过 22 亿人次，营业收入超过 6200 亿元，带动 700 万户农民受益，休闲农业和乡村旅游正在成为带动农民增收的新渠道。乡村旅游的发展也使得农村文化得到发展。

3. 典型省（自治区）有关农业供给侧结构性改革取得的文化成就

西藏自治区农业供给侧结构性改革取得的文化新成就。2016 年全区旅游从业人员达到 35 万人，截至 2017 年 9 月，12 万农牧民群众参与旅游业发展建设。针对国家确定的全区 151 个重点旅游扶贫村，制定旅游精准脱贫工作计划，并将相关项目进村、落户、到人，带动城镇居民和农牧区依托旅游发展，拓宽增收致富门路，全力推动 12 万贫困人口通过旅游产业实现脱贫目标[115]。截至 2017 年 9 月，全区农牧民家庭旅馆达到 1669 家，其中贫困户家庭旅馆 70 家，99 个具备旅游发展条件的贫困村旅游发展能力不断提高，建档立卡贫困人口直接从事旅游服务达 4 万人以上、间接从事旅游服务达 10 万人以上，实现 2.6 万建档立卡人口脱贫[116]。

湖北省农业供给侧结构性改革取得的文化新成就。湖北省依托乡村资源，打造乡村美景、凸显乡村风情、带动乡村转型，2017 年湖北省乡村旅游带动旅游扶贫投入 20 多亿元，直接带动 4.3 万户 25 万多名贫困对象增收，实现人均增收 5000 元以上。湖北省旅游与农业农村进一步融合发展，乡村旅游产业规模增长强劲，形成了一批乡村赏花、避暑度假、采摘、民宿等旅游产品，延伸了产业链条，助推了农业转型、农民就业增收和农村繁荣。2017 年，湖北省乡村共接待旅游者约 1.9 亿人次，实现旅游收入约 1600 亿元，增长明显。全省 730 家旅游景区和乡村旅游企业还对口帮扶了贫困户 6333 户，帮扶了贫困人口 13 267 人[117]。

江苏省农业供给侧结构性改革取得的文化新成就。截至 2018 年 1 月，江苏省具有一定规模的休闲观光农业园区景点（包括农家乐）增至 8500 个以上，2017 年全年接待游客量达 1.5 亿人次，综合收入超过 420 亿元，比 2016 年增长 20%。全省休闲农业综合发展指数列全国首位，休闲观光农业从业人员近 100 万人，其中农民 92.3 万人[118]。徐州贾汪区、宿迁宿豫区和盐城东台市共 3 个县（市、区）成功创建全国休闲农业和乡村旅游示范县（市、区），累计创建 20 个示范县（市、区）。宜兴市湖父镇张阳村等 6 个村被认定为"中国美丽休闲乡村"，累计创建 23 个。全省创建仪征市江扬生态农业有限公司等 60 家全国休闲农业和乡村旅游星级示范企业，累计总数 180 家。全省认定 71 个"江苏省休闲观光农业示范村"，累计总数 121 个。江苏高邮湖泊湿地农业系统和无锡阳山水蜜桃栽培系统两项遗产获得第四批中国重要农业文化遗产项目认定[119]。

江西省农业供给侧结构性改革取得的文化新成就。2017 年，江西省大力实施乡村旅游扶贫工程，产生 68 万就业岗位，带动 45 万农民致富增收，带动全省 3.3 万建档立卡贫困户、10 万建档立卡贫困人口脱贫，全省乡村旅游接待游客、综合收入分别突破 3 亿人次和 2700 亿元，实际完成投资超过 300 亿元。全省形成了昌九、大赣西、赣东北、赣南等原中央苏区、罗霄山脉集中连片贫困区域等 5 个乡村旅游聚集区，乡村旅游全域发展态势逐渐形成，助力脱贫攻坚成效显著。2018 年乡村旅游新目标：实现接待人数 3.6 亿人次、旅游总收入超过 3400 亿元，直接、间接受益农民 60 万人以上，带动 2.25 万建档立卡贫困户、6.4 万建档立卡贫困人口实现脱贫[120]。

陕西省农业供给侧结构性改革取得的文化新成就。2016 年陕西休闲农业年接待游客超过 9000 万人次，营业收入过 70 亿元。初步形成了以西安周边地区为核心、关中平原为主带、陕南陕北为两大辐射区的"一体两翼"发展格局。截至 2017 年 1 月，陕西省有休闲农业经营主体 1.31 万个，其中休闲农家（农家乐）1.17 万个、休闲观光农园（农庄）1400 个；从业人数 17 万人，其中农民就业人数 14 万人，带动农户 10 万户。休闲农家经营户年均收入基本在 5 万元以上，从业人员年均收入 2 万元以上。关中 5 市大部分休闲农家经营户收入都在 10 万元以上。西安秦岭北麓等重点发展区域内的休闲农业经营收入已占到当地农业总产值 30%以上[121]。依托资源优势，陕西省各地培育打造了一批以欣赏田园美景、品味乡土美食、参与农事活动、感受农耕文化等为主要内容的休闲农园、休闲农庄和休闲乡村，发展了一批民俗文化、农事节庆等不同类型的休闲农业业态[122]。

三、社会成就

自 2015 年底农业供给侧结构性改革政策提出以后，农村社会发展稳定，社会风气进一步变好。2016 年是农业供给侧结构性改革启动之年，国家取消了玉米临时收储政策，实行市场定价和价补分离政策，农业绿色发展机制建立迈出重要步伐，农村产权改革不断深化。农业农村深化改革，成效显著，农业结构调整稳步推进，农产品市场运行总体平稳，农业在国民经济中的基础地位进一步巩固，各省（自治区、直辖市）取得了不少社会层面的成就。

（一）脱贫攻坚方面的成就

脱贫攻坚取得决定性进展，近五年贫困人口减少 6800 多万人，易地扶贫搬迁 830 万人，贫困发生率由 10.2%下降到 3.1%。

2017 年河南省安排省级农业财政专项资金 1.28 亿元，支持贫困县农业产业发展。从农业支持保护补贴中划拨 9000 万元，作为扶贫专项补贴资金，在滑县、兰考县开展农民合作社、村集体经济组织带动脱贫机制试点，探索建立农业产业化龙头企业、扶贫农民合作社（村集体经济组织）与贫困户的利益联结机制。树立 22 个农业产业脱贫典型，加强示范典型带动[123]。2017 年，河南省坚持贯彻精准扶贫、精准脱贫基本方略，开展驻村帮扶，聚焦重点片区、重点县村、重点人群，抓好产业扶贫、易地搬迁等关键环节，使全省贫困发生率从 9.28%下降到 2.57%，实现兰考县、滑县脱贫摘帽，5514 个贫困村退出贫困序列，37.3 万贫困群众搬出深石山区。2018 年，河南省将继续深入推进精准脱贫，推动卢氏县等 4 个深度贫困县和 1235 个深度贫困村脱贫攻坚，实现 110 万农村贫困人口稳定脱贫，19 个国定贫困县和 14 个省定贫困县摘帽[124]。

2017 年广西壮族自治区减少贫困人口 95 万人，贫困发生率 5.7%，同比下降 2.2 个百分点[125]，实现 1056 个贫困村出列，蒙山、上思、南丹等 6 个自治区级贫困县脱贫摘帽。2018 年，广西开展脱贫攻坚作风建设年、扶贫干部培训年活动，打好产业扶贫、基础设施建设、易地扶贫搬迁、村集体经济发展、粤桂扶贫协作五场硬仗，力争实现 1450 个贫困村和 14 个贫困县脱贫摘帽[126]。

甘肃省聚焦对象精准，2017 年确定了 23 个深度贫困县、40 个深度贫困乡、3720 个深度贫困村，制定全省深度贫困地区脱贫攻坚实施方案。"两州一县"脱贫攻坚实施方案获得国家批复[127]。同时调整加强脱贫攻坚帮扶工作力量，建立并落实省级领导联县包乡抓村制度，将最强的领导力量、最优的帮扶资源向特困县乡倾斜，为 6220 个建档立卡贫困村派驻了驻村帮扶工作队。实施贫困村"一村一品"产业推进行动，启动农村"三变"改革试点，探索创新资产收益扶贫机制，大力推进金融扶贫、旅游扶贫、电商扶贫、光伏扶贫。全年减贫 67 万人，贫困发生率由 2016 年底的 12.97%下降到 9.6%。有 6 个片区县、13 个插花县申请摘帽退出[128]。

2013—2017 年，湖南省 51 个贫困县人均地方财政收入增长 47%，2 个贫困县已按计划脱贫摘帽，12 个贫困县正在接受脱贫摘帽考核验收，精准扶贫"首倡地"十八洞村整村脱贫。中央和省级财政五年投入专项扶贫资金 210.9 亿元，年均增长 40.3%，扶贫贷款余额达到 1970.2 亿元。在这五年里，减少农村贫困人口 551 万，贫困发生率由 13.43% 下降到 3.86%。2018 年，湖南省将制定实施精准脱贫三年行动计划，建立县级脱贫攻坚项目库，在现行脱贫标准下，实现 130 万以上贫困人口脱贫、2200 个左右贫困村脱贫出列、16 个贫困县脱贫摘帽[129]。

（二）农村新产业新业态发展方面的成就

2017 年，河南省规模以上农产品加工企业达 7860 家，上半年预计实现营业收入 11 246 亿元，实现利润总额 913.6 亿元，税金总额 345.26 亿元，分别占全省规模以上工业企业的 29.25%、35.96%、34.72%。1～5 月全省农产品出口 48.58 亿元[123]。

青海省通过电子商务进农村综合示范项目的实施，截至 2018 年，全省已建成 11 个县级电子商务服务中心、11 个县级仓储物流配送中心、129 个乡镇级电子商务综合服务站、877 个村级电子商务综合服务点。青海省在促进工业品下行、农产品上行、带动农牧民就业增收、推进精准扶贫等方面，起到了示范带动作用。各县电子商务扶贫工作初显成效。以民和回族土族自治县新民乡若多村为例，通过采取"公司＋贫困户"、订单马铃薯等模式，利用电子商务平台线上线下销售将马铃薯销往北上广、长江三角洲等地，截至 2018 年 5 月，为全村 66 户贫困户均增收 4500 元，其中，户均收入最高达 17 500 元[130]。

2017 年，海南省提前半年完成 300 个贫困村服务站建设任务，实现全省贫困村全覆盖。全省县域电子商务发展体系逐步建设完善，为电商扶贫工作开展提供支撑，现有定安、澄迈、屯昌、白沙、文昌 5 个国家电子商务进农村综合示范县，各示范县示范项目已基本建成。在示范县建设带动下，陵水、儋州、昌江等市县积极与淘宝网、邮乐购等第三方电子商务平台开展合作，推动农村电子商务公共服务体系建设，为本地区电商扶贫开展提供了有力支撑。通过各类电子商务渠道实现贫困村农产品上行销售额达 1.2 亿元，共带动 1.06 万贫困人口通过电子商务实现就业创业，人均增收 1400 余元[131]。

黑龙江省通过运用现代电子商务销售模式，农民合作社的"产、加、销"环节得以有序相连。现在，农民合作社的产品不但在淘宝网、京东商城等电子商务平台上拥有了销售店铺，还与上海等地的多家电商合作分销，产品分布在 20 多家电子商务平台，把农产品销售到了全国各地。2017 年，电子商务平台已经成为黑龙江省发展农产品营销的重要出口，大米网是黑龙江省农业电子商务的重要平台，在这一平台组织的 27 场拍卖活动中，总成交农产品 6.85 万吨，成交额 5.70

亿元,拍卖提高价格促进增收达到 9500 万元。截至 2017 年 12 月中旬,大米网总交易额达到 17 亿元。黑龙江省现已建成以大米网为核心的农产品电子商务集群,建设农产品电子商务平台 76 个[132]。

截至 2017 年底,河北省省级现代农业园区已达 187 个,带动发展市、县级现代农业园区 1555 个。全省各地打造了一批生产功能突出、产业特色鲜明、要素高度聚集、设施装备先进、生产方式绿色、经济效益显著、辐射带动有力的现代农业园区,形成了一批优质小麦、专用玉米、畜禽、蔬菜、林果、中药材、杂粮、水产等现代农业产业集群,建成一批绿色优质农产品规模化生产基地。现代农业园区内农业产业化龙头企业、农民合作社、家庭农场、种养大户等新型农业经营主体数量、规模不断壮大,形成了农产品加工企业集群发展,实现了农户经营、合作经营和公司经营优势互补、有机结合。目前全省省市县 3 级现代农业园区内企业、农民合作社、家庭农场分别达 5952 家、13 347 家、3085 家,其中省级以上龙头企业 470 家,现代农业园区农业生产组织化、规模化、标准化程度显著提高。现代农业园区还大力发展新兴业态,发展产地初加工、产地批发市场、商贸、包装、冷链物流、质检、电子商务、乡村旅游等新产业、新业态、新模式,进一步拓展农业生态、休闲和文化功能,现代农业园区一二三产业产值比为 43:42:15,产业融合发展效果明显,园区内农民年人均可支配收入高出全省农民人均可支配收入 30%[133]。

(三)农村基础公共设施建设方面的成就

吉林省交通运输厅强力推进交通运输重大项目建设,高速公路以省际大通道、旅游大通道为重点,将建设 12 个项目共 1473 公里,建成通车辉南到白山、辽源至东辽高速公路,新增通车里程 99 公里,高速公路通车总里程达到 3218 公里。国省干线公路将以断头路、低等路、沿江路和旅游路为重点,建设 23 个项目共 522 公里,建成 5 个项目共 160 公里。另外,还要聚焦贫困地区最紧迫、最突出的交通问题,新建改建贫困地区农村公路 1500 公里,完成全省 15 个贫困县交通脱贫攻坚的主要任务[134]。

截至 2018 年初,宁夏回族自治区共安排农村公路建设补助资金 57.6 亿元,安排新建改建农村公路 9000 公里,实现 849 个脱贫销号村对外连接道路全部硬化,支持贫困地区建设资源路、旅游路、产业路 430 公里,形成六盘山片区县区"一小时"、与周边省会城市"三小时"交通圈,"交通扶贫"成效明显。2018 年宁夏回族自治区将新改建农村公路 900 公里,重点支持脱贫销号村和深度贫困村对外连接道路建设，年内实现全区所有行政村通硬化路，推动"四好农村路"建设迈入高质量发展阶段[135]。

甘肃省积极实施农村畅通工程、安全饮水工程、危旧房改造、农电线路改造、乡村舞台建设、农家书屋建设等项目，农村路、水、电、房等基础设施得到大幅提升，建成"万村整洁"村7209个、各级美丽乡村示范村2147个[136]。2018年起，国家开发银行甘肃省分行等4家金融机构3年安排贷款1000亿元，用于农村基础设施和公共服务设施建设，主要包括村组道路和村内主巷道硬化、农村污水垃圾处理、饮水安全提升、村级活动场所、文化体育设施、便民服务网点、村容村貌整治及涉及"两不愁、三保障"方面的其他公共服务设施建设[137]。

2017年，新疆维吾尔自治区扎实推进社保惠民工程，不断完善覆盖城乡居民的社会保障体系，为各族群众织密织牢社会保障"安全网"，实现与全国所有省区市和兵团的跨省异地就医直接结算。在此基础上，2018年，全区实现转诊转院手续在医院一站式办理；强化信息联网服务，实现基本医保、大额医疗补助、大病保险费用在医院"一单式"结算；为实现贫困人口参保全覆盖，全区逐人建立参保台账，确保不落一户一人。对于普通居民，全区开展入户宣传、动员参保。截至3月底，全区城乡居民医疗保险参保人数1525.03万人，比2017年增加57.34万人[138]。

（四）农村环境治理方面的社会成就

截至2017年底，我国重点地区细颗粒物（PM2.5）平均浓度下降30%多，灰霾天气出现频次和覆盖范围开始减少。

山西省各地因地制宜制定农村环境集中整治行动方案，通过财政投入、社会投入、群众筹资等方式，共投入各类资金52亿元，实现全省1198个乡镇28 203个行政村农村环境集中整治全覆盖[139]。截至2017年8月，全省共整治乱搭乱建189.1万处，整治面积3813万平方米；整治各类垃圾乱堆乱放476万处，清理各类垃圾1683.2万吨；整治各类污水乱排乱倒13.5万处，污水减排量80.6万吨；排查规模养殖场配套建设粪污处理设施9631处，整治秸秆乱扔、乱堆、乱放52.2万处，整治秸秆焚烧面积239.5万亩[140]。

湖北省通过缩减钢铁产能、关闭煤矿、化解过剩产能、搬迁重污染企业、治理黑臭水体、开展环保督查等措施，解决了很多环保难题。为了长江大保护，壮士断腕，进行了一场力破"化工围江"的自我革命。关闭污染企业千余家，取缔长江干线非法码头367座，预计于2019年底完成对长江及其支流岸线1公里范围内所有的化工企业装置"清零",134 家化工企业将"关、转、搬"。全省已腾退 143 公里岸线,复绿面积 565 万平方米。2012 年以来,湖北省长江防护林建设共造林 195.93 万亩,强力推进"退田还湖、退渔还湖、退垸还湖",全省 122.2 万亩围栏围网和网箱养殖全面拆除。谋划一批重大生态修复和重大技改项目,大力发展绿色低碳循环产业,国家循环经济示范试点达到 21 家,启动了 9 家省级工业园区循环化改造[141]。

退耕还林现已成为甘肃省投资最多、规模最大、覆盖最广、跨时最长、影响最深、群众参与度最高的生态工程、德政工程和富民工程。退耕还林也是迄今为止甘肃省最大的直补惠农项目。到 2017 年底,全省累计兑现退耕还林政策性补助资金 240 多亿元,166.9 万农户、728.5 万农村人口从中受益,户均收益 1 万多元。退耕农户得以从广种薄收的土地上解放出劳动力,增加了劳务收入。退耕农户务工收入占到家庭总收入的一半以上,退耕还林工程成为农民群众的增收致富项目。据《退耕还林工程生态效益监测国家报告》显示,甘肃省退耕还林工程在涵养水源、保育土壤、固碳释氧、净化大气环境等方面的生态效益总价值量达 804.53 亿元。其中,沙化土地退耕还林每年防风固沙 2589.67 万吨,每年生态系统服务功能价值量 38.78 亿元[142]。

2017 年,天津市水环境质量显著提升。监测数据显示,2017 年国家地表水考核断面水质达标率较 2016 年有明显提升,水质优良比例为 35%,比 2016 年同期提高 20 个百分点、高于 2017 年国家考核指标 10 个百分点;劣 V 类水质比例为 40%,比 2016 年同期下降 10 个百分点、低于 2017 年国家考核指标 20 个百分点。天津市在国家地表水考核断面水质达标建设、饮用水源地达标建设、非常规水利用、污水处理厂提标改造等方面取得明显成效[143]。

第三节 本 章 小 结

农业供给侧结构性改革是我国供给侧结构性改革中的重要部分,是针对农业在供给侧上存在高库存、高成本等问题进行的改革,旨在通过农业供给侧结构性改革去库存、降成本,保证在粮食安全稳定自给的前提下优化农业结构,让其适应需求变化改善供给问题。我国农业供给侧结构性改革的历史举措一步一步将改革推进并深化,几年来通过各方努力改革成效突显。在中央关于农业供给侧结构性改革的政策指导下,各地积极开展工作制定各种实施方案和手段。

本章对我国农业供给侧结构性改革的历史举措与现实成就进行了总结。首先，梳理了中央政策举措和地方政府响应，中央政策举措中主要梳理了中央相关的政府文件和国家主要领导人有关农业供给侧结构性改革的讲话；并按照片区梳理地方政府响应中央政策的文件。通过中央文件与地方文件的梳理，对中央和地方的政策支持进行总结。中央政策主要包括以下三个方面：一是要确保粮食稳定增收，保障基本的用粮；二是要从供给侧推动农业结构调整，实现合理高效布局，并注重绿色、高效、创新；三是通过改革推进农业现代化发展，实现农业现代化强国的战略布局。地方政策的针对性比较强，但是主要目的都是一致的，即推进和深化农业供给侧结构性改革。

最后，本章对农业供给侧结构性改革实施后取得的经济成就、文化成就和社会成就进行梳理，并选取具有代表意义的省（自治区、直辖市）进行阐述，凸显了农业供给侧结构性改革这一重要举措给中国农村发展带来的巨大改变。

第三章 绿色发展理念下农业改革发展的国际经验

第一节 美国农业改革发展的经验及启示

一、美国农业发展概况

美国的全称是美利坚合众国（United States of America），位于北美洲，首都华盛顿。美国国土面积937万平方公里，地源广阔，人口稀少，科技发达，为农业的发展奠定了良好的基础。农业是美国的主要产业，同时，也是科技运用最为广泛的行业之一。高效的农业生产效率，促进美国成为全球最重要的粮食净出口国家。美国在2007年的农业普查中，有220万个农场，覆盖922百万英亩[①]（3 730 000 平方公里的区域），平均每个农场占地418英亩（169公顷）[②]。美国早在19世纪50年代的时候就已经开始了农业产业结构的调整，逐步开发乡村度假旅游，激发休闲旅游的经济潜力，从1941年开始大范围有序、规范化地发展，到1962年以后，农业旅游因为有政府政策的支持、鼓励而得到迅速发展，1970年在美国东部有超过500处以上的休闲农场，到1977年仅美国本土居民前往乡村、农场观光度假的人数就已达到1800万人，仅在美国东部观光农场就有1500个，西部则以发展专门观光旅游牧场为主[144]。美国是一个崇尚自由、开放的国度，青少年也很注重享受的过程，人们喜欢到处旅游，欣赏各处不同风景，注重其中的体验感。在美国，近2/3的成年人曾去美国农村地区旅行，多达90%的人以休闲度假为目的。旅行观光之余，人们可以参与当地农场的农作物耕种、采摘等，还可以用自己采摘来的蔬菜在当地农场主家里亲自烹煮一顿美味的佳肴，享受来自他们亲手劳动的满足感与自豪感。美国农业的发展在很大程度上促进了美国经济的发展[145]。

因为美国一直保持着高增长的生产率，其农业一直以来都受到其他国家的广泛关注。美国政府通过立法、增设机构、投资和实施涵盖国内外贸易的经济政策

---

① 1英亩约等于0.405公顷，约等于0.004平方公里。
② 数据来源于美国农业部（United States Department of Agriculture，USDA）。

等各种形式来鼓励、支持支持农业的发展。19—20 世纪美国政府出台了很多和农业相关的重要支持文件，用以支持美国农业的发展，如 1862 年的《宅地法》《莫雷尔法案》，1887 年的《哈奇法案》，1914 年的《斯密斯-利弗法》，1916 年的《联邦铁路法案》，等等，其中《莫雷尔法案》和《哈奇法案》在每个州设立了一所农工学院（又称"赠地"学院，目的是发展高等农业教育和推动农业科学研究）。除这些法案外，联邦政府资助农业试验站系统和推广网络，在每个州设有农业推广机构。同时，1915 年，从属于美国农业部的农业市场服务局受到联邦政府的赞助，农民因此而得到市场数据资料和相关的数据分析。国家层面对农业的投资对农业市场的发展起到了很大的作用。首先，1894 年，政府为农村开设了免费的邮政服务，使得从偏远农村接送信息和物品的成本大大减少，也使得地区间的联系更加紧密；其次，19 世纪早期，美国政府就开始对港口、运河和铁路修建投资，这一举措将美国辽阔的土地连接起来，对内和对外贸易得以快速发展，由于交通的便利性，在很大程度上促进了农业的发展；最后，在 1916 年的《联邦铁路法案》中，美国政府开始在农村修建公路，为农业的运输系统提供完善解决方案[146]。

二、美国农业改革发展主要措施

一是完善的农业法规及配套体系。美国是一个典型的移民国家，虽然只有不到三百年的历史，但通过农业立法来保护农业的程度是世界上最高的。1862 年，美国农业部成立并明确定位"农业是制造业和商业的基础"。美国作为一个工业强国，为支持和保护农业的发展，采取了一系列的政策措施，如 20 世纪 30 年代的罗斯福新政，全面支持和发展农业，经过多年不断的探索研究和发展，已经形成了完善的农业政策体系，其内容包括资源保护、农业科技发展、农业价格和收入支持、农业信贷、税收、农产品对外贸易等各方面，但农业政策核心始终是农业补贴，对推进美国农业发展、增强美国农业竞争力等方面有着重要作用[147]。

二是对农业科技研发和推广的高度重视。农业科学技术的提高促进了农业的生产力，从而提高农业产量和利润率。据相关资料显示，美国科技成果对农业增长率的贡献率高达 80%，居世界之最[148]。美国的很多高科技广泛应用于农业生产，如生物技术、基因工程、信息技术、细胞工程、发酵工程、遥感测控技术和新能源技术等，强大的经济实力和先进的科学技术为美国农业的高生产率提供了坚实的基础，不仅促进了美国农业的经济效益，也在很大程度上增强了美国农产品在国际市场上的国际竞争力。

三是以小型家庭农场为基础。1862 年制定的《宅地法》为家庭农场奠定了基础。2010 年美国约有农场 220 万个，在这些农场中有农业劳动力 350 多万，剩下的大多是老人和小孩等劳动力弱或不具劳动力的人，每个农场主平均经营土地 400 英亩，约 2400 亩，每个农场的劳动力大约为 1.6 个。2010 年，美国农场收入超过 100 万美元，其中有 88%来自家庭农场，家庭农场生产的农产品占到了全美农产品产量的 79%[149]。

四是高度重视农业生产专业化程度。根据每个地方不同的区域自然条件，通过合理的科学分化，农业生产实现了地区生产的专业化，依据气候条件在每个地区种植最适宜此地的农作物，从而形成不同的产业带，如玉米带、小麦带、棉花带等。早在 20 世纪 20 年代，就实现了高程度的种植专业化，一直延续至今。这种区域分工使得各个地区、各个州能发挥它们各自的区域优势，降低了生产成本，提高了农业的生产率。通畅的交通枢纽的建立进一步加快了区域分工专业化生产，地区分工和专业化生产，也在很大程度上促进了周围相关产业的发展。

五是农业采用高机械化作业。美国是世界上最早实现粮食生产机械化的国家，作为一个平原占国土面积一半以上的国家（约占 55%），其地形条件为机械化耕作提供了便利。20 世纪 60 年代后期，美国机械化水平得到了迅速提高，一方面实现了从耕种、田间管理、收获、干燥等各环节的机械化，另一方面也实现了棉花、甜菜、马铃薯、苹果、西红柿、葡萄等机械化难度较大的经济作物从种植到收获全过程机械化。美国不仅在农业农产品方面处于世界领先地位，在种植业、畜禽饲养、设施农业、农产品加工方面也居世界前列。目前，美国正在研究将卫星通信、遥感技术、电子计算机等高科技应用到农机器械上，实现无人驾驶、随时随地进行自动操作和监控等，使耕种、施肥、除草、杀虫等作业能够更准确、快速。这实现了农产品的生产到加工到销售的各环节机械化，"田间到餐桌"也实现了产销一体化，高程度的机械化作业加上科学的农场管理，大大提高了农业生产率[150]。

三、美国农业改革发展的案例分析——以加利福尼亚州为例

（一）加利福尼亚州农业发展概况

加利福尼亚州（California，简称加州）是美国农业最发达的州，它被定位为美国的"农业巨人"，该州约 73%的农业收入来源于农作物，而另外 27%的农业收入来自畜产品。就产生的收入而言，加州的前五大农产品是乳制品、温室和苗

圃产品、葡萄、杏仁，以及牛和牛犊[151]。19世纪中叶美国西部"淘金热"后，加州农业开始大规模地开发，当时的农业主要是单一粮食作物种植业和粗放型草原畜牧业，而小麦种植是主要的粮食作物。19世纪末，加州在全美小麦生产中排名第二。20世纪以来，加州不再局限于传统的单一农作物种植，由于农业机械化的发展、基础设施的提高、农产品消费习惯的改变、农业科技的进步及农产品国际贸易的扩大，加州开始生产多种多样的农作物、水果栽培等多样化、现代化的农业产业[152]。

加州农业主要有两个特点。

一是单位产值高、结构多元化。加州总农场数量仅占全美的3.7%，农场总面积占比还不到全美的3%，农业人口占比不到全美农业人口4%，但农业总产值占到了全美农业总产值的11.3%，农业的单位产值是整个全美平均水平的4.2倍，是全美和其他地区远远所不能及的。加州销售总额超过10万美元的农场占到加州总农场数量的24%，和全美平均水平相比高出6%[153]。加州农业主要由水果栽培业、畜牧业、蔬菜业、粮食种植业和苗木花卉栽培业五大块组成。加州的农产品种类达到400多种，前10种按产值大小排序为奶制品、巴旦木、葡萄、牛肉、苗圃植物、莓类、干草、生菜、核桃和番茄。

二是农产品竞争力强、出口比重大。加州农业已经逐步发展成为外向型经济模式，不仅在国内占有稳定的市场，而且在国际市场上也有很大的影响力和强竞争力，加州是美国农业出口第一大州，出口额和出口比重都不断增长。据加州农业厅报告，2001—2011年，加州农产品出口总额翻了1.5倍，年均增速高达9.25%。据美国海关统计数据显示，2012年加州农产品出口额达到125亿美元，占农业产值约30%，占全美农产品出口额15.4%。其中，巴旦木、奶制品、酒类和核桃是主要的出口产品，其出口额均超过10亿美元，巴旦木作为加州出口的主要农产品，其出口额更是达到近30亿美元。

（二）加州农业改革发展的主要做法

加州农业的发展离不开自身的自然条件优势，还与科技的研发推广和进步、流通体系的完善、政策扶持的多样性息息相关。

一是自然条件优越。一个地方农业的发展与热量、光照、水、地形、土壤等自然条件有着紧密的联系，这些条件对农业的发展也起着决定性的影响。加州跨越了10个纬度，温带、亚热带等多种气候条件优势且海洋性特征明显，加州是世界五大地中海气候区之一，大多数农产区有着充裕的光照和充足的水源。除此之外，加州农产区土壤肥沃，为农作物的种植提供了基础的养分，适合农作物的生长。由于得天独厚的自然条件、不同地区的不同特质，加州在作物的布局、品种种类等方面大有不同，因地制宜，依据地区优势在不同的产区种植适合的农作物，从而加州农业形成了中央山谷区、南加州区、北加州区、中部海岸区等主要产区。

二是科技的研发与广泛应用。美国是一个工业强国，在科技的研发成果上遥遥领先于世界其他国家，也将科技研究应用于农业方面，先进的农业科技研究和产、学、研相结合的模式，政府、大学科研院所与农民之间将这种模式建立了有效的连接，使得农业科技研究能够为农业生产提供实际性的服务，最新研发的农业科技能迅速地推广到生产领域。联邦政府和州政府每年拨出大量经费给隶属州立大学的农业科研所和农技推广站用于农业科技的研究与推广，以州立大学为依托，将农业教育、农业科技研发及其推广建立起"三位一体"的模式，为农业的发展提供了良好的基础条件。加利福尼亚大学戴维斯分校和河滨分校是世界生物农业与环境科学研究和教育中心，对农学的研究在世界上拥有顶尖优势，科技研发的进步与广泛的应用推广促进了加州农业的机械化、信息化、电气化、生物化和化学化，不仅节约了人工成本，还促进了农业生产的高产，节水灌溉、激光土地平整等先进技术在农业方面的应用极大地推动了加州农业的发展。

三是现代化的生产体系。加州农业的明显特征是单位高产、结构多元化，将美国农业机械化规模化经营的优势与精耕、高产、多元的现代集约化二者有机结合起来。全美生产力最大的10个农业郡县中，加州占9个，其中前五名在中央山谷区弗雷斯诺（Fresno）等五个郡县。美国中西部地区粮食主产区的生产特点是单一机械化耕作，与之相比，加州农业现代生产体系的多元化生产方式更具优势。加州农业生产的组织化程度在美国乃至全球排名前列，加州农场以农民合作社的形式作为主要经营模式，依托企业经营进行集约化、专业化和规模化生产。

四是完善的流通体系。加州农产品经营基本实现了"农工商、产供销一体化"经营，完善的农产品物流服务体系将农产品的生产和销售有效结为一体，农场建立了与大型连锁超市等零售终端组织的长期合作关系，直接将生产的农产品销售给供货商，在最大程度上减少了中间环节，从而提升了流通效率、降低了流通成本。

五是政府政策的扶持。联邦政府和州政府全方位、多功能地对农业产业进行管理和扶持。①设立专门的农业管理机构；②农业科技研究和应用体系的构建与维持；③推进构建服务多样化的中介组织，如农业促进及推销等组织；④通过财政补贴政策对农场主进行资金补贴，如直接补贴、农作物价格支持和农作物收入支持等；⑤通过各种出口促进政策、出口刺激计划和出口融资支持推进农产品出口并扩大海外市场；⑥加快推动区域和双边自由贸易协定的谈判，巩固并提升加州农产品在国际市场中的优势地位。对农业重要投资领域的支持：①建议同时支持农业和农村社区的经济机会；②为食品和营养计划提供稳健的资金；③保护和加强投资计划；④保护市场和贸易计划，包括特种农作物；⑤加强动物和植物健康计划；⑥投资与研究。政府多样性的政策扶持给加州农业带去了机遇，为农业生产提供了保障，促进了加州农业的快速稳定的发展。

四、美国农业改革发展的启示

对于贵州农业供给侧结构性改革而言，美国农业改革发展给予以下几点启示。

一是依托优越的自然条件，实现地区生产专业化，形成地方特色产品。贵州省拥有良好的生态环境和明显的生态农业优势，不同地区有着不同的气候、土壤条件。以当地特色资源为依托，因地制宜地进行合理的生产布局，以区域优势求生产，实现地区生产的专业化，形成地方特色产品[154]。以铜仁市为例，铜仁市由于其气候和土壤条件，适合生产茶、中药材、生态畜牧、蔬果、食用菌、油茶，这些产业也是铜仁市的"六大主导产业"。根据"六大主导产业"再进行区（县）的划分，每个区（县）培育1—3个主导产业，每个乡镇培育一个特色种类，每个村培育一个优势品种[155]。又以遵义市为例，贵州是辣椒之乡，其中遵义市虾子镇辣椒专业市场为全国最大的辣椒专业市场，辣椒种植面积达到13万公顷。遵义市农业委员会统计数据显示，2016年，全市6.7公顷以上辣椒种植基地580余个，覆盖面积2.57万公顷，涉及种植户14.6万户，规模分布于全市140余个乡镇[156, 157]。根据不同地区的地理优势，在不同的地区形成各自的产业带，提高地区生产专业化水平，从而提高农产品生产率，形成地方特色产品与地方农产品特色品牌化，带动周围相关经济发展。

二是推进绿色发展，提高农业可持续发展能力。依据美国经验，贵州可打造一批农业可持续发展试验示范区，提升农业全面可持续发展能力，可包括以下措施。第一，要抓好农村环境综合治理。制定和实施《美丽乡村建设和农村污水垃圾处理"百乡千村"行动计划》，根据行动计划建设新农村建设示范点。第二，要加强农业方面源污染治理。推行生态循环的种养模式，充分利用禽畜粪便和农副产品，实现"产销互补"，变废为宝，一方面避免了资源的浪费，另一方面也节约了成本。积极创建农作物病虫专业化统防统治与绿色防控融合示范基地，以水稻、蔬菜、茶叶等作物为重点，集成示范一批病虫绿色防控、农药减量控害技术模式，利用辐射效应带动大范围的推广应用，做到农药使用量零增长。第三，推动地膜清洁生产和实施农田残膜回收利用试点，开展地膜专项整治和绿色防控行动。在水果基地、蔬菜基地，用有机肥代替化肥，推动耕地保护与质量的提升，进一步实施耕地、草原、河湖休养生息行动。对于陡坡地、生态脆弱地、重要水源保护区、水土流失严重区，坚持把粮食退下来，推进耕地轮作休耕，实施退耕还草、退牧还草、林草结合、石漠化综合治理等工程。全力实施测土配方施肥补贴项目、耕地保护与质量提升项目、水肥一体化项目[158]。

三是完善农业补贴体制机制。以减少市场扭曲为起点，以为中国农民构建收入安全网为宗旨，综合考虑系统性、协调性、多样化与灵活度等原则，构建符合贵州省情的农业补贴政策体系。简化农业补贴的发放流程，加强对农业补贴资金的监管力度，保证提高农民的收入，从而推动农业的发展。

四是明确科技支持农业发展的政策和扶持的重点，以提高农业生产效率。通过倡导农场兼并、支持农场规模化生产、加强农业现代化基础设施建设等措施，启动农业机械化计划和农村互联网的农业现代化基础设施发展计划，引导农村与贵州农业现代化同行。

五是加快商贸、教育、医疗卫生等配套公共服务设施建设，引导其由城市向农村延伸，逐步实现公共服务的城乡均等化，提高农民福祉。

六是完善农业科研、教育、推广体系建设，通过加强对农业全生产链研究、创新与推广的扶持力度，来提高贵州农产品的竞争力。

七是完善农产品的市场流通体制，建立健全农产品市场体制，通过构建农产品批发市场、农产品实体营销服务平台、电子商务营销服务平台及现代化农产品物流配送体系，营造低成本、高效率的农产品营销网络。

八是完善农业保险体系，提高农业、农村和农民的灾害应变能力和气候变化适应能力[159]。

第二节　日本农业改革发展的经验及启示

一、日本农业发展概况

日本位于东亚，总面积 37.8 万平方公里，领土由北海道、本州、四国、九州四个大岛及 6800 多个小岛组成，大和族为日本的主体民族。日本是一个高度发达的资本主义国家，也是世界第三大经济体。由于日本是一个岛国，平原地域稀少，海域辽阔，耕地少，所以农业在日本是高补助与保护产业，鼓励小规模耕作。2000年，日本每个农户的平均耕地面积为1.24公顷，2004年日本兼业农户数占经营性农户总数的79.6%，日本农业生产法人数量从2000年的5889个增长到2004年的7383个[160]。日本只有12%的土地是可耕地，为解决这一短板，日本采用系统化耕作零碎地。2005年日本农产品的自给率只有40%，剩下的农产品主要依靠从其他国家大量进口以满足国内的消费需求，其中欧盟是日本最大的粮食进口国。1990—2003年，日本谷物的自给率由原先的30%降到了27%，当中食用谷物的自给率由原先的67%降到了60%，2003年日本豆类、油脂类、砂糖类、水果类、水产类和肉类等产品的自给率都相对较低。日本作为最大的岛国之一，有世界最大渔船船队和全球15%的渔获量占有率，其渔业居世界第二，早在1984年就创下捕获1282万吨的产量纪录[161]。

20世纪40年代，农业、林业和渔业主导了日本经济，但此后相对不被重视。日本在20世纪50年代开始的经济繁荣使农民的收入和农业技术提高，农民被政府的食品控制政策所吸引，在这种政策下，保证了高昂的稻米价格，鼓励农民增加自己选择的任何农作物的产量，农民成为大米的大规模生产者，甚至将他们自己的菜园变成稻田。由于栽培技术的改进，60年代后期它们的产量增加到1400多万吨，这是耕地面积增加和单位面积产量增加的直接结果。在针对日本农业方面，支持发展三类农户：一是专门从事农业的农户（1988年420万农户中的14.5%，比1965年的21.5%下降7.0%）；二是那些从农场获得一半以上收入的人（从1965年的36.7%下降到1988年的14.2%）；三是主要从事农业以外的工作（从1965年的41.8%上升到1988年的71.3%）。随着越来越多的农户转向非农业活动，农场人口下降（从1975年的490万下降到1988年的480万）。20世纪70年代末和80年代减少的速度减慢，但到1980年，农民的平均年龄增加到51岁，比一般工业雇员年长12岁，从历史上看，今天的女性农民多于男性农民。2011年的政府数据显示，女性占新农业企业的3/4以上[162]。

日本农业的发展大致分为四个阶段：

第一阶段是第一次世界大战前的初期发展阶段。明治维新时期的地税改革和民法制度实施及明治后期日本工业的迅速发展，不仅提高了农民的积极性，也创造了有利的技术条件，由于农业技术的研发与推广，农业的土地产出率得到了提高。

第二阶段是两次世界大战之间的战时停滞阶段。在两次世界大战期间，日本为侵略其周边国家,大力发展工业,尤其是军事工业方面的发展,从而忽视了农业方面的发展,在这一时期,农业出现了停滞或产量减少的现象。

第三阶段是第二次世界大战后至 20 世纪末的战后增长期阶段。第二次世界大战结束后,日本出现了粮食危机,意识到这种危机后,日本农业发展得到了快速的恢复,通过一系列的农地改革,农产品价格得到上涨,农民生产积极性得到提高,农业生产的发展得到了推动,农业也得到了较高的增长。

第四阶段是 1970 年前后开始至今经济成熟期后的农业停滞阶段。20 世纪 60 年代后半期,出现了大米过剩现象,随着水稻面积减调政策的实施,从事农业的人大量转向其他产业,农业劳动力人口不断减少。此外,农业人口老龄化严重,农业总产出增长速度缓慢下来[163]。

二、日本农业改革发展主要措施

日本农业改革发展为日本经济做出了很大的贡献,在国民经济中也占有较大的地位,但是由于土地资源匮乏、劳动力的流动性等因素,日本农业发展的波动性较大,但总体呈稳定增长的态势。在不利因素下日本农业还能取得诸多成就,和政府颁布的政策和改革有关,1970 年进行了农地法改革,实现了农地租赁,1980 年颁布《农地利用增进法》,促进了农地租赁的进一步发展。日本农业的发展除政策性支持外,还有其他做法如下。

(一)农村村落营农与“六次产业化”“地区共同体”

为解决 20 世纪以来农业所面临的劳动力衰竭和老龄化问题,促进农业发展,日本以村落营农为中心,并与“六次产业化”“共同体经营”等有机结合起来,将零散经营主体聚集在一起并逐步扩大范围,促进地区经济的发展。

2010 年 11 月,日本第 175 次临时国会通过《六次产业化·地产地消法》,《六次产业化·地产地消法》即“活用地区资源促进农林渔业者创新事业及利用地域农林水产品相关法律”。“六次产业化”即从事第一产业的农业及农山村、农林渔业劳动者通过活用地区资源及农林水产品,在参与农业生产的同时,又参与加工过程、销售过程并发展由此衍生的新事业,其对象主体是农业及农山村、农林渔业劳动者。经济产业省对“共同体经营”定义如下:以地区居民为中心,通过将地区内存在的问题作为商业持续应对,来解决地域问题,创造新的就业、活跃地区事业,计划通过居民的创业来解决地区经济问题,其经营对象不只是第一产业从业者,也不只是局限于“地区存在的问题”和农村问题,其囊括的范围更广[164]。

"六次产业化"目的在于"灵活利用地区资源""利用地区农林产品","地区共同体"以地区为对象，提高地区居民的福祉。包括农业在内的多样性产品的生产、销售和服务，其内容更广。

为促进日本小规模农业经营体发展，村落营农是一项重要政策，不仅在"六次产业化"过程中为当地人口创造了就业机会，还和"六次产业化""地区共同体"连接在一起，不仅发挥了农业的功能，农业生产之外的其他功能也得到了很好的发挥，并且都取得了显著的效果。日本传统的村落营农形式无法实现农业与其他产业的融合，大大局限了农业的发展，新型村落营农与"六次产业化""地区共同体"紧密联系，以协同互助组织的方式实现了地区消费者的经济独立，并在很大程度上推动了地区经济的发展[165]。

（二）生产模式先进，管理细致

日本在农业方面高度重视农业机械化的研发与推广，完善农户的农机配置，以确保每个农户都拥有所需的农业机具，如收割机、施肥机、土地起垄机等，农家设有专门车间用于清洗、加工、处理农产品。日本在种植任何作物方面都能表现出他们"绣花"般的细心与精致，日本的很多地区大面积实行无土栽培，无土栽培技术的实施与推广一方面克服了土地资源匮乏的问题，另一方面也体现出日本农民在管理上的精致，在温室大棚种植的草莓、番茄等，对它们的培育管理比苗圃、花圃都要精致，整个温室大棚就像是一个花卉盆景展示园，因此日本农业又被称为"观光农业""旅游农业"。在农产品中，他们也追求产品的外在美和内在品质，比如，梨园里的每棵梨树的每根枝条都被绑在钢丝网上，引导枝条平行向四周延伸，以此来保证充足的阳光照射和最大限度利用空间。日本农民坚持科学的栽培方式，栽种出来的农产品不管是在产量还是质量方面都有很大提升。

（三）社会分工的专业化和对资源保护的高度重视

日本农业生产分工明确，每个地区各司其职，每个地区都有各自的产业特色，每个农户都有不同的主导产品，优势互补，相互依存，协同合作搭建起了日本农业经济的整体框架。日本农户体现出专业化生产的格局，分工明确，专业生产某一品种，有种草莓的专业户，种番茄的专业户，种鲜花的专业户。一般农户全年就生产1—2个品种，且生产出来的产品都是销售商品，这种社会分工的专业化提高了农产品产量和商品率。

日本农业不仅追求"量"的增加，还体现"质"的追求和保护。在日本农村，刚翻耕过的土地耕作层呈深褐色，土壤团粒结构良好，土质优良，这要归功于土地的配套设施。通过在田垄下埋水管解决土地干旱时的灌溉难题，通过大棚顶端的管道喷雾实现页面灌溉和施药，凭借先进的生产设施来保护和优化土壤土质。

（四）家庭经营与农业协同组合的社会化服务相结合

通过家庭经营与农业协同组合（以下简称农协）的社会化服务相结合来促进集体经济职能与社会职能的有机衔接，日本农协通过组织家庭经营主体进行农业生产，组织购买生产、生活资料，出售农产品等经济活动，负责发放涉农补助金给农民或有关团体，为确保农民的相关利益得到保障，向政府行政部门提出相关意见并及时向农民反馈，提高了农民的积极性。农协周到的服务也在一定程度上促进了日本农业的发展。

三、日本农业改革发展的案例分析——以北海道为例

（一）北海道现代农业发展概况

北海道是日本列岛最北端的一个大岛，四面环海，位于北纬 40°33′—45°33′，总面积 8.7 平方公里（占日本国土面积的 22%，含土地面积 8.3 万平方公里），处于温带气候与亚寒带气候相交之处，是日本重要的粮食及畜产品供应基地，被称为日本食品原材料基地，小麦、牛肉、牛奶、甜菜、马铃薯、大豆产量一直居日本最前列，同时也是日本主要的农牧业基地，粮食自给率在日本处于领先地位。自明治维新以来，日本重视土壤改良，经过长期不断的努力，北海道内的土壤肥沃，保障了北海道特色农业的培育和发展。北海道地广人稀，拥有富饶的土地资源，从事农业人口较少且老龄化现象严重，北海道的农业发展特点表现为农业现代化程度高，在北海道主要农业代表有特色农业、生态农业和精细化农业。

第二次世界大战以后，北海道加快了城镇化建设，导致耕地面积和农用劳动力数量双重减少，农用劳动力数量的减少是制约北海道现代农业发展的首要因素，相应地，如何挖掘和培养农业所需人才也是政府发展现代农业的巨大挑战。虽然北海道现代农业的发展在不同发展时期遇到各种阶段性问题，通过政府部门和相关农协组织采取合理有效的措施，在一定程度上缓解并解决了农业发展的某些主要障碍[166]。如 1997 年颁布的《农业·农村振兴条例》，提出"高效率的地方产业、促进多样化农业经营"的发展思路，并有计划地实施了包括"支持农业出口、提供技术支撑、设立改良普及中心"等一系列农业发展措施。2005 年，

考虑到食品安全问题，制定了《关于"食"的安全·安心条例》，减少农药和化肥的使用，发展环境保护型农业，大力推广无公害的粮食生产和蔬菜栽培技术。

从整体上看，北海道是日本 47 个都道府县中最大的粮食产县。2013 年，北海道农业产值达到 10 536 亿日元，占到同期日本全国农业产出份额的 12.2%，为日本农业产出做出了很大贡献[167]。和其他都道府县农户经营所得相比，北海道农户所得远远高出很多。2012 年，北海道农户平均农业毛收入、平均农业所得都远高于其他都道府县农户平均水平。

（二）北海道农业发展的关键举措

1. "互联网＋绿色生态经济"

第一，借助互联网促进农业资源的合理配置与多方合作。通过互联网强大的网络体系，人们可以同时检索和发布信息，通过互联网更加容易地进行资源的整合利用，可以随时搜索到自己想要了解的对自己有用的信息，及时联系，农业资源的整合效率得到了大大的提高，还促进了种田方、销售方、网络转接方等多方合作，以此实现信息的共享。

第二，通过互联网提高农业从业人员的综合素质及农业生产标准化水平。过去的农民整体奔波于田间劳作，面朝黄土背朝天，互联网的出现一方面增强了从业人员的综合素质，通过学习操作方法增强了自身的能力，也可以利用互联网足不出户地寻找、联系全国各地的商人，将产品卖给出价相对较高的买家，也可以从互联网中获得对他们更多有用的信息。另一方面，互联网应用技术提高了农业生产标准化水平，对于农场的光照、温度、湿度等信息，可以利用无线传感器进行自动记录，农业系统通过接收到的整合后信息制定出一条相对合理的标准，再根据制定的标准来调整农产品生产情况，保证生产的农产品是合格的。根据市场种植情况适当调整种植面积，尽可能地降低恶性竞争出现比率。

第三，借助互联网销售缩短"产销距离"。相对于本州和四国地区，北海道地广人稀，且随着城镇化建设的加快，年轻的劳动力多集中于东京-京都圈附近，北海道从事农业的年轻人逐渐向外流动，网络直销成了一项实用且直接的技术。农产品充分利用网络直销技术，从事农业劳动者将农产品、种植到收获的过程及收获情况投放在相关产品的主页介绍里，消费者通过网络直接地了解到相关产品信息，可以通过快递、代购等多种渠道购买农产品，通过线上的网络宣传，其传播速度快、范围广，且缩短了从生产到销售的距离[168]。

2.高度重视发展环保型绿色农业，鼓励发展休闲观光农业

在地方政府的推动与指导下，北海道走在了日本各地方政府的前列。大量农户通过堆肥等方式改良土壤，减少化学肥料和农药的使用比例，2010年农户占比数达到70%以上，预计到2019年所有农户将实现绿色环保型生产[169]。北海道跳出传统的农业经营模式，不仅只是种产销，在新时代下探索新的农业发展模式，以原有的农业资源为基础发展休闲观光农业，通过农场发展农村旅游来促进农业的发展及带动周边其他产业的经济发展。第一花世界——富田农场，位于富良野町及中富良野町，是北海道最早的花田之一，是富良野地区，甚至整个北海道最著名的花卉农场，园内种植由昔日以薰衣草为主发展到150多种花卉，富田农场有五大景观花田，有各种精油等加工制品，吸引了大量游客前往参观、体验、游玩，不仅能够亲身体验农产品的栽种、采摘及相关产品的加工，还能享受自己劳动带来的成果，用自己采摘来的作物做顿可口的佳肴。休闲观光农业的发展带动了农民的积极性，也促进了农业经济的发展。

3.先进的生产模式和科学的农田管理

北海道一般是集中育苗，从土地准备、播种、栽移到田间管理、收获等通过有效地利用工厂化育苗设施进行分类管理，根据育苗的不同特点不同程度地采用各种农业机械，不仅减轻了农户们的劳动强度，还有效地提高了劳动生产率。以先进的技术进行农业生产等一系列相关活动，以井关北海道株式会社为代表，其是井关农机重要的分公司之一，主要从事农业机械的生产、销售、维修及农业设施的修建和管理等全系列与农业相关的产业。井关北海道株式会社致力于全球卫星定位系统与信息化在农业机械方面的应用和研究，普及推广智慧农业，并取得了卓越成效。通过多年的不懈努力，北海道地区通过应用全球卫星定位系统实现了水田平整、播种、插秧、撒肥、植保等农田全智能化管理，使得农田管理水平得到有效的提高，变得更为科学。同时，该株式会社根据北海道农业、农田特点专门为其研发供当地使用的产品，如洋葱全过程机械化在当地的广泛普及推广得到了消费者一致好评。

4.因地制宜的现代农业区域分工体系

北海道的自然气候、土质条件因不同地区差异较为明显，通过引种、试种和农业推广，北海道形成了特色鲜明的现代农业区域分工体系。北海道中央地区地处平原，北海道最大的石狩川流域，有充沛的水资源和夏季温暖的气候相结合，水稻为主要的种植作物；西南地区以渡岛半岛和羊蹄山麓组成，平原面积和土地经营规模较小，其重点发展集约型农业，主要作物有旱田作物、果树、大棚蔬菜

等；东北地区和中央地区一样，农业用地平坦广阔，采用大规模机械化作业，马铃薯、甜菜、小麦等旱田作物为其主要生产作物；东南地区多以丘陵和沼泽地为主，土质多以泥炭为主，气候阴凉，主要发展奶牛业。经过长期的持续发展，不同地区形成了地方特色显著、作业分工明确、产业化程度较高的现代农业区域生产体系，为北海道全面高效发展特色农业奠定了良好的生产格局[168]。

四、日本农业改革发展的启示

对于贵州农业供给侧结构性改革而言，日本农业改革发展给予以下几点启示。

（一）推进园区建设，促进农业提质增效

在继续增加贵州省级农业园区数量的同时，全面提高农业园区发展质量，把农业园区建成一二三产业融合发展的排头兵。一是要制定农产品产地加工补助政策，推动和促进企业新产品研发和农产品深加工，完善物流配送、新产品研发等设施体系，把园区建成集"生产、加工、营销、科技"为一体的现代农业产业园。二是大力拓展农业园区功能，推动农业与休闲旅游、教育文化、健康养生等深度融合，大力发展观光农业、体验农业、创意农业，将农业园区建成产业融合发展的示范区和先导区，实现由省级农业园区向国家现代农业示范区的跨越[170]。三是将园区建成农业科技孵化园。充分发挥园区农业科技示范、引领、带头作用，建立新型职业农民培训基地及园区物联网示范基地，通过示范带动、亲自行动、科技推动来培育创新创业带头人。四是将园区建成无公害绿色有机农产品样板。建立健全农业标准化生产体系、农产品质量安全检验检测体系，实现产前、产中、产后各环节全过程标准化管理，提高"三品一标"认证率，把园区作为地方农产品标准制定基地，加速农产品地方标准制定。五是将园区建成招商引资主平台。依托农业园区平台，大力发展招商引资，对签约项目进行实时的跟踪落实，提升项目签约率、资金到位率、项目开工率和投产达产率[158]。

（二）调整结构深化发展

贵州的农产品结构存在很多问题，农产品品种、品质不优化，优质率偏低，在区域布局上存在不合理现象，没有形成明显的地方特色，原产品和加工产品比例不协调，农产品在加工、保鲜、包装、储运体系等方面发展滞后，对产品的认识不够。针对以上问题，必须采取相应的措施来促进贵州农业的发展。一是要加快养殖业的发展，带动农产品的结构升级，提高农产品质量，加快品种结构和品

质结构的优化,因地制宜推动农业区域布局结构优化,致力于农产品加工业的发展,完善农产品产业结构体系,推动优质农产品基地建设,提升加工转化能力[171]。二是贵州农业现代化结构调整的发展还需要大量的人才培养和人才引进,通过政府的扶持来改善农业发展环境,提高生产水平[172]。三是通过开展农业产业化,实现农产品的生产、加工、销售等各个环节的有机结合,避免贵州小规模农业生产抵御风险能力低下问题,将现代化管理手段切实用到农业生产中[173]。

(三)以互联网思维发展贵州农业

在贵州大数据产业发展机遇背景下,积极搭建物联网络平台,建立园区环境信息与病虫信息感知监测系统、蔬菜质量产品溯源系统、信息平台展示中心、测土配方施肥平台,通过物联网技术充分采集农业生产各个环节的数据,再对其进行整理、分析,实现农业智能化生产管理。充分利用互联网技术,可以足不出户地对田间的苗情、病虫情、灾情、生态环境、质量追溯等进行实时监测、预警并自动防控,不仅可以做到全天候、无人值守、连续自动工作,还能够与国家、省、市、县、镇各级信息采集站数据共享,实现生态农业的现代化、智能化。在生产过程中,充分利用集成应用感知技术、GIS 技术、无线网络技术、控制技术,来实现农产品生产信息的定位、采集、传输、控制和管理,对农作物生长的土壤环境、生长状况,以及灾情病情进行检测和展示。通过物联网、云技术,对采集信息进行数据提取、综合分析、总结,提出可行性解决方案,帮助农业生产者、管理者作出有效决策。根据产品追溯系统,能够精准定位,找到具体是哪个环节出了问题,并能够很快地找到解决方案。通过互联网在贵州农业的应用,能够很好地提高农业生产效率,也能使农业发展更高效、快速[174]。

第三节　德国农业改革发展的经验及启示

一、自然条件

德国全名德意志联邦共和国,位于欧洲中部,东边与波兰、捷克接壤,西边和法国、卢森堡、比利时、荷兰相接,南边连接奥地利、瑞士,北边紧挨丹麦,西北与北海和波罗的海相连。据外交部最新统计数据,至 2018 年 7 月,德国由16 个联邦州组成,领土面积为 357 376 平方公里,人口约 8217 万人,在欧盟众国家中人口最多。德国属于温带海洋性气候,冬季温和,夏季凉爽湿润,境内贯穿三条河流，分别为莱茵河、多瑙河、易北河。德国由 1/3 的波德平原、山地和丘陵组成，其中 33%为耕地，15%为牧场。这样的气候和地形非常适合农作物生长。

二、主要做法

至 2017 年底，德国有 75 万个企业从事农业发展，提供了约 450 多万就业岗位，创造价值达 4120 亿欧元。德国农业企业国际化趋势明显，食品和农产品生产量的 1/3 用于出口。德国农场的平均规模是 55.8 公顷，其数量在逐年减少，规模却在不断增加。德国工业高度发展，带动农业经济高效发展。全国大约一半的土地用于农业发展，从事农业人口约有 2%，在生产过程中，机械化程度非常高。2004 年，德国农业总产值约为 190 亿欧元，占国内生产总值的比例约为 1%[175]。

德国农业在职能部门上划分非常明确。其行政区域划分为联邦、州和行政专区三级，由州政府设立各个地方的农业部，农业部下还分为管理部门和服务部门，这些部门直接为农民提供农业帮助和服务。为农民服务的不仅有农业部，还有农业协会和农业职业联合会。农业协会是非政府组织，它致力于建立农民与政府之间的沟通桥梁，解决双方矛盾，代表农民与农业企业的利益。农业职业联合会与议会、国家机关合作，致力于农业的生产、销售、考察、交流等方面的进步。

德国农业在法律方面有很具体的法规，其中《联邦土壤保护法》和《生态农业法》最为代表。《联邦土壤保护法》在 1998 年 3 月开始实施，从土壤管理、肥料管理和肥料中的重金属含量三个方面对土壤进行保护。《生态农业法》在 2003 年开始实施，主要是对农业企业进行约束，观察农业企业的经营范围和内容。德国农业的发展也离不开政府的支持。对于农业企业主，政府会直接发放补贴，每公顷 300 欧元；生态型农业能保障土地的多样性，但是其收入会降低农业企业的收益，所以对于不同的农作物会有不同的经济补贴，补贴从 210 欧元到 940 欧元不等。对于农业的发展，德国更是不断培养技能型人才，这些人才不仅拥有农业知识，而且在实践操作方面也很有经验，比如，农业企业主在学习和实践后，还要通过国家的考试，才能有经营企业的资格。

三、德国农业改革发展的经典案例分析——以巴伐利亚州和下萨克森州为例

（一）巴伐利亚州农业改革发展的主要做法

巴伐利亚州，德语名称 Freistaat Bayern，英语名称 Bavaria，总面积 70 550 平方公里，占德国面积的 1/5，至 2017 年底约有 1300 万居民，是德国第二大人

口城市，首府为慕尼黑。其位于德国南部，土地面积占德国 19.8%，农用地占德国 19.2%，人口占德国的 14.8%，其中有 19.08%是农业人口，农业企业占德国的 24.3%，主要农作物有小麦、玉米、土豆等粮食作物，是德国的农业大州。

20 世纪 80 年代后，欧洲多数国家的农业发展从追求产量转到追求质量。在 1992 年，联合国环境与发展大会发布了《里约环境与发展宣言》，第 3 条原则发展权、第 4 条原则环境保护的发展进程，正式确立了可持续发展的重要原则。巴伐利亚州作为德国的农业大州，一直走在德国农业发展前段，自生态农业概念出现后，该州逐渐从传统的高投入高产出的常规农业转变成绿色食品、有机作物的新型生态农业，以此为发展目标。2012 年，德国生态农业用地面积已有 103.4 万公顷，2017 年，德国有 1/3 的生态企业都在巴伐利亚州。

农业发展政策方面的举措。巴伐利亚州政府为了鼓励农业企业生产有机食品，实行了多项政府补贴政策，比如，对于农场种植的有机作物每公顷每年补贴 250 欧元，时间长达 5 年；对于农场饲养的牲畜，如牛羊类的，会对其饲养的设备进行价格上的补贴，大约 10%；农民可向农业部进行生产方面的咨询，由农业部派技术人员对农场问题进行解决，并且咨询服务有 21 天是免费的；德国对有机食品是有专业机构专门监测的，一年一次左右，农场支付相关监测费用，政府对此进行补贴，作为监测方，政府会承担 50%的监测费用，等等。

以巴伐利亚州首府慕尼黑的哈勒道为主要分析对象。哈勒道是位于英戈尔施塔特和慕尼黑之间的一片丘陵地带，一到夏季就会有 7 米左右高的绿色花架覆盖住这片土地，这些就是让德国啤酒闻名世界的啤酒花。啤酒花是一种能抑制啤酒变质的植物，并且能提升啤酒的特定香味和啤酒泡沫的质量，世界上只有 5 万公顷地方种植这种作物，其中就有 1/3 在德国，在这 1/3 中又有 70%在哈勒道，这就为德国啤酒的酿造创造了基本条件。因为本身国家对啤酒的需求大，而且种植面积少，啤酒花作为啤酒的三大原料之一非常受各个啤酒制造厂商欢迎；还有一个原因，就是酿造啤酒的原料一直受农药残留的影响，所以一些啤酒生产商开始转向了生产有机啤酒。弗伦斯堡啤酒就是代表厂家，作为德国著名的高端啤酒品牌，其已经生产了很多系列的有机啤酒，弗伦斯堡鲜啤酒的原材料就全是有机作物。哈勒道地区为了种植有机啤酒花，减少农药的使用，在当地 7 个地点进行 24 小时的空气监控，一旦指标超标，就会发出警报，这些监测设备的费用巴伐利亚州政府就会相应地承担部分。根据国际啤酒花种植者协会（International Hop Growers' Convention，IHGC）提供的数据，2015 年德国啤酒花种植面积为 17 847 公顷，2016 年增加到 18 598 公顷。

农业法律方面的举措。首先，确保土地不受污染，《联邦土壤保护法》主要就是对土地的退化和污染场地的防止、调查和治理进行行政干预；其次，2003年实施的《生态农业法》主要就是针对上文提到的产品监测。这两项是宏观环境下的法律法规，具体的内容可以参考德国 1969 年颁布的《农业生产适应市场需求法》，因为德国的农业企业的规模都不大，所以此法是鼓励农业企业组成联合体，联合体可以在 5 年内享受国家政策补贴，包括人工费、咨询费、设备等。根据德国的税法规定，农业企业和农业生产合作社可以免除营业税，企业的机动车等可以免去机动车辆税，一般产品要交 16% 左右的增值税，而农产品的增值税只收取 7%，在用电方面会有超过一半的减税，若农场是生态农场，从能源发电站购电，更是可以直接免去税金。这些都是上文提到的政策补贴的法律保障。

农业生态环境建设方面的举措。巴伐利亚州首府慕尼黑市政府于 20 世纪 90年代提出"绿腰带"项目，即在进行城市规划时，不影响自然生态环境。"绿腰带"指慕尼黑城市与相邻乡镇的土地，约为 335 平方公里，此项目意在建立具有战略意义的生态发展区。具体内容有"菜园方案"，此方案的内容之一是在"绿腰带"上的农民可以将土地租给附近城市的人，由他们来培育粮食，体验种植的乐趣，而翻土、播种等工作还是由专业人士完成。为了体现生态农场的理念，在这期间不允许用任何肥料，这一环节由监测机构和体验者共同监督。"菜园方案"首先可以扩大农民收入，体验者交纳租金也有补贴；其次保障了作物的有机特性，并且又多了一方人的监督；最后，还潜在培养了一批预备人才——孩子，这为专业人才的培养埋下铺垫。

（二）下萨克森州农业改革发展的主要做法

下萨克森州（德语：Niedersachsen，英语：Lower Saxony）位于德国西北部，人口约为 800 万，州面积达 47 614 平方公里，是德国第二大联邦州，仅小于巴伐利亚州，州首府是汉诺威。下萨克森州境内主要有三条水系，分别是埃姆司河、易北河、威悉河。州土地中大约 82% 主要是山地和草原农业用地，其中位于东北部的吕内堡草原农业十分发达。在气候方面，由于该州处于中欧的温和气候地带，这里降水较其他地区要少且分布也不均匀，同时夏季和冬季的气温相差很大，所以在这一地区主要种植的农产品以谷物庄稼、芦笋、土豆为主，其他还包括糖用甜菜、圆生菜、油菜籽等，北部地区经济种植内容主要是水果种植。

下萨克森州很早以前以第一产业农业作为支柱产业，在新兴产业崛起后，改变了格局，如今农业在下萨克森州所占比重只有 2.3%[176]，但这不妨碍它的农业在德国的重要地位，并且工业机械发展也为农业发展带来机遇。首府汉诺威是德国五大会展城市之一，有着世界上最大的展览中心，关于展馆的展示的基础设施也非常完善，每年举办的德国国际农业机械展览会（Agritechnica）和德国汉诺威生物技术展（Biotechnica）替当地引进了不少优秀资源。

1. 农业机械化发展概况

第二次世界大战以前，德国就有非常良好的工业基础，由于第二次世界大战造成国内粮食种植大面积短缺，所以在此时农业的发展首先要满足国内对粮食的需求，农业机械快速、节约成本的优势显露，被广泛运用到生产生活中。德国国际农业机械展览会是世界第一农机大展，该展会每两年举办一次，下一次举办在2019 年，主要是针对农业方面专业的机械设备等，主办单位是德国农业协会（DLGe.V），德国农业协会的工作主要是负责农业机械质量检测，为设备的安全和性能做好把关。德国国际农业机械展览会不仅为客户提供参展销售平台，其内容还有项目投资、合作和学术研讨，涉及范围非常广阔。展品从小件的机械配件，到大型的播种、施肥、收割设备，运输过程中的储存设备、农产品的包装设备等一整套流程。德国国际农业机械展览会为当地带来大量商机，使德国成为农业机械出口第一大国，其作为专业型展会，内部也细化的分了几个大类。而机械设备的发达，让农场效率提高很多。比如，在下萨克森州的干得尔斯海姆农场，种植了200 多万平方米农作物，多数是甜菜、小麦等经济作物，但是管理农场只需要9 个职业农民就可以规范地运作，科学的种植作物、高度机械化的劳作减少了农场管理的很多问题。以收割小麦为例，一般小麦会在成熟前的两到三天收割，这个时候产量最高，如果等小麦完全熟后再收就会导致产量下降、品质变差，收割时间很短。原始的手工收割一个人一天大约收割 500 平方米，这样人工成本高，后面对麦子进行细加工还要花费更多的时间。如果大规模用机械设备收割，那么效率会高很多，谷物联合收割机就是集收割、脱粒、分离茎秆和清除杂物与一体的大型机械设备，这样一天半就能收割完农场的麦子，降低了生产成本。

农业机械化的发展不仅提高了农产品产量，还逐渐优化了整个产业的发展过程。农业设施装备的不断完善、农业科技成果的不断创新，改变了农民的劳作方式，传统农民依靠技术成为新型农民，建立农机社会服务体系，向着生态农业方面不断发展。

2. 农业教育概况

在德国，想要做一名可以经营农业生产合作社的农民是非常不容易，每一个农场主必须经过农业方面的教育，如果农场主要将私有农场留给下一代人，那么下一代农场主也必须学习农业知识，在经历了三年的学习后，取得土地经营权才能正式的经营一家农业生产合作社或是农业企业，具体的学习过程就要从德国的教育体制讲起。

下萨克森州有 11 所大学，13 所专科院校，120 多所科研机构，其中霍恩海姆大学是德国在农林专业领域最杰出的院校，在农业科技方面培养了一大批优秀人才，但是单从名校毕业也是没有资格经营农场的，必须去到非亲属的农场实习，实地学习职业农民所做的工作，二者皆完成了才有管理大型农场的资格。现如今，德国寻求生态农业上的发展，鼓励农民建立的是家庭生态农场，所以大型农场数量渐少，多数农场主接受的是"双元制"教育，即接受企业和学校的共同教育，在两个环境之间交叉学习，特别一点的是"双元制"教育在中国类似于中等职业教育，注重培养学生的专业技能，60%的德国人都是接受这种教育。农场主在学习完课程后，基本都有操作农业机械设备和管理农场的能力，所以生态农业的理念在德国的开展的速度很快。在培养研究型农业人才方面，下萨克森州也花费了很大精力，不同院校主攻方向也不一样，霍恩海姆大学在农业产品、生物学等方面很有研究，汉诺威大学则是在机械设备的研究和开发方面很专业，这也与学校发展历史有关。德国的人才培养从小抓起，德国农业协会会定期举办活动，宣传各种职业，引导孩子热爱农业，在当地举办农业活动时会组织孩子参加，培养兴趣，如上文提到的"菜园方案"。

四、德国农业改革发展的启示

对于贵州农业供给侧结构性改革而言，德国农业改革发展给予以下几点启示。

（一）健全地方性法律法规

中国在农业方面的法律法规基本涵盖了方方面面，政策补贴、机械设备使用、水资源利用、土地资源整合等都有涉及，但是地方性法规不完善，贵州在具体的细则上只有条例、通知等。一个产业的发展，政府的支持非常重要，地方监察机构要贯彻落实关于农业基本法的内容，完善针对地方发展的法律条文。在政策补贴方面，贵州需要制定对每种作物的不同补贴价格机制，使用高端机械设备的价格补贴，用法律来保护农民的利益，用法律带动农民生产积极性，为农民的利益提供法律保障。

（二）农业经营规模化

农业经营规模化是地方农业发展的必然过程。在贵州，农户的土地资源非常稀少，可以利用土地流转等方式，将土地资源以多种形式承包给农民企业，进行有特色的农业生产。比如，在贵州兴义，在政府的鼓励下，很多地方都有种植甘蔗，但多数农户以家庭为单位，在产量上、质量上不占优势，经济效益低下，转而第二年种植其他作物。这种情况就可以通过土地流转，农民企业规模化种植甘蔗，让农产品在源头有质量保证，通过企业联系甘蔗加工厂商，这样甘蔗价格上涨，甘蔗加工企业也可以降低成本，富余的农民劳动力也可以安排在各个环节上。

（三）科学化生产加工

贵州的农业种植多数还是以家庭为主，在种植技术方面，沿用的都是老辈经验，真正运用科学力量进行生产的少之又少。凯里地区有很多种植苗家中药材的区县，地黄类特色药材非常受市场欢迎，因种植技术简单，没有运用科学知识培育作物，导致品质一般，在药材市场卖不出好价钱。这种情况下，政府农业厅应该派出技术人员指导农民生产，从播种到收获，从应对突发天气状况到抢救措施等方面对农民进行培训，利用科学的培育技术，种出优质的药材，从根本上保障各方优势。

（四）发展"互联网＋农业"模式

贵州已举办三届国际大数据产业博览会，有着大数据交易平台中心，农业发展可依托于此，拓展贵州特色农业发展道路。第一，可利用大数据平台收集全国农产品价格，第二年可根据价格波动选择种植作物；第二，可以利用大数据平台收集作物种植质量，寻找有发展潜质的农作物，遵循"人无我有、人有我优、人有我变"原则，打造优品品牌；第三，可以将天气信息收集后，利用大数据分析应用到现实生产当中，可以在极端天气环境下减少农民的损失，或者利用天然降水减少资源使用；第四，每个生产区域可以建立自己产品的品牌，发展O2O等新型销售模式，减少中间环节，获得最大化利益；第五，利用大数据分析农业市场走向，为农业从业者提供数据，促进市场信息融合；第六，利用大数据平台落地贵州优势，创建特色农业发展道路，争取开办农业建设发展论坛等高峰论坛的资格，吸引更多的商家前来投资。

（五）发展家庭生态农业模式

贵州地区土地资源稀少，建立大规模生产不切实际，以家庭为单位，进行生态农业建设较为合适。在城镇周边建立生态乡村，以联合养殖小规模渔业、畜牧业和农业三者相结合的方式吸引城市居民前来参观游玩。利用沼气、秸秆等可再生资源建立循环系统，用"以渔养畜""以畜养农"的模式减少资源消耗；可种植蓝莓、草莓等可体验性强的作物，在成熟时节让游客体验采摘过程；用生态技术养殖出来的鱼或猪羊肉也可出售给游客获得利润。此种生态农业模式注重农产品周边获得利润，非传统销售农产品本身获利。

第四节　美国、日本、德国农业改革经验对比及启示

一、产业层面

美国、日本、德国对于农业发展有两个共同点：第一，三国从国家层面就对农业始终是支持的态度。一个事物的发展本身离不开环境的影响，农业的发展也离不开政府政策上的支持，在工业革命开始以后，多数发达国家的农业占经济的比重在不断减少，但是由于农业是生产发展的基础，所以大多数国家对农业始终还是保持着保护和支持的态度，这就给农业的发展留了很大的空间。

第二，三国的农业产业技术水平都很先进。蒸汽机的发明标志着工业革命的开始，科技早就已经在人们的生活中变得无处不在，随着时间的推移，在现今大环境下，只有掌握科学技术，才有竞争优势。早在20世纪40年代，美国就领先世界各国最早实现了粮食生产机械化[177]，从土地管理到作物培养全程机械化，并将高精尖技术运用于生产过程中，生产效率极高；日本的生物基因技术非常先进，以水稻生产技术和仔牛生产技术最为知明，在产品基因层面提高农产品品质，增强竞争力；德国则是在农场管理方面运用很多科技技术，灌溉、播种、施肥等技术通过精准计算再通过机械设备实现，减少资源浪费和提高产品质量。

二、要素层面

生产要素一共有四个，劳动力、土地、资本和管理，知识产权制度的建立拉动了技术和信息也作为独立要素投入生产，在这里着重分析劳动力、土地、技术和信息。在目前大力发展高精尖技术的环境下，劳动力和技术有相互交叉的地方。

在考虑人工成本、运输成本和损耗等多种因素后，越来越多的人发现机器设备的优点，所以大型机械设施被广泛地运用到了农业的生产活动中去，这在起初造成了很多农民的失业，一直作为劳动力的农民对此颇为不满，但这也是时代发展的必然过程，从简单劳动力转变为特殊型人才才能被时代需要。技术需要人才去研究开发，之后作为高效率劳动力运用到农场产品中。综合国力的竞争是人才的竞争，科技进步才能推动社会进步，农业科技的不断优化是人才竞争的产物，所以每个国家都很重视人才的培养，利用各种资源进行人才储备。三国对人才的培养也有自己的特点，美国 1914 年的《史密斯-利弗法》为农业推广奠定基础，通过立法增加农学院数量，然后由农学院进行教育，科研由国家或私人出资研究，推广由农业部政府部门组织，主体还是农学院，三者相辅相成；日本从国家到地方政府每一级都会设立完善的科研单位，各个都道府县也都有农业大学，并且通过减少学费等方式鼓励学生报考农业专业，保障有足够的优秀人才在未来发展农业经济；德国的农业人才培养相对强势，农场主必须接受农业教育才能经营，所以人才储备量大，高端人才的培养则是通过大学实现，从小培养孩子对农业的兴趣也很关键。

当今世界上有 70 多亿人口，有 14 800 万平方公里的土地面积，但只有 1% 是可耕地面积，每个国家都希望自己国家内的可耕地面积最大化，在有限的土地里尽可能长出多的粮食，并且还要保护耕地资源。美国国土面积大，人口少，主要方法有三点：法律保护、改变管理体系和对农业区域划分；日本面积小，人口多，所以用土地流转的方式扩大规模，适度经营规模，提高土地利用率，实现社会化大生产；德国发展生态农业，鼓励培育优秀农产品，出口到国外，再进口一些国内所需的基本粮食，"以出养进"。

网络是信息传递最方便快捷的载体之一，每一个农业生产者都希望获得最新、最全面的消息，美国、日本、德国对于信息的处理倒是差不多。国家首先对各地汇报上来的信息进行了解，包括农产品价格、生产趋势等，之后对信息进行处理，分析原因，最后针对问题进行制度上的修改。各个州或市会对农业发展做出预判，然后根据大制度再制定地方制度，因地制宜。农业协会的职责之一就是收集农业信息数据，三个国家都有这种组织机构存在，有一些州府的农业协会在数据采集后会率先进行分析，这不仅让信息更具有时效性，而且能更快速地应对市场变化。

三、制度层面

三国很早就有法律法规对农业进行保护。三国对于农业补贴的力度也很大，美国初期对农业补贴还较少，呈逐年下降态势，但在 1996 年后补贴迅速增加，2002 年后受世界经济和政治因素影响，新农业法大幅度提高了农业补贴，此举遭到各国抨击，这也足以证明美国对农业的重视；日本主要是对收入进行补贴、由政府出资购买保险和农业贷款补贴及设备补贴，根据世界贸易组织（World Trade Organization，WTO）的调查，日本对农业的补贴已经超过了农业收入；德国的政策补贴主要针对生态农业领域，一般性的生产补贴相对较少。从美国、日本、德国的历史经验来看，法律可以很好地维护农业生产的整体利益，不仅是农场主的经济利益，还包括农业的整体发展态势，如环境保护、生态农场建设、农产品投放市场标准等，只有在法律的框架内，经济才可以自由地发展。发达国家的经济早就市场化，但依然要有政府在法律范围内进行宏观调控。

美国根据国情，一两年就会对法律法规进行调整，从 1935 年开始就有针对农业方面的法律条文，到 2002 年都会视市场情况而定随时调整法律内容，这期间的法律法规大致针对的是农产品价格、农产品的储备市场和农业市场化三方面。第一部系统性的农业法——《农业调整法》，始于 1993 年，主要目标就是解决经济大萧条时期产能过剩、农产品价格低、农场主收入少的问题。《2002 年农业法》再次修改，调高农业补贴。这些法律就是政府从大方向对农业制定的规则制度。美国本身是一个三权分立和实行联邦制度的国家，由立法机关、行政机关、司法机关组成，各州在不违背联邦宪法的同时，有各自独立立法、行政、司法权限，所以在法律的具体实施上会略有差异。美国的法律制定只能由立法机构国会两院制定，在两院统一法条后，交由最高行政机构总统签字，总统是人民选举产生，代表人民利益，所以法律法规的实施也代表着人民的想法，这也是为什么《2002 年农业法》中补贴可以大幅增加。

日本在 1921 年颁布的《稻米法》中就已经关注了土地所有制关系、农业技术、法制化、税收等多方面问题，第二次世界大战以后对上述几方面出台了具体法规。作为最早向现代化转变、最开始实现农业现代化的国家之一，日本在农业发展的过程中多次修改制度以适应市场。第二次世界大战以后，建立以农户家庭经营为主体的土地制度，在家庭经营土地制度满足不了市场需求后，转向促进农村土地流转，扩大经营规模；从一开始的农业协同组合，到 60 年代后期的农业生产合作组织和地域农业组织，范围变小但职责更明确；在加入世界贸易组织后，"黄箱"政策变为"绿箱"政策，调节国内农产品价格，使农业生产者获益；在用了 40 年的"旧农业法"不能适应可持续发展需要的时候，1999 年颁布《食品、农业、农村基本法》。日本也奉行三权分立，国会是立法机构，不同于美国的是，国会内党派众多，法律法规的实行需先通过议员提案，再要两院协商，众党派代表委员长表决后才能算是实施，有多方人员的参与，法律也能保障多数群众的利益。

德国的特点是法律规定得特别细微和实用，涉及方方面面，始终关注生态农业的发展，增强竞争力，所以在颁布新的法律法规之前都会进行调查，如农业就业人口数量、农业从业者收入、社会福利，然后再分析农业规模、从业人员收支状况等，联邦政府通过这些资料再为下一次修改制度提供数据支撑。联邦政府每年制定出发展框架后，由各州政府具体实施，承担责任。但由于德国是欧盟组织中的一员，其制度会于欧盟统一框架下实行，如农业政策从"蓝箱"和"黄箱"转变为"绿箱"。德国的制度有点像美国和日本的结合，是联邦制，但也是多党派，各个州有自己的法条，但不与基本法冲突，法律法规制度由议会代表共同商讨、制定，并且还会进行调研，也很能充分听取群众意见。

第五节　本　章　小　结

分析美国、日本、德国三个发达国家的农业改革发展主要做法与经验，对于地处中国西南腹地的贵州而言有一定的积极借鉴意义。贵州与云南、四川、湖南、广西、重庆五省（自治区、直辖市）接壤，是亚热带湿润季风气候，地势以高山居多，且没有平原，旅游资源丰富，中草药资源优异，但是土地资源极其稀少，人均耕地面积只有 0.05 公顷。虽然贵州在农业供给侧结构性改革发展中走绿色发展之路有一定劣势，例如，贵州优良土地资源稀缺且没有大范围面积的平原，不适合建设大型机械化农业生产；水稻、小麦等粮食作物不适合当地生长气候，没有生长条件；贵州人均耕地面积稀少，以家庭为单位进行农业生产所获得的经济效益微弱；在农产品培育方面，不够科学化和信息化；在产业层面，各方没有完全联动，上下的衔接出现断层；法律条文没有针对性，未落实到具体。但是，根据《中华人民共和国国民经济和社会发展第十三个五年规划纲要》中，对增强农产品安全保障能力、构建现代农业经营体系、提高农业技术装备和信息化水平、完善农业支持保护制度这四个方面进行改善，并且借鉴西方发达国家经验，贵州可以在生态农业产业化建设方面来发展农业，进行换道超车，走出贵州农业供给侧结构性改革的绿色发展之路。

第四章 绿色发展理念下农业供给侧结构性改革的国内经验及启示

第一节 四川农业供给侧结构性改革的经验及启示

一、四川农业供给侧结构性改革基本概况

四川，自古就有"天府之国"的美誉，是我国重要的经济、工业、农业、军事、旅游、文化大省。其地貌复杂，以山地为主要特色，具有山地、丘陵、平原和高原4种地貌类型，分别占全省面积的74.2%、10.3%、8.2%、7.3%。土壤类型丰富，土壤中含有丰富的钙、磷、钾等营养元素，是我国最肥沃的自然土壤，其气候条件也优越，一定程度上助力了农林牧等产业的显著发展，尤其是农业的发展。为了实现四川农业发展创新性、绿色性，切实提升农业发展效益及市场竞争力，四川省政府相继出台了《推进农业供给侧结构性改革加快四川农业创新绿色发展行动方案》《四川省人民政府办公厅关于加强农产品品牌建设的意见》《中央四川省委 四川省人民政府关于实施乡村振兴战略开创新时代"三农"全面发展新局面的意见》等一系列政策，全力支持四川农业发展。

四川省将补短板、降成本、调结构、提品质、促融合列为该省农业供给侧结构性改革的重点，切实将农业的夯实作为固本安民之要，为该省的农业供给侧结构性改革加大马力[178]。在兼顾改善农业基础设施及装备条件的同时，统筹推进产品有效供给和融合发展、规模经营、农产品品牌建设和市场开拓、科研成果应用、生态治理与保护[179]。在落实和推进该省农业供给侧结构性改革中，整体操作思路以供给质量为中心，优化农业产业体系及生产流程，注重无公害绿色有机产品供给；坚持市场需求导向，强化三系即产业体系、生产体系、经营体系的发展，强调可持续发展；提高农村农业改革综合效应，推进城乡一体化的发展[180]。计划到2020年，草原综合植被覆盖率达到85%，土地适度规模经营率提高7.5个百分点，农业科技贡献率达到60%以上，综合机械化率提高10个百分点，基本实现"一控两减三基本"，无公害绿色有机产品等安全农产品供给能力显著提

高，力争全省人均可支配收入突破 15 000 元。

二、四川农业供给侧结构性改革主要措施

为了在农业供给侧结构性改革中展示出坚实有力的四川担当，推进农业供给侧结构性改革的成效和经验举措，在全国起到重要的引领和示范作用，四川致力于从以下五个方面实施农业供给侧结构性改革，具体如下。

一是在农产品有效供给方面。一定程度地减少和消除低端农产品供给，不断提高供给侧结构性改革的灵活性，提高农产品在供给数量、质量的契合度，真正形成结构合理、有力保障的农产品供给。

二是在产业融合方面。积极推进一二三产业融合发展，拓展农业新型功能，加大培育新产业新业态力度；积极推进农业向支撑二三产业的转变，进一步实现产区转变为景区，田园转变为公园，产品转变为礼品；同时也积极推进农产品销售方式向超市和网点转变，直接面对消费者。

三是在农业科技创新方面。深化农业科技体制改革，找准主导产业、关键环节；加强科技原始创新与成果转化进程，进一步推动全省农业发展依靠要素投入向依靠科技驱动转变。

四是在品牌农业发展方面。立足重点优势产业，补全品牌不响不亮等短板，提升本省农产品市场竞争力，使川字号农产品摆上国内外消费者的餐桌。

五是在农业生态保护与治理方面。本着发展绿色农业就是保护生态的理念，加强耕地质量的保护与提升，重点保护和建设森林和草原，探索生态与生产相协调的路径与机制，促进农业的可持续发展。

三、四川农业供给侧结构性改革的典型案例分析——以甘孜州、攀枝花市、达州市为例

（一）甘孜州农业供给侧结构性改革措施

甘孜藏族自治州（简称甘孜州）是我国的农牧业大州，其拥有典型的气候分布不均、地域跨度广、海拔高差大的高原地貌。针对这一特殊地貌，甘孜州整合农业资源，提出 "调结构、建基地、强产业、促增收"农业发展思路；分别从横纵两个方向发展农业，横向着力 "一圈一带一走廊"的现代农业发展布局，纵向构建山下特色农业（饱肚子）、山腰林果产业（挣票子）、山顶绿化行动（戴帽子）立体格局，打造 "两个百万亩"优势农林产业基地；重点发展蔬菜、中药材、食用菌、水果等特色优势农业，大举推进特色农业产业基地建

设。近年来，甘孜州州委州政府结合本州实际，将农产品品牌建设作为农业供给侧结构性改革的重点，高度重视农产品品牌建设。2015年提出"圣洁甘孜"区域公用品牌发展战略，2016年成立州品牌建设工作领导小组，为全面贯彻落实《中共甘孜州委、甘孜州人民政府关于实施圣洁甘孜区域公用品牌发展战略的意见》（甘委发〔2015〕8号）[181]这一政策，致力于扩大"圣洁甘孜"这一特色优势农产品品牌的知晓度和美誉度，该州主要从以下几方面进行农产品品牌建设：

一是以培育争创四川名牌为抓手，打响"甘孜造"。按照四川省品牌农产品评价考核要求和程序，将全州特色、优势、名牌农产品纳入名牌培育计划。帮扶指导企业从质量体系、产品标准、检验检测等方面进行提升，同时指导企业主体开展特色产品申报地理标志保护等相关事宜。

二是以培育国家地理标志保护产品为抓手，重点突出甘孜独有。结合该州特色农产品所具有的优越自然生态环境和独特地理位置，积极培育、申报国家地理标志保护产品，除了已经被国家质量监督检验检疫总局列为地理标志保护产品的8个产品，此阶段要大力推进甘孜水淘水磨糌粑等产品的申报，加大对甘孜州地理标志保护产品的培育力度。

三是以推进实施农业标准化示范项目为抓手，夯实特色产业基础。结合该州农业产业特色及发展重点，选择具有一定种植规模的特色产业积极申报创建农业标准化示范项目。从农产品的选种、培植、施肥、收获、晾晒、储藏，严格按照农产品质量实施标准，标准化生产，提升生产效率和农产品质量。

四是以实施认证为抓手，大力推进品牌认证。借助有机产品认证的示范作用，进一步提高有机产品质量和品牌地位，给普通农产品生产管理提供科学的示范模板，有效推行产品安全化、生产规范化、营销品牌化、服务专业化等现代化农业模式，带动区域农产品的精细化、规模化发展。

五是以开展农产品市场营销为抓手，强化农产品品牌宣传。深入建设品牌，即品牌信息、品牌孵化、品牌提升、品牌创新、品牌整合；建立"区域品牌＋企业品牌＋产品品牌"农产品品牌体系；组织一批龙头企业积极参加全省、全国农产品品牌提升活动，例如，参加中国西部国际博览会、中国国际农产品交易会进行农产品展示展销活动，同时也举办"雅江松茸节""泸定樱桃节"等一系列具有特色的时令、节庆活动。

（二）攀枝花市农业供给侧结构性改革措施

攀枝花市位于川滇结合部，是我国仅有的一座以花名命名的地级城市，农业自然资源丰富，是一座得天独厚的自然资源宝库。该市拥有以南亚热带为基带的立体气候、独特的"北方光照、南方的温度"，正是因为多种气候的孕育，盛产"错市、珍稀、品优"的特色农产品，形成了"特色化、差异化"的现代农业。2016 年中央一号文件明确指出，必须充分发挥农村的独特优势，深度控件挖掘农业的多种功能，培育壮大农村新产业新业态，推进产业融合发展成为农民增收的重要支撑，让农村成为可以大有作为的广阔天地[182]。近年来，攀枝花市全面贯彻这一文件精神，致力于产业发展融合之路，发挥该市独特的自然风光等资源优势，积极探索发展森林康养、观光农业、体验农业等新型产业业态，重点发展"康养＋农业"，走出一条特色新村成为康养基地、特色农业支撑康养产业的产业融合发展之路，有效地推动了农村增绿、农民增收、农业增效。在依托产业融合，致力于进行农业供给侧结构性改革这一道路上，该市主要采取了以下措施。

一是将景观建设作为突破点，重点发展观光农业。围绕"产区变景区"，发展观光农业，通过打造提升国胜茶叶、早春蔬菜、晚熟杧果等特色产业基地，开发红格温泉等特色产业项目，建立了 16 个产业基地景区、17 个农业景区。围绕"田园变公园"，发展体验农业，着力创建一批度假基地、省级示范农业主题公园，形成集"旅游度假＋农耕展示＋采摘体验＋民俗体验"于一体的农业新型业态。全面启动沙坝现代农业产业园、金河—纳尔河 5 万亩杧果主题公园等休闲观光农业重点项目的建设，加快 4 个现代农业集成创新示范农庄的建设。

二是将提高农产品的质量作为突破点，发展康养产品。围绕"产品变礼品"，发展精致农业。利用招商引资这一平台，积极引进杧果干、杧果月饼、核桃油等特色农业项目，打造高端葡萄种植基地、葡萄酒庄园，加大康养新产品的开发力度，切实推动普通农产品功能化的推动，使之市场化。

三是通过典型示范点的推动，培育示范主体。大力推进创意产业的发展，提升休闲农业的持续吸引力和文化软实力，对休闲农业进行重点打造、推介。积极开展全国休闲农业与乡村旅游示范点、示范县的创建活动，推动全省休闲农业旅游的健康持续发展。创建一批省级农业主题示范公园，如米易县青松林农业公园被成功认定为省级示范农业主题公园。培育一批服务标准化、经营特色化、管理规范化的省级示范农庄，如大笮风休闲农庄成功成为第一批省级示范休闲农庄。

四是加强休闲农业和旅游产品的打造，重视休闲农业旅游体验。因地制宜重点打造大竽风休闲农庄清凉游、鱼米阳光度假游、花舞人间自驾游、海塔赏花（品果）体验游、新山乡梯田体验游 5 条经典休闲农业和乡村旅游线路。围绕将特色新农村变成康养基地的总部署，深化美丽幸福新农村建设，建成旅游新农村 16个，美丽幸福新农村 108 个，初步形成特色新农村成为康养基地的新格局。从建立休闲农业专业村、发展农家乐、创建休闲农庄三个方面融合发展休闲农业旅游。

（三）达州市农业供给侧结构性改革措施

达州市作为西部连片特困地区之一，秦巴山区的重要组成部分，位于川、鄂、渝、陕四省（直辖市）结合部，以山区、丘陵为主，其中山区占 70.7%，丘陵占28.15%，是非常典型的经济欠发达地区，贫困发生率远远高于全省、全国平均水平[183]。因此达州市农民脱贫致富的首要课题就是如何依托特色资源优势，借助网络之手发展特色农业，走差异化农业发展道路。同时该市也是四川省的农业大市、资源富市，交通体系完备，水陆空均有涉及，是我国西部地区的重要枢纽城市。随着"互联网＋"的兴起及国家政策的支持，我国农业电子商务发展迅速，农业电子商务对拉动农业供给侧结构性改革起着很大的作用。达州市利用交通便捷这一优势，采用"互联网＋农产品"模式，促进特色农产品线上销售，通过电子商务带动贫困村产业发展，促进贫困群众增收，主要从以下方面进行。

一是发挥政府作用，为农业电子商务的发展提供政策支持。农业电子商务不仅是某一部门的事，也是地方政府的大事；也不仅是一般的工作，而是一项与全市人民息息相关的大事。在深刻学习理解国务院发布的《国务院关于大力发展电子商务加快培育经济新动力的意见》之后，达州市根据本地农业电子商务的特点，出台了《达州市加快发展电子商务实施意见》《达州市加快推进农村电子商务实施意见》《达州市电子商务"十三五"专项规划》《达州市农村电子商务发展试点工作方案》等一系列政策，从政策上支持电子商务与农业最大程度的融合。

二是创新营运平台，为农业电子商务的普及进行不断深化。以电子商务融合发展三次产业为驱动，有机结合电子商务与精准扶贫，抓好农业电子商务平台建设。达州市农产品企业依托第三方交易平台开辟线上市场、拓宽销售渠道，使电子商务的整体利用率达到 88%。达州商业集团等本土企业均在实体商场销售的基础上增设了网上销售，形成了线上线下结合的营销网络。从电子商务运营平台较为成熟的秦巴在线、达州鲸鱼网区域化服务应用平台，和初具规模的四川青联重创、达州亿城购，到加快发展的达州圈、天农网，以及建成运营的万源秦巴电子商务创业园、宣汉亿联电商产业园，全市形成了农业电子商务生态群。

三是进行网络监督，为农业电子商务的产品实施安全保障。目前，农产品电子商务存在以下优势：参与者具有较高的自身素质、网络平台的监督机制在很大程度上约束参与者的行为、相对于整个农产品与农业市场的比例比较低，得益于以上因素，农产品电子商务没有发生系统性、大规模的问题。但是随着农产品电子商务深化发展，势必会存在网络销售农产品安全等问题。因此该市政府加大对网络销售农产品安全监管力度，用互联网思维，借市场力量，满足基础的监管需求。

四是建设成效项目，为农业电子商务的发展提供便捷。在项目建设上，达州市加大向上级争取的力度，在全市大规模开展的电子商务进农村工作取得了显著成效，将电子商务精准扶贫作为带领该市人民脱贫奔小康的新引擎，驱动该市"三农"经济的创新发展。尤其是以大竹县实施"电商＋香椿产业"、通川区实施"电商＋创新创业"为代表的农业电子商务发展更是得到了省政府领导的高度肯定。该市的成效项目涉及全省电商示范基地、全省电商示范企业、全国电子商务进农村综合示范县，形成一条示范农业产业链。

五是强化人才培养，为农业电子商务的血液注入新活力。为了进一步提升农业电子商务的网络认知能力，普及农产品电子商务的知识技能，面向特色农业养殖大户、返乡创业农民及青年、大学生村官、村干部开展做农村电子商务的基本流程，对它的运作模式、交易模式、开店、买卖商品、物流配送一系列流程进行知识讲解。培养一批高校人才，利用集中的现有资源，对农业电子商务大数据进行深度分析，从消费者行为角度分析，推动了农产品结构优化的进程。最后利用经验进一步反过来指导和促进农产品生产。

四川在进行农业供给侧结构性改革所做的一系列措施都对其他地方的农业发展起着榜样作用，其他地方在进行农业发展时可借鉴四川经验，从"农产品品牌建设""农业＋康养旅游""农产品电子商务"这三个方面进行。

四、四川农业供给侧结构性改革的启示

2018 年是改革开放 40 周年，众所周知，发展是解决一切问题的关键，改革开放则是贵州发展的根本动力，贵州作为西部省份，应该与时俱进，学习外来经验的同时，更应该因地制宜，整合资源，结合成功经验，走出一条具有民族特色的"黔"路。依托农业供给侧结构性改革，四川近几年的农业发展效果显著。通

过对四川实施农业供给侧结构性改革经验的分析，对贵州农业的发展，推动贵州走向农业大省有以下启示。

一是强化农业品牌建设，扩大品牌影响力。将品牌农业发展和市场开拓列为主线，立足于重点优势产业，补齐品牌不响不亮这一短板，提升贵州农产品市场竞争力，让贵州的绿色农产品出现在国内外消费者的餐桌上。还应该分别在省内、国内、国际三大市场形成以明显优势、比较优势、品牌优势为主的主要势头[179]。然后合理定位贵州农产品市场，创新品牌营销方式，借助"酒业博览会"等大型活动举行农产品推介会，打好"绿色牌""生态牌"。借助"互联网＋"这一主流模式，充分发挥线上线下融合优势的作用，有效地化解阶段性供给失衡、季节性等问题。

二是推进产业融合发展，拓展农业新功能。依托现代农业产业基地，促进农区向景区的转变，形成一批具有"黔"特色的休闲农业旅游。发展一批休闲农业农庄，建立一批农业风情小镇，逐步建立起一批休闲农业示范村，促进乡村旅游的同时，还对乡村农业发展具有一定的促进作用。

三是致力农业电子商务，拓宽农产品销售渠道。加大电子商务扶贫力度，建设农村淘宝重点示范县项目，构建农村与城市交换农产品的桥梁。利用阿里巴巴、京东、苏宁易购等知名电子商务平台，各个市、州、县地方电子商务平台，拓宽销售渠道的同时，也塑造了农产品品牌形象。

四是强化"黔"品牌建设，助推农业发展专业化。良好的品牌效应是竞争力的重要体现，在贵州省农业的发展中，还应加强品牌建设，坚持在专业化中发展农业，保障质量，提升内涵。有关数据显示，2016年贵州出口食品农产品近5亿美元，2017年1—11月贵州出境的货物总值为10.27亿美元，尤其是具有"水果之王"称号的猕猴桃进入海外市场，主要销往加拿大、日本等国际高端市场；"老干妈"系列调味品也已经成为海外热销产品。这两个"黔"产品的远销可谓是为贵州外贸发展注入了新动力。但是从某种意义上看，这个数据还是不理想的，究其原因主要是品牌宣传力度不大，助力"黔货出山"还必须强化"黔"品牌建设。

五是合理定位特色农产品市场，促进"黔货出山"精准化。品牌建设的成功关键在于根据农产品特色优势进行市场定位，选择有利于农产品销售的目标市场。定位贵州农产品为"健康、绿色、特色"，坚持打"绿色牌"、走特色路，进军国内外市场，分别以泛珠江三角洲、长江三角洲区域的"高端"市场为主要销往地。

六是建设农产品推介管理平台，强化品牌管理。2017 年贵州省人民政府出台的《贵州省绿色农产品"泉涌"工程工作方案（2017—2020 年）》提出，到 2020 年贵州将建成无公害绿色有机农产品大省。与四川农业大省的定位不同，贵州抓住自身农产品特色，致力于做无公害绿色有机农产品，率先给自己的农产品定位，然后多途径地做品牌营销。其主要思路为依托"互联网＋管理"模式，采取"标准＋第三方评价"原则，建立专门的门户网站——贵州绿色农产品网，实时发布当地产品，定期发布贵州特色农产品的信息。自从建立起了这一专业化农产品宣传平台，"黔"货进入公众视野的频率越来越高。与此同时也应该用好微博、微电影等新兴媒体，多渠道地宣传"黔"货，增大其曝光度。

七是搭建地理标志农产品展示交易平台，促使农业发展专业化。此举主要目的是集中展示地方农产品品牌形象，消除因为信息不对称带来的危机，以此来带动具有地方标志的农产品商品化、高端化、提高地方标志农产品流通效率[184]。具体措施主要是针对省内外开展各种展销会打开销售渠道。例如，2017 年在杭州成功举办的贵州绿色农产品推介会，向杭州及各界朋友展示了名品多、品质优、特色强的贵州绿色农产品，这成了贵州农产品的又一名片。

八是创新农业新模式，开启休闲农业旅游新时代。推进一二三产业融合发展，拓展农业多种功能，促进农区向景区的发展。农业供给侧结构性改革最重要的是拓展农业生态功能，众所周知贵州具有得天独厚的自然资源，利用其这优势，加快发展森林旅游、野生动物驯养观赏等农业；积极开发观光农业、游憩休闲、健康养生等服务；创建一批特色生态旅游示范村镇，打造一条绿色生态环保的乡村生态旅游链，丰富农业的产业丰富度[185]。近几年随着人们生活水平的提高及消费观念的转变，加上政府给予一定的政策支持，休闲农业旅游作为一项新兴产业蓬勃发展起来，极大地促进了地方的经济增长。

九是借助"田园养生＋度假"模式，掀起都市居民的生活革命。黔东南苗族侗族自治州（简称黔东南州）从 2017 年下半年开始重点实施"一减四增"产业调整战略，制定《黔东南州农业结构调整"一减四增"实施方案》，扎实推进农业产业结构优化升级，这一举措可谓是给休闲农业旅游奠定了基础。"一减"：减少玉米种植规模；"四增"：增加酸系食品原料（辣椒、番茄、生姜、大蒜、芥菜）基地种植面积、增加蓝莓产业基地建设、增加花卉种植面积、增加中药材种植面积。依托黔东南州具有疗养保健价值的特色农业和秀美的田园风光，挖掘当地的美食、文化、运动、娱乐等资源，打造以特色度假生活为主的综合体项目。根据当地规模进行特色设计，可以在原来的基础上创新，体现当地的民族特色，可以打造精品度假庄园、田园疗养度假小镇，也可以打造田园养生城，从村到镇再到城，一贯式发展。

十是打造"大田＋创意景观种植"模式，丰富农业观光体验。黔东南州有集农田、山川、溪流、森林、云雾于一体的我国最美梯田——从江加榜梯田。其森林康养中心已被列为省内首批森林康养试点基地。凭借这一优势，可通过创意化设计打造与之关联的种植景观，将当地最具特色的吉祥寓意或者最具地域特色的形态通过不同色彩的农作物进行展示，形成一条多彩的农业产业链，同时建设观景平台供游客驻足观赏。

十一是开启"新农村建设＋街道田园生态"模式，重走乡愁之路。2016 年习近平总书记来到遵义市枫香镇的花茂村，写下了"怪不得大家都来，在这里找到乡愁了"。此后的两年时间花茂村一直以新农村建设为重点，创立了九丰蔬菜基地，增设了一户挨着一户的农家乐，融合了一二三产业，直接推动了花茂村的经济发展。花茂村新农村建设的成功为黔东南州的新农村建设树立了榜样，2014 年《黔东南州"四在农家·美丽乡村"基础设施建设推进方案》开启了黔东南州的新农村建设之路。黔东南州发展休闲农业旅游，应深度挖掘当地的农业产业特色、地域文化特色、传统技艺特色及人文风俗。村庄道路景观的美化以具有当地特色的时令蔬菜、花卉等作为景观绿化植被；居民庭院主要是葡萄小院、瓜果小院等特色化的主题院落；村庄景观打造以五谷杂粮的果实作为重要的景观设计来源，例如，将玉米、辣椒等农作物穿成辫子是村庄设计的重要元素。从道路景观、居民庭院、村庄整体景观进行整体设计，加以当地特色的戏曲文化、民族舞蹈、民俗技艺进一步完善新农村建设。

十二是致力农产品电子商务，掀起农业扶贫新浪潮。农产品进入电子商务时代，是一种进步，也是一种主流趋势，随着我国经济的高速发展，人民生活水平的提高，对农产品种类、质量有了更深层次的需求变化，同时人们对农产品价格也很敏感，种种因素都对农产品营销模式提出了较高的要求。"黔货要出山，电商需先行"，电子商务作为近几年发展起来的新兴产业，是我国经济发展的重要举措。贵州属于一个群山环绕的西部贫困省份，一定程度上阻碍了农产品的销售，随着互联网大数据的发展、政府出台鼓励农产品电子商务的政策，为贵州发展农产品电子商务带来了机遇。

十三是打破传统销售模式，拓宽农产品销售渠道。政府部门要积极大力鼓励特色农业养殖大户、企业等网络营销主体，通过移动电子商务发展本土农产品电子商务，利用限时秒杀、团购优惠等多种方式进行农产品线上销售，支持个人及生产单位使用二维码等工具提高卖家的自身营销能力。手机能全天保持与网络连接、随时进行信息的储存，可以延长开展农产品电子商务的时间，消费者获取农产品信息不受时间、地点的限制，有利于实现产销对接；服务终端大多数是实名制的，保障了农产品的真实性、普及率高，这些优势使其被视为做电子商务的重要工具。

十四是构建物流基础设施，完善农产品配送服务。农产品的季节性与保鲜需求，在一定程度上会限制农产品电子商务的发展。减少农产品流通环节，缩短产品流通链，快速进行网络营销对物流配送提出了新要求。物流配送是农产品进行网络营销的重要环节，影响消费者的购物体验及销售评价，因此要采取有效措施解决这一问题。首先要尽可能地扩大物流配送范围，使更多的消费者在进行网络购物的时候，不用担心物流配送的问题。其次加大对农产品物流配送工作力度，快捷地将农产品送到消费者手中。最后要建立完善的物流设施，针对易腐烂的农产品，使用冷冻、冷藏等手段保持农产品的新鲜度。

十五是培养相关营销人才，增大农产品销售广度。目前存在两种现象，一方面懂网络营销的人不懂农产品知识，另一方面农民又缺乏网络营销经验，以散户为主，其所有的网络营销经验属于传统环境下的普通营销，已远远达不到消费者的需求。消费者不会直接与农产品直接接触，主要是通过网站的产品介绍、与电子商务营销的专业人员交流获得所需信息。因此要坚持通过向外引进和本土培养两种模式扩大专业性人才队伍。对外从外地引进专业农产品电子商务人才，以此来壮大黔东南州本地电子商务市场。对内与贵州大学、贵州师范大学等高等院校、黔东南民族职业技术学院中专部、凯里市第一中等职业学校、黎平县中等职业技术学校、从江县职业技术学校等地方职校合作进行人才培养工作。定期对农业生产经营者进行培训，配合网络、电视等媒介宣传，使他们掌握农产品电子商务的知识，为农产品电子商务的发展奠定基础。

通过对四川农业供给侧结构性改革的分析，尤其是对甘孜州、攀枝花市、达州市这三个典型案例的分析，不难发现这三个地方因为当地农产品特色不同，改革的侧重点也不同，甘孜州重在品牌、攀枝花市重在产业融合、达州市重在农产品的销售渠道，且都取得了不错的成绩。因此贵州在进行农业供给侧结构性改革的时候，可以借鉴这三个地方的经验，走出一条具有贵州特色的农业发展之路。

第二节 河南农业供给侧结构性改革的经验及启示

一、河南农业供给侧结构性改革基本概况

河南省是我国的农业大省、农产品加工大省、粮食大省，农业的发展不仅对本省的经济有影响，而且对我国的农业发展和经济发展都有重要意义。2015 年底的中央农村工作会议首次强调要加强农业供给侧结构性改革，以便形成保障有力、结构合理的农产品有效供给[186]。作为农业大省的河南，省委、省政府立足实际，出台了《河南省推进供给侧结构性改革总体方案（2016—2018 年）》《河南省 2014 年新型职业农民培育工程实施方案》等一系列农业发展政策，旨在扎实推进农业供给侧结构性改革，扩大农产品有效供给，提高其市场竞争力及综合效益，壮大现代化农业人才队伍。

二、河南农业供给侧结构性改革主要措施

"十三五"是我国全面建成小康社会的决胜阶段，也是打赢脱贫攻坚战的冲刺阶段，更是我国全面深化农村改革及加快推进农业转型升级的关键时期。在走向资源节约、产品安全、产出高效、环境友好的现代农业发展道路上，构建结构合理、保障有力的农产品农业供给侧结构性改革体系，已经成为我国推进现代农业发展的当务之急。2016 年，《中共中央 国务院关于落实发展新理念加快农业现代化实现全面小康目标的若干意见》[187]发布，传达农业供给侧结构性改革思想的同时，也强调了农业需要做好"产业融合"和"绿色发展"。河南省委、省人民政府深知改革的意义重大且任务艰巨，贯彻中央的部署，提出本省改革方向：以"四优四化"为主线，加大推进农业供给侧结构性改革力度，提高本省农产品的供给能力及供给效率，加快推动河南从农业大省转变为现代农业强省的进程。围绕提高农业综合效益和竞争力，建设现代农业强省，河南主要从以下几个方面进行。

一是补齐农业农村短板，夯实全面发展基础。加强农田等基础设施建设，落实藏粮于技、藏粮于地的总体战略，建设高标准的"百千万"工程，不断整合农田基本建设项目及资金，建设水、点、渠等田间基础设施，开展耕地保护行动[188]。积极推进新农村建设，有重点地推进有特色、有实力、有人气的小城镇建设，打造一批特色小镇、旅游名镇、工业强镇。扎实推进脱贫攻坚，增强各级财政投入

资金专项行动，完善社会扶贫、专项扶贫、行业扶贫"三位一体"的大扶贫工资格局。

二是加快农业结构调整，推进农业提质增效。首先是调整种养结构，稳定提高粮食的综合生产能力，构建粮经饲三者协调统一发展的三元种植结构，达到稳粮、优经、扩饲的要求。实施种养业供给侧结构性改革专项行动，创新农业生产经营、农产品流通、农业科技服务、农村金融四者体系化发展。大力发展优质小麦、优质花生、优质草畜、优质林果，提高四者的种植面积和粮改饲面积。其次是发展优势特色农产品，提档升级茶叶、烟叶、中药材等名优品种，做大做强地方小品种和土特产，持续建设油茶、核桃、油用牡丹为主的木本油料基地建设。最后是坚持农业开放发展，坚持引智、引资、引技相结合，引进一批标志性项目与龙头企业。加强农业对外合作，以"一带一路"沿线国家及地区为主线，让生产资料、农业装备"走出去"。扩大特色优势农产品出口，建设我国重要的食用菌、粮食等产品集散地和农产品出口种养基地。

三是壮大新产业新业态，促进农村融合发展。发展农产品加工业，创新、提升、拓展农业产业化集群，重点打造一批高质量、高效益、全循环、全链条产业化集群，形成资源共享、特色突出、优势互补、竞相发展的产业化格局。大力发展"互联网＋现代农业"，利用现代化技术，建立河南农业大数据中心，建设智慧农业工程。协调发展乡村休闲农业旅游业，利用最新的"生态＋""康养＋""旅游＋"等新兴模式，推进农业与旅游观光、休闲度假、健康养老等产业的深度融合。

四是强化科技创新驱动，加快农业发展方式转变。加大农业科技研发力度，调整农业科技创新方向、重点，增强高效节本、分子育种等先进技术的研究和应用。强化农业科技的推广，创新农业技术，引入项目管理，推进政府服务，加大农业技术推广的辐射面，提升农业科技园区的整体建设水平，支持省级、国家级科技园区建设。

五是推行绿色生产方式，实现农业持续发展。倡导农业清洁生产，深入推进化肥、农药零增长行动，加大环境友好型农药、高效施药机械的推广力度。实施农业节水工程，完善支持农业节水政策体系，开发种类齐全、性能可靠、系列配套的节水产品和技术。加强重大生态工程建设，构建生态安全屏障，完善多元化生态保护补偿机制，开展大规模国土绿化行动，推进山水林田保护、重点区域水土流失综合治理等工作进程。

三、河南农业供给侧结构性改革的典型案例分析——以兰考县、固始县、封丘县为例

（一）兰考县农业供给侧结构性改革措施

兰考县是我国典型的农业大县、粮食生产大县。近年来全县按照"着力农民增收"的工作思路，加快土地流转，切实培育新型农业经营主体。在进行农业供给侧结构性改革时，将改革的重点放在了培育新型职业农民上。为全面贯彻落实《全国农业现代化规划（2016—2020 年）》《"十三五"全国新型职业农民培育发展规划》的部署，该县加快建设新型职业农民队伍，强化专业人才对现代农业发展及新农村建设的支撑，培育一批具备有知识、有文化、懂科技、会经营四项技能，同时也具备专业技能与规模经营能力的专业人才，以此带动当地的农业经济发展。2012 年中央一号文件第一次提出要大力培育新型职业农民，但是没有明确新型职业农民的具体内涵，只是强调了以提高科技素质、职业技能、经营能力为核心，大规模开展农村实用人才培训[189]。兰考县立足实际，整合资源，适时调整，举全县之力培育新型职业农民，保障粮食安全的同时也提高了农民的自身素质，从而推动全县的农业供给侧结构性改革发展，主要从以下几个方面进行。

一是创新培育机制，构建系统培育制度。重视新型职业农民的研究，实行政策扶持、教育培训、认定管理"三位一体"培育，加强对生产经营型、专业技能型、社会服务型"三类协同"培训[190]，大力推动"培训"向"培育"的转变，实行全产业链培养、后续跟踪服务，及时记录农民接受培训后的情况。根据其受培训情况、生产水平及经营规模，相关部门组织认定，对符合条件的农民进行"初、中、高"三级贯通的统一认定。同时也对通过认定的职业农民及时更新系统性的知识，出台相应的政策来支持创业。

二是创新培育内容，大力开展示范培育。兰考县作为国家级示范县，探索总结经验模式，发挥示范带动作用。在开展示范教育时，加强教材的规划、建设与管理，选择科学权威、通俗易懂、图文并茂的教材。通过对农民的实际需求进行摸底调查后，制定针对性强、操作性高的培育计划。

三是创新培育模式，建立健全培训体系。实行"参与式、分段式、重实训"的培育模式，根据农时季节和农业生产周期分段安排课程，对专业技能型、生产经营型、社会服务型三种不同的职业农民进行分类指导，分培育方向开展培训，做到"一班一案"，同时也建立指导员制度[190]。充分发挥农业广播电视学校（农民科技教育中心）的作用，统筹协调好农业职业院校、农业高等院校、乡镇农技

推广站、农业科研中心等公益性培训资源，不断开发农业企业、农业园区等社会型教育培训资源，建立健全"一主多元"的新型职业农民培训体系。

四是创新培育手段，整体提高农业技术知识。根据一组调查数据显示，兰考县从事新型农业的农民只占7%，掌握现在农业技术的农民也只有20%，而沿用传统技术的农民有55.4%，跟风种植农作物的有17.6%[191]。因此兰考县采取现代远程在线教育，充分利用信息化、现代化等新手段开展新型职业农民在线咨询、在线教育培训、移动互联服务，开设新型职业农民网络课堂。通过在线培训让务农者吸收新思想、新技术、新方法，往新型职业农民这一角色靠拢。

五是创新培育方向，紧密联系粮食安全。随着居民生活水平的提高，城市一体化进程加快，居民的衣食住行都实现了质的变化。但是人口基数不断增加、耕地面积不断减少，保障粮食安全成为农业发展的工作要点。兰考县主要采取的措施是加快土地流转速度，着力培育一批新型职业农民，调动这批队伍的积极性，依靠他们逐步实现农业现代化、产业化、规模化、高效化，以此来保障国家粮食安全。

（二）固始县农业供给侧结构性改革措施

近几年来，固始县聚焦实施科技创新发展战略，以科技创新为核心推动农业科技的发展与进步，增强自主创新能力，转变农业发展方式，推进经济结构的战略性调整，推动河南省农业发展。该县在进行农业供给侧结构性改革时，一直秉承着农业发展的根本出路在于科技进步，立足本县实际，以应用农业科技成果项目、实施科技工程为重点，突出本土特色，加大对农业的投入，加强科技支撑，完善产业体系，协调发展农业的各个部门、产业、经营环节三者和谐统一发展，大力推进现代农业发展，提升农业农村的经济发展水平[192]。借助农业科技创新，推动固始县农业供给侧结构性改革，主要从以下几方面进行。

一是编制支柱产业发展科技支撑计划。围绕全县茶叶、食用菌、中药材、粮油生产精加工、竹木精加工、特种种植（养殖）等支柱产业，责任部门要根据本部门本产业发展制定可靠性、操作性高的具体发展计划及支持措施。由相关部门汇总后，编制全县支柱产业发展科技支撑计划，引导企业攻克技术难关，围绕产业链增添创新链，加快补齐制约产业链短板，尽快实现产业升级和结构调整。

二是建设科技创新平台。以本县两个省级产业集聚区为载体，重点围绕竹木精加工、装备制造业、食品加工业等本土特色产业建立科技创新平台，加快建设科技企业孵化器。同时，政府及相关部门出台一系列具有实际操作意义的政策措施,也鼓励企业建设研发部门、重点实验部门、工程技术部门、高新技术人才工作站等产学研基地,积极招揽高技术人才、高校毕业生等新鲜力量,充分发挥技术创新作用。

三是强化政策扶持力度。以创新驱动发展为本县农业科技创新的发展方向,梳理现有的农业科技创新政策,提炼及完善科技创新重点,对于不适合的政策措施,及时提出产业调整策略。

四是完善科技奖励机制。加快推进人才评价、机构评估、科研评审改革,规范评审流程及办法、细化评价标准及指标体系、建立与创新业绩协调一致的奖励机制,充分调动农业科技人员的积极性和创造性。针对县级科技进步奖、省级科技进步奖、荣获国家发明专利的给予不同的奖励。

五是紧抓科技项目实施。围绕已取得的科研实绩,结合全县产业发展现状,加强科技项目的对接工作,着力引导、帮助企业和科研部门创造有利的条件,争取更多的科技计划项目,提高全县的科技创新能力和水平。积极争取农业科技园区建设项目、农副产品加工体系项目、"百千万"良田丰产科技项目及新型农村科技服务体系项目。

（三）封丘县农业供给侧结构性改革措施

有着"中国长寿之乡""中国树莓之乡"荣誉的封丘县,拥有四季分明、雨热同期、130万亩的耕地面积等优越的农业生产自然条件。近几年来,该县重点发展特色产业,利用"中国长寿之乡"这一知名品牌,以产品为核心,以企业为主体整合树莓产业资源,规划建设县级树莓产业工业园,致力于建设成为全国最大的有机树莓基地,集种植、生产、加工于一体的国家级基地,将树莓产业培育成封丘县的新经济增长点,勾画出树莓产业发展规划蓝图,谱写封丘县农业产业新篇章,实现传统农业向现代农业的转变。封丘县重点发展树莓特色产业,以此来推进本县农业供给侧结构性改革进程,主要从以下几方面进行。

一是领导重视,选准项目。作为国家级贫困县的封丘县,培育区域特色优势明显的支柱产业,选准好项目至关重要。县委、县政府多年来一直致力于加快产业发展,培育支撑产业,促进农村、农业、农民的发展。引进桃子、苹果等传统水果和树莓等新兴水果进行试种,通过几年对这些实验水果的实时监测和深入调研,归纳出树莓具有适合当地气候、生产工序简单、食用价值高、市场前景好等特点。经过长时间的讨论,最终决定将树莓作为封丘县的特色发展产业大力扶持,打造在全省乃至全国都具有影响力的特色产业品牌。

二是群众参与，典型引路。政府的工作是离不开群众的支持的，为了充分发挥群众种植树莓这一特色产业的积极性，封丘县政府多次召开乡村干部、村民代表座谈会，详细讲解种植树莓带来的效益和市场前景。组织树莓种植户到先进村进行参观考察，交流种植经验，营造全县齐心协力发展特色产业的浓厚氛围。政府当好"引路人"，选择50个贫困村、3个乡镇、2个企业为重点扶持对象，对它们进行重点开发，全县形成"以点带面、全面开花"的树莓产业发展趋势。

三是加快整合，发展特色。自树莓产业被确定为封丘县特色产业项目后，县委、县政府统筹规划、统一调度，加大资金投入，加大对树莓产业的扶持力度。累计投入财政资金6300多万元，其中投入资金180万元，种植树莓1.28万亩，发展标准化树莓种植基地1800亩。

四是龙头带动，中介服务。县委、县政府出台一系列政策大力扶持龙头企业，对带动能力较强的津思味农业食品发展有限公司、生命果有机食品科技有限公司给予贴息支持，鼓励更多的农民种植树莓。为方便龙头企业对农户进行技术指导，首先成立18个树莓种植合作社，提供产前、产中、产后的系统服务。其次购置5万多个树莓运输专用框，组织游客到田间采摘树莓，通过周到的服务，增强种植户发展树莓产业走向致富道路的决心。

五是创新模式，提高效益。理顺政府、企业、农户三者之间的关系，三者各司其职，共同发展树莓产业。明确政府职责，动员农户，宣传国家政策，出台符合当地树莓产业发展的政策；企业用地基于优惠政策，帮助企业流转土地；搭建农户与企业合作平台；整合涉农资源，推动产业做大做强。明确企业职责，向农户无偿提供苗木，定期组织技术人员向农户提供技术指导，实施价格稳定机制，市场价低于或等于每斤6元时，按照每斤6元收购，高于每斤6元时按照市场价收购，确保农户每亩最少有3000元的收入，规避农户的种植风险。明确农户职责，出租耕地的农户既可以到企业流转的种植基地上班，又可以加入企业成为股东，还可以租借苗木发展种植，获得苗木出售、鲜果、股金分红三项收入。

河南在进行农业供给侧结构性改革，逐步实现从农业大省向现代农业强省转变的过程中，所采取的一系列措施对其他地方的农业供给侧结构性改革有着模范作用，贵州可借鉴河南经验："培育新型职业农民""农业科技创新""发展现代山地特色高效农业"。

四、河南农业供给侧结构性改革的启示

贵州是我国贫困人口最多、贫困面最广、贫困程度最深的西部省份。近年来，

贵州大力发展农业，省委、省政府出台了一系列政策，《中共贵州省委 贵州省人民政府关于加快推进现代山地特色高效农业发展的意见》《贵州省发展农民专业合作社助推脱贫攻坚三年行动方案（2017—2019 年）》等，加快现代农业发展进程，促进贵州省农业现代化与城镇化、信息化、工业化同步发展，进一步实现农村发展、农民增收、农业增效，计划到 2020 年实现农民任意可支配收入超过 10 000 元。河南从农业大省到现代农业强省的转变过程中所采取的政策及路径都是值得借鉴的，通过对河南实施农业供给侧结构性改革经验的分析，对促进贵州省农业的发展，推动贵州省走向农业大省有以下启示。

（一）推进农业适度规模经营，大力加强培育新型职业农民

构建以农业专业大户、农业产业化龙头企业、家庭农场，以及其他组织形式为补充的多元化新型农业经营体系，推动专业化、市场化、适度规模的现代农业建设。同时推进新型职业农民的建设，培育一批高标准、高水平的新型职业农民，因为新型职业农民是我国现代农业发展的强劲力量，也是我国实施农业现代化、全面建成小康社会的重要选择[193]。贵州属于贫困地区，也是欠发达省份，农民的专业性不强，因地制宜分类推进新型职业农民队伍建设将会是贵州农业发展的重点。

贵州以造就高素质新型农业经营主体为奋斗目标，着重培育一批懂技术、有文化、会管理和善经营的新型职业农民，以便促进本省具有山地特色的高效农业发展。为贯彻落实《关于做好 2016 年新型职业农民培育工作的通知》《省人民政府办公厅关于印发贵州省农村青壮年劳动力规范化技能培训实施方案的通知》等政策，各地方政府将培育新型职业农民作为本地"三农"发展工作的重点，建设完整的职业农民体系，促进当地的农业发展，具体可从几下几方面实施。

1. 完善新型职业农民培育的政策体系

中央一号文件连续 10 年发文，指明我国农业发展方向，也加强和巩固了我国农业的基础地位。虽然在《国家中长期人才发展规划纲要（2010—2020 年）》中提出了很多培养农村人才的政策，但是我国农民的职业化程度不高，国家仍需出台关于加快培育新型职业农民的文件支持。遵义市作为西部省份的一个市级城市，职业农民的数量远远小于传统农民的数量，市委、市政府更应该立足实际，集合国家政策，出台适合遵义人民的培育新型职业农民实施办法。同时也需要确立土地流转和稳定的土地使用权制度。农民最怕失去土地承包经营权，所以首先要确立土地承包关系长久不变的法律地位，保证农民的基本权益。

2. 加大新型职业农民培育的资金投入

培育地方新型职业农民是地方政府的一项公共事业,各地方政府应该加大对此项目的资金投入,更好更快地发展当地新型职业农民的培育。在遵义市各级财政预算中设立新型职业农民专项资金、补助机制,完善其绩效评估制度,对符合认定资格的给予证书和补助。加大对新型职业农民建设的场地、师资、经费投入比重,政府购买民办教育机构,提高民办教育机构培训新型职业农民的积极性。

3. 加大新型职业农民培育的培训机制

遵义市人民政府根据有关学者对职业农民的分类,即专业管理型、市场经营型、生产技能型、技术指导型、产业服务型开展培训。与管理、市场咨询、生产、技能、服务等不同行业建立合作机制,请专家指导职业农民的培训。分析最新市场调研数据,重点培训实用的农业技术,创新灵活多样、实用高效的职业农民培育模式,企业、农民、学校三者一体,实现职业农民培训与市场需要结合、与农业科技发展需要挂钩,将培训工作与职业农民需求、现代农业发展紧密结合。

(二)强化农业科技创新发展,促进传统农业转变为新型农业

贵州发展山地特色农业,促进农村变美、农业增效、农民致富,农业科技创新是关键。从中央到地方政府已经出台了各项重农政策,为促进贵州发展特色山地农业带来了机遇,此时农业实现跨越式发展要依靠科技创新驱动。成立现代山地特色高效农业研究中心,深入研究发展路径、相关发展理论、应用技术,选育适合贵州特色农业条件发展的农作物与家禽品种,研究配套的高效栽培技术、养殖技术和农产品加工技术。实施对外引进科技创新人才队伍,对内强化科研队伍建设,共同服务与创新贵州特色山地高效农业发展。

科学技术是第一生产力,在利用农业科技创新发展农业时,根据各地特色技术,聚焦实施创新驱动发展战略,以科技创新为核心推动科学技术的全面进步和加快发展进程。贵州作为西部省份,有着连续几年举办中国国际大数据产业博览会(简称数博会)的经验,在大数据应用方面有着独特的优势,充分发挥大数据的作用,使大数据服务于农业发展,促进全省农业供给侧结构性改革和生产更多优质的农产品,造就贵州农业科技创新特色。为了更好地发挥大数据在贵州农业发展中的作用,落实各项工作,省委、省政府出台了《贵州省发展农业大数据助推脱贫攻坚三年行动方案(2017—2019 年)》,从政府层面支持贵州依托大数据发展农业科技创新。借助大数据这一平台，可从以下几方面加快贵州农业经济化进程。

1. 大数据助力农业科技创新，聚焦特色优势产业发展

通过建立中药材、茶叶、蔬菜、生态家禽、食用菌 5 种特色优势产业，从生产到加工、冷冻物流、销售及市场价格的大数据库，完成农产品整个生命周期的数据收集。构建农业产业的农产品销售数据、脱贫攻坚大数据平台及手机 APP 应用，实现农业发展现状的实时监测、变化掌握、趋势预测，指导贵州的农业供给侧结构性改革、培育优质农产品和规模化发展，实现农业产业发展的绿色化、定制化、规模化。打造"大数据＋农业"这一贵州农业科技创新模式，为全国的农业科技创新提供经验。

2. 推动创新型产业进程，加快推进农业创新平台建设

以加强创新能力建设为重点，整合优势农业资源，细化各项推进农业科技创新的措施，加大对农业的保护力度，明确农业科技创新平台建设。统筹规划，合理布局，使平台建设适应于全省农业经济发展水平，满足农业的基本需求。对于省级重点实验室、农业科技创新联盟等重大平台的建设，按照区域农业特色和优势农业发展需求，制订中长期发展目标与年度工作计划，做出本土特色。及时关注最新农业科学技术发展趋势，超前谋划一批高水平、高效率的研发机构和平台。

3. 加快科技人才队伍建设，助力科技型人才梯队发展

贵州农业科技人才队伍整体素质不高，传统型人才多于创新型人才，单一型人才多于复合型人才，应加强通过对外引进、对内培养、团队建设三方面来进行农业科技人才队伍梯度建设。

实施人才引进工程，制定一定的优惠政策，为对外引进人才创造良好机会，以产业发展急需的紧缺人才为重点，加大省外、国外高层次技术人才引进力度；依托国际学术交流项目、重点学科建设、重大科研项目，打造高水平的人才引进平台。实施人才培养工程，创新人才培养模式，加强与专科院校、高等院校的合作，联合培养农业科技人才，重视创新型人才与复合型人才的培养，加快培养建设新农村需要的实用型人才。实施创新团队建设工程。着眼于贵州农业科技发展重大工程，对具有良好的工作基础、明显特色的学科方向、较强的科研创新能力及具有发展潜能的科研队伍，在资金、队伍配备等方面给予大力支持。

（三）依托贵州地理特点优势，推动山地特色高效农业发展

贵州属于高原山地，山多地少，农业产业结构落后是造成贵州落后的主要原因之一。其地形地貌独特和多样性、立体性的气候特色又赋予了贵州丰富的特色农业资源。贵州应从独特的山地资源出发，充分利用贵州特有的生态环境，培育独有的山地特色高效农业产业。

遵义市拥有得天独厚的气候环境与自然资源，为山地特色农业发展提供了优势条件，其喀斯特地貌一定程度上制约了本市的山地特色农业发展。随着社会经济的发展，人民生活水平的提高，因地制宜发展山地特色农业成为遵义市农业工作的重点。立足资源优势、产业基础、市场需求，大力推进以茶叶、中药材、蔬菜等为重点的优势特色产业，提高经济作物在种植业中的比例，尤其是湄潭翠芽、凤岗锌硒茶等品牌农产品的发展，是遵义市山地特色农业发展的趋势。更好更快地发挥山地特色农业在整个遵义农业产业中的作用，可以从以下几方面思考。

1. 充分发挥当地气候及资源优势

依托山地特色农业发展，加快小康社会的建设步伐。在发展山地特色农业的过程中，对遵义市所处的地理环境、特色气候、农业资源、生态资源等因素加以考虑，合理利用当地环境，以特色资源为基础，开拓一条具有山地特色的高效农业发展之路。

2. 调整农业结构发展特色优势产业

立足独特的山地资源，加快开发以习酒、湄潭翠芽、黔北麻羊等为代表的遵义特色农产品。按照高效、高产、优质、安全、生态的要求，打造区域内的品牌农产品。利用山地生态资源优势，加快"三品一标"农产品品牌建设；立足山地资源立体条件，实现农林牧复合式发展的立体农业；挖掘农耕文化，推广休闲农业旅游业的发展[194]。

3. 推进现代高效农业示范园区建设

面对滞后的农业基础与农业发展的矛盾，聚焦各种资源优势，建设特色鲜明、农产品效益高、综合效益明显的高效农业示范园区，是必要的。遵义市共有产业园区45个，其中省级产业园区35个，但是相对于其他地方，遵义市幅员辽阔，因此遵义市应该着力建设一批高标准、高水平、高质量的高效农业示范园区。在建设高效农业示范园区的时候，应以结构调整为主线，按照"一镇一特""一村一品"要求，紧抓规划布局和结构调整，争取每个镇、每个村都有自己的特色农

业示范园区。以枫香镇花茂村的九丰农业园为例，不仅要发展园区的特色农产品，还要紧密联系其他地区，带动周边田园游、智慧游等新业态。通过举办农产品展示展销会、品牌发展论坛，加大对品牌农产品的宣传。

通过对河南农业供给侧结构性改革的分析，尤其是兰考县、固始县、封丘县这三个典型案例的分析，不难发现这三个地方因为当地农业发展方向不同，改革的侧重点也不同，兰考县重在培育新型职业农民、固始县重在农业科技创新、封丘县重在山地特色高效农业发展，但都取得了不错的成绩。因此贵州在进行农业供给侧结构性改革的时候，可以借鉴这三个地方的经验，走出一条具有贵州特色的农业发展之路。

第三节　浙江农业供给侧结构性改革的经验及启示

一、浙江农业供给侧结构性改革基本概况

浙江，简称"浙"，省会杭州，位于我国长江三角洲流域，东临东海，南接福建，西与安徽、江西相连，北与上海、江苏接壤，历史上孕育了以河姆渡文化、良渚文化、马家浜文化为代表的农业文化，是我国农林牧渔业全面发展的综合性农区，也是中国经济最活跃的省份之一，素有"鱼米之乡"之称。浙江人多地少，拥有全国 1.1%的土地、1.3%的耕地，创造了全国 6.3%的国内生产总值、3%的农业增加值，以及 62%的农业科技贡献率。在 2016 年，全省农副产品出口额 94.61 亿美元，居全国第四，茶叶、蜂王浆、蚕丝等产品出口居全国第一。为了大力发展农业，浙江省人民政府高度重视农业发展，积极推进农业市场化改革，深入实施统筹城乡发展方略，农业农村经济呈现持续快速发展态势。

二、浙江农业供给侧结构性改革主要措施

近年来，省委、省政府相继出台了《关于深化农业供给侧结构性改革加快农业农村转型发展的实施意见》《浙江省食用农产品合格证管理办法（试行）》《浙江省农业投入品生产经营主体失信"黑名单"管理办法（试行）》《关于激励农业科技人员创新创业的意见》《浙江省人民政府办公厅关于加快推进农业供给侧结构性改革大力发展粮食产业经济的实施意见》（浙政办发〔2018〕37 号）等一系列重要文件，为浙江省的农业发展提供了政策性方向支持。

总体不存在去产能、去库存的现象，但供给侧结构性矛盾突出是浙江农业发

展的一大弊病[195]。在绿色发展的理念下,浙江顺应经济发展新趋势,深度贯彻农业供给侧结构性改革精神,借助自身多宜的气候环境和种类丰富的农产品等优势条件,从优化农业产业结构和区域布局、调整农产品品种和品质结构、产业融合发展促农增收等多方面着手,助推浙江农业供给侧结构性改革,打造浙江"三农"发展新高地。经过两年的实践与探索,浙江省各个县(市、区)在进行农业供给侧结构性改革都取得了有目共睹的成绩。

三、浙江农业供给侧结构性改革的典型案例分析——以衢江区、嵊州市、象山县为例

(一)衢江区农业供给侧结构性改革措施

衢江区为浙江省衢州市辖区,位于浙江省西部,是著名的中国椪柑之乡、中国竹炭之乡、全国商品粮基地、全国瘦肉猪生产基地,与之相对应的椪柑、毛竹、粮食、生猪是衢江区农业四大传统优势特色产业。近两年,衢江区精准切合了2016 年中央一号文件"要以新发展理念破解'三农'新难题,推进农业供给侧结构性改革"的精神,以发展"夯基础、建机制、打品牌、资本化运作"的放心农业为切入点,从要素供给、产品安全和农民增收三个要素出发构建放心农业体系建设,深入探索推进农业供给侧结构性改革,率先取得了成功,先后创建全国首批农产品质量安全县、国家农业综合开发区域生态循环农业示范点、全省首批通过验收的农产品质量安全放心示范县,以及全国全面深化改革县(市、区)观察点,成功承办全国首届生态循环农业现场会、全省农业"两区"建设现场会和全国农业供给侧改革"放心农业·衢江样板"高层研讨会。党的十九大后,"乡村振兴"勇立潮头,衢江区抢抓机遇、超前谋划,成为浙江首个实施乡村振兴战略联系点,为农村农业发展迎来新格局。衢江区农业供给侧结构措施主要有以下几点。

1. 创新要素供给,推动适度规模经营

农业适度规模经营是产品安全和农民收入的关键。衢江区从土地、政策、人才等方面出发,创新促进农业适度规模经营的机制和服务。家庭和分散的种植方式很难形成高质量、可靠的农产品,难以形成规模效应和收入增长。在生产环节端,衢江区以发展家庭农场为抓手,建立土地信息资源库,在土地集体所有权、农户承包权、土地经营权"三权"和租金、股金、薪金"三金"上做文章,引导土地向家庭农场规模流转、家庭农场向农业"两区"规模集聚,让"放心农业"成为与农业主体生存发展息息相关的产业,确保主体用心经营,更好地对产品安

全负责和监管。同时，政府提供财政激励、政策性保险、人才激励等政策支持，并与各省市农业科学院进行农业科技合作，为农业适度规模经营打下良好的基础，形成以莲花、全旺和富里3个产业集聚平台为代表的农业示范园区。

2. 推进可持续发展，确保农产品放心供给

为确保农产品放心供给，衢江区以创新供给，让消费者吃得放心为出发点，出台了涵盖农产品供产销三大环节八个方面的放心农业体系，保障农业可持续发展，农产品安全问题，严格把控产地环境、标准生产、产品准出三大关口。一是产地环境，衢江区建立土壤环境监测预警体系，由政府牵头对土壤进行评估，根据检测结果划分各类农产品种植区域并取得良好的成绩——农产品品质提升、价格提高、供不应求；布局生态循环农业，旨在加快推进农业转型升级，推进"五水共治"，通过"总量做减法不给环境添压力"、深化生猪养殖污染治理、实施农村生活垃圾处理新机制和全面推进"资源—产品—再生资源"等生态循环模式，实现畜禽养殖、种植与环境承载量相匹配。二是深化农业标准生产、诚信经营、农资市场监控体系，实行农产品经营"黑名单"制度，从源头上严防假冒伪劣农资产品进入市场，严厉查处非法添加、制假售假行为[196]，深入实施农业化肥减量增效行动，推广有机肥、生物农药，并建立秸秆利用、储运体系[197]。三是产品准出，衢江区严格把控农资生产经营，通过二维码对在衢江销售的农药、化肥等来源查询、去向追踪、问题查责进行追溯管理，还建立质量检测站，禁止不合格农产品进入市场。

3. 探索产业融合新业态，助推"农业＋"模式发展

近几年，衢江区政府高度重视农村经济发展，凭借农业供给侧结构性改革的浪潮，全力推进一二三产业融合发展，获得了不少显著的成就，打造出一条可看、可借鉴、科学独特的乡村振兴科学实践之路，为全省乃至全国的乡村振兴发展提供成功的经验和做法。以莲花镇为例，作为放心农业产业特色小镇和唯一一个国家级农业类特色小镇，莲花镇一直以农业生态化、标准化、特色化来带动发展农村新产业新业态，促进产业深度融合，环节升级，链条升值。依托农业优势，以乡村旅游为切入点，使家庭农场向"田园超市"发展，将农业产业结合"吃住行游购娱"等多业态经营，打造一体化的全产业链旅游综合体系。莲花镇围绕现代农业园区和省级粮食功能区农业"两区"建设，以西瓜、蔬菜、花卉等为主的农业产业发展迅速，打造了"莲花十二品"的农产品品牌，形成钢架大棚展示区、设施蔬菜观摩区和食用玫瑰种植区三大产区和农耕体验、田园生活体验等特色产区。

农旅融合助农增收，衢江区还把农业发展与农产品加工、商贸物流、休闲养生、电子商务等相结合，开发农业多种功能，使得农业的整体效益大大提升，实现了农民增收、农业结构调整得当、消费者对农产品质量放心的局面。

4. 强化基础支撑，补齐农村短板，提升农村民生水平

补短板是农业供给侧结构性改革的重要内容，衢江区在谋求农业发展的同时，重点从农民关心的增收问题、要素供给的关键问题、市场关注的农产品放心三大问题着手[197]。一是补齐科技创新短板，通过与各省市农业科学院进行农业科技合作、创新高校人才培养模式、完善鼓励人才创新创业机制与政策等方式方法，有效补齐农业科技存在的短板问题。二是补齐低收入农户增收致富短板，主要通过精准扶贫增强低收入农户和经济薄弱村的"造血"功能。以衢江农村信用联社精准扶贫特色道路为例[198]，针对偏远地区，按需增加自助网点建设、金融服务点，积极拓展服务功能，为"三农"提供针对性的金融服务，以优化信贷为支撑，深挖地方绿色产业，助推产业发展和人口就业，将"绿色信贷"理念贯穿于工作的各个环节，包括五水共治、三位一体、生态小镇等领域，逐步退出产能过剩贷款盘整合"两高一剩"，来推动产业结构的优化升级、农民增收和生态美化工程建设。三是补齐农业农村基础设施建设，紧跟美丽公路工程，提高城乡交通一体化水平，大力发展农村学前教育，优化城乡医疗卫生资源配置，推进环卫保洁和完善养老保险等提高农业经济发展新动能。

（二）嵊州市农业供给侧结构性改革措施

嵊州市是浙江省绍兴市所辖的一个县级市，地处浙东腹地，曹娥江上游，与金华、绍兴、温州等经济发展发达城市毗邻，属浙江省"一小时经济圈"，区位优势明显，境内剡溪横贯南北，四面环山、中为盆地的地貌构成为农业发展提供了良好的农业生产环境。嵊州市是浙江省传统农业大县，素有"中国茶叶之乡""中国竹编之乡""中国香榧之乡""中国桃形李之乡"等美誉，是越乡龙井茶主产地、中国长毛兔生产示范县（市）、第一批中国特色农产品优势区之一、浙江省农业特色优势产业综合强县。嵊州市一直坚持用工业化理念发展农业，用先进科技提升农业，用现代经营方式拓展农业，着力推进农业现代化，积极打造绿色精品农业大市、高效生态农业强市。乡村振兴，产业兴旺是重点。近两年，嵊州市坚持"质量兴农、效益优先、绿色向导"三原则，结合农业供给侧结构性改革发展噱头，创新经营主体，整合资源、创新技术，加快农业转型升级，促进了农业增效、农民增收、农村增绿。目前，已建成84万亩特色农产品基地，茶叶、花木、香榧、水果、蔬菜、长毛兔等十大特色农业主导产业发展迅速，飞翼有机农业生态园、蓝城农业基地、华发茶叶有限公司、中茶所等一批农业示范基地建成。绿色发展理念的提出，对嵊州市农业发展提出新要求，嵊州市通过整合资源、集合技术、融合产业的办法来促进产业兴旺、乡村振兴，谱写嵊州市农业新篇章。嵊州市农业供给侧结构性改革措施有以下几个方面。

1. 品牌建设，提升产品竞争力

以品牌引领带动现代产业发展，鼓励、支持体现嵊州市农产品综合实力和整体竞争力的优势品牌，以制定实施区域品牌发展战略、出台《嵊州市农业品牌建设三年行动计划（2017—2019年)》等政策方案支持品牌建设，重点围绕茶叶、香榧、水果、蔬菜、长毛兔等特色主导产业做大品牌规模、提升品牌价值，成功打造中国驰名商标"皇帝"、农产品地理标志证明商标"嵊州珠茶"和"嵊州香榧"、浙江省著名商标"越乡""一景""陈氏"等，探索出一条具有嵊州特色的品牌强农、品牌富农发展路子。争取做强区域品牌，注册"越乡龙井""嵊州香榧"区域公共品牌，实行"母子双商标"运作，通过农产品展示展销会、电子商务平台等渠道提升区域品牌的影响力和美誉度。立足于产品质量、品牌定位、品牌内涵、品牌维护的建设，建立科学、规范、高效的品牌运作机制，实现供需双方的有效对接[199]。

2. 整合要素，提高资源输出能力

嵊州市通过整合资源要素，实现资源合理配置，促进农村农业有效融合发展。一是整合政策资源，2009年浙江省做出现代农业园区建设的决定后，嵊州市政府成立现代农业园区领导小组，统一组织协调和负责园区建设实施工作，推进农业项目实施；市委、市政府每年都出台涉农政策性意见和落实专项资金支持现代农业、农业品牌建设；推出"嵊农创"转贷基金，缓解农户及农业新型主体贷款、转贷、融资等难题。二是整合土地资源，对土地进行确权登记和组建农村土地承包经营权流转服务中心，规范农业产业的区域化布局和土地规范有序流转，促进现代农业发展的产业集群。三是整合资金资源，创新农村金融制度，成立农民合作经济组织联合会，与农商银行、农业银行合作发展农村普惠金融，吸纳家庭农场、农民合作社经营主体加入，有效实现小规模、小农户的资金整合。四是整合人力资源，与科研院所、高等院校建立合作关系；完善农技大师服务制度，结合现代农林产业的实际需求，组建茶叶、蔬菜、粮食等农林产业技术创新百人服务团队；挖掘乡土人才等。

3. 集合技术，加快现代农业进程

立足绿色创新理念，嵊州市注重农业综合生产能力的技术问题。一是推行生态绿色发展理念，试点并推广经济种植新模式，如茶榧套种、果草套种等，提高农业单位面积产出率，提升农业效率，形成了一批"一亩山万元钱"基地。二是实施新品种、新技术、新农机"三新"推广，围绕各区域主导产业、区域特色产业和农业基地，组织筛选，引进优质高产高效的新品种，如浙江省粮油作物新品种"看禾选种、稻穗争锋"展示核心示范区；通过开展技术培训、推进试点示范等方式，加快推广香榧矮化优质早产、香榧网收、绿色防控等新型成熟技术在农村农业的应用，全市推广商品有机肥；政府补助农业生产"机器换人"，对耕作、种植、排灌、茶叶机器等各类农机设施实施不同的补贴，推广农机技术在农村农业中的应用，提高劳动生产率，降低劳动强度，保障农民增收。

4. "接二连三"，项目建设促农发展

嵊州市树立工业立市理念，着力做好农村农业"接二连三"工作，以产业集聚提升资本盈利能力。实施乡村振兴"1150工程"（一个省级现代农业园区，一个省级特色农业强镇，50个产业振兴先锋基地）建设项目，推进以飞翼有机农业生态园为核心的三界省级现代农业园区和以越剧小镇蓝城田园综合体为核心的甘霖果蔬特色农业强镇创建的一区一镇建设，建设最具优势、最具潜力的竹笋、桃形李和香榧提升工程及有机蔬菜生态示范园等50个产业振兴先锋基地，兼顾其他产业，加快对种养一体、生态养殖、休闲农业等现代农业发展模式的合理组合应用，做到产业覆盖、示范引领，建设一批在产业领域具备规模性、特色性、先进性、融合性和引领示范性的高效生态农业集聚区、优质安全农产品生产区、休闲农业观光区和现代农业先行区。通过"1150工程"，充分发挥园区、强镇和先锋基地的示范作用，全面提升嵊州市农业产业的绿色发展态势。

（三）象山县农业供给侧结构性改革措施

象山县是浙江省宁波市下辖县，地处长江三角洲南缘、浙江中部沿海，位于象山港与三门湾之间，由象山半岛东部及沿海的608个岛礁组成，三面环海，淡水和耕地资源十分匮乏。基于上述区位条件限制，近年来，象山县立足发展特色效益农业，形成了"三水一菜"（水产、水果、水禽、蔬菜）主导产业，全县农渔业总产值连续多年位居浙江省首位，"象山柑橘"和"象山梭子蟹"更是驰名长江三角洲。在象山县南部，全国四大群众渔港之一的石浦港建有华东地区最大的水产品批发市场——中国水产城，更是为象山县农渔业发展提供

了良好的条件。

"十二五"期间，象山县围绕现代农业发展目标，重点建设"粮食生产功能区"和"现代农业园区"，服务保障农产品有效供给，产业发展、生态循环农业推广、农业社会化服务体系等工作走在省、市前列。在现代农业建设成就背景下，象山县因地制宜推进农业供给侧结构性改革，发挥区域资源优势，先后获得全国生态示范区、首批国家级海洋生态文明建设示范区、第一批浙江省美丽乡村示范县、浙江省首批农产品质量安全放心县等荣誉。象山县农业供给侧结构性改革措施有以下几个方面。

1. 立足资源禀赋，发展特色效益农业

象山县立足于水果、水产、水禽、蔬菜等区域特色资源，围绕柑橘、梭子蟹、大黄鱼等特色优势产业发展生态循环产业，推广"稻鱼共生""稻菜轮作""橘旅融合"等新模式，实现农业转型发展和生态种植。以柑橘产业为例，象山县立足于柑橘产业优势，通过科学规划、合理布局、适度规模，把以大塘港农业主产区为核心区及供产销链条完整和配套设施完备的高标准产业集聚区作为产业转型发展的主平台，以标准化、精准化、市场化、品牌化"四化"的精品橘园作为次平台，形成柑橘产业"一核多园"的区域布局。推动"橘旅融合"，主动对接"全域旅游""观光旅游"等旅游新业态，充分挖掘柑橘文化，建成全国柑橘品种最为齐全的柑橘博览园，成功打造橘林、花海、采摘、体验等柑橘产业新业态，形成"橘旅融合、以旅促销"的良好格局。

2. 品牌建设，推进富农强企

象山县注重品牌建设，结合区域资源特色、产业基础等，制定相应的品牌发展战略，加大农业品牌培育、塑造、营销、宣传保护工作，推动"象山品牌"向"浙江品牌""中国品牌"升级。成立县农产品区域公用品牌办公室，通过推介会、拍卖会、"网红直播"等手段提升农产品品牌知名度和美誉度，全力打造"象山柑橘"和"象山梭子蟹"两个公用品牌和一批知名企业品牌建设，争创国家级柑橘全产业链示范县、国家农产品质量安全县。创新营销模式，通过组建"半岛味道"微商城和农产品体验中心，加大宣传力度，实现线上线下联动销售。2016年，象山县实施柑橘产业联盟战略，推行"产业联盟＋公共品牌＋主导产品"营销模式，以统一品牌、统一标准、统一标识、统一价格、统一宣传、统一销售"6个统一"，成功打造"象山柑橘红美人"品牌，提升柑橘产品价格。强化市场开拓，坚持"企业主体、政府引导、市场牵动"的农产品品牌发展战略，开辟农旅融合、直销专卖、电子商务等分销传播渠道，以发展休闲农业、创意农业等新业态拓宽品牌空间，供给侧结构性改革成效初显。

3.科技创新，打造高效农业

第一，在农产品研发和创新上，象山县通过与科研院校、省"151"人才工程结对等方式进行科技合作与交流，先后建成2个院士工作站和15个院校研合作基地，推广应用农业"五新"科技。第二，农业领域加快"机器换人"，在粮食生产过程中实行全程机械化，提高农业产业劳动生产率，创建高质量的农机服务平台，探索发展"农机共享"，解决农村农业生产过程中的技术难题，同时促进一家一户小生产融入农机现代化大生产中。第三，加强农业技术自主创新，成功试验海水稻种植、海水养鹅、柑橘设施加温等技术。第四，大力发展"互联网＋现代农业"，扎实推进智慧农业云平台建设，建成县智慧农业公共服务平台和6个智慧农业应用示范基地，为农业发展提供综合信息服务。

4.产管结合，稳步提升产品质量

象山县以创建国家农产品质量安全县为抓手，坚持产管结合，从源头控制和过程管理推动农产品质量整体上升。强化源头控制，采取全面推广农业生产标准化、抓好重大动植物疫病防控、畜禽养殖污染防治督查、秸秆还田、化肥减量增效等行动；注重过程管理，实行"二维码＋防伪标识＋生产记录"全覆盖追溯、生产主体合格证上市管理、分散农户"一户一档一卡"信息卡管理及农村农药残留快速检测室的组建等方式规范农产品质量安全，倒逼农业企业标准化生产。

四、浙江农业供给侧结构性改革的启示

（一）挖掘产品价值，推动农产品上行

产品价值是由产品的功能、特性、品质、品种与式样等所产生的价值，它是顾客需要的中心内容，也是顾客选购产品的首要因素。深入挖掘农产品价值，贵州省在农业发展中应注重农产品"调结构、上规模、创品牌、占市场"发展，助推农产品价格上行。

一是价值挖掘。立足生态优势，塑造"贵州绿色农产品"农业品牌，解决好绿色产品生产问题，保障农产品的质量安全，是农业供给侧结构性改革的基本要求。质量兴农，借鉴浙江省衢江区在农产品产地环境、标准生产、产品准出三关的经验做法，实行产品质量溯源管理，推进农业经营户规范管理、倒逼经营主体标准化生产，促进二维码溯源的实施，保障农产品质量安全问题，防止假冒伪劣，确保"舌尖上的安全"，走出一条"贵州标准"农业路。推进茶叶、薏仁等在全

国具有一定地位的优势产业深加工，打造符合市场需要的中高端农产品，引领消费者的需求导向。农药、化肥的使用严重影响农产品价值上行、土壤肥力下降，在贵州省农业产业发展中要减少农药、化肥等投入，大力推行生态循环种植模式，在火龙果、猕猴桃、茶叶、百香果、花卉等经济作物上开展绿肥种植模式，实现藏粮于地，拓展农产品的增值空间。

二是品牌重塑。"产品价值＋品牌价值=商品价值"。品牌重塑，其一是重塑农产品品牌形象，鼓励和支持"三品一标"创建工作，通过建立和实施贵州特色优质农产品品牌策划营销方案，借助贵州各大展会平台和搭建农产品交易平台进行传播推广，设计有辨识度的包装、商标等，消费者直接从包装上识别品牌。其二是围绕辣椒、火龙果、食用菌等地方特色优势农产品，逐步构建以区域公用品牌和企业知名品牌为主体的农产品品牌体系，鼓励种植茶叶、烤烟、薯类、高粱、中药材、青饲料、油菜籽、豆类、蔬菜等全国占据一定优势地位的主要农作物。

三是渠道整合占市场。农产品的销售渠道较为分散，专卖店、批发市场、餐饮、电商等均有涉及，整合销售渠道，打通需求侧与供给侧。其一推进农产品销售模式改革创新，改造提升农产品批发市场，建设城市社区鲜活农产品直销网点，借助战略合作伙伴阿里巴巴、京东、苏宁易购等电商品牌进行销售。其二积极搭建农产品外销平台，通过餐饮渠道打开供应链，与餐饮供销渠道合作，扎实推进农超对接、农校对接、农市对接，将县域农产品溯源好货销往华东重点城市。其三是加快农产品市场信息平台建设，用大数据技术全面改造提升农业产业链、价值链，开展"互联网＋"现代农业行动，推进数据共建共享，引导经营主体生产适销对路的农产品，完善农企对接渠道，吸引社会资本投入，为农产品规模化提供资金保障。

（二）扩大农业规模经营，提高产业集聚效应

贵州省农产品的主要矛盾是特色优势产业缺产业规模、缺产业集聚、缺企业集群。借鉴浙江省经验做法，整合政策、土地、人力资源，加快农业规模经营。通过加大农村土地流转、利用龙头企业带动、依托产业资源扶持、培育新型农业经营主体等途径，提高农业产业聚集效应，有力推动现代农村农业的发展[200]。

一是加强土地流转建设，促进农村土地机制创新。土地是农业生产中最为重要的要素，促进农村经济增长，是农村资源更加合理分配的前提。土地细碎化、种植品种受到限制、"撂荒"严重等问题是贵州农村农业发展面临的重要挑战，解决上述问题需从以下三个方面着手：其一在保障农民利益的基础上稳推土地流

转,遵循农民意愿,在土地流转的补贴政策、方式和额度上的设定以农民为主[201],实施农村土地"三权分置"改革,避免"撂荒"等现象发生。其二促进农村土地机制创新,政府完善政策,引导土地流转时应根据每个地区的农业资源和农业发展状况,因地制宜制定相关政策[202]。其三以市场为导向,土地流转适应市场的发展,鼓励单位和个人投入到现代农业建设中。

二是主体引领,助推规模经营。目前,贵州省的地方性龙头企业所占比重较大,形成的规模效益有限,带动农民增收的效果有限。在土地流转的基础上,积极培育家庭农场、专业大户等新型农业经营主体,推进农民合作社覆盖体系建设,采用"公司+农户""龙头企业+农民合作社+农户"等模式,迅速扩大经营规模,实现规模到效益、量变到质变的转化,推动产业转型升级。转变农业经营模式是贵州省农业供给侧结构性改革的重要内容,具体做法如下:第一,政府通过颁布政策、资金、项目扶持等优惠措施对龙头企业提供支持,合理进行市场资源配置,鼓励企业优化产业结构布局、大力发展特色农业产业,帮助龙头企业在良性中竞争。第二,强化龙头企业、农民合作社与农民的联系,将更多的资本引入农业,把扩大农业规模经营同一般农户结合起来,通过政策和机制的创新把简单的收购关系变为"企业+农民合作社+农民"的产业组织模式,为农民提供技术指导和就业方向,实现共同发展、互利双赢。第三,培育农民经营意识,提高农民素质,以新型职业农民带动农业产业化的发展,将小农户与现代农业发展有机衔接。

三是加快推进园区平台建设。农业园区是产业集群、要素集聚、开放合作、示范带动的重要平台,是推动贵州省农业产业结构调整和发展方式转变的关键所在。贵州省应鼓励龙头企业、家庭农场、专业大户、农民合作社等新型农业经营主体向园区集群发展,打造集旅游、观光、休闲、娱乐为一体的农业园区。坚定不移优化产业布局,大力建设现代农业示范区、粮食生产功能区、重要农产品生产保护区、特色农产品优势区、农业可持续发展试验示范区和现代农业产业园"五区一园",推进优势产业向优势区域集聚,全产业链打造特色优势产业带(区)。通过优化产品结构,以市场为导向,依托资源优势,大力发展绿壳蛋鸡、火龙果、辣椒等地方优势特色农产品,提高有效供给能力。推进茶叶、薏仁等在全国具有一定地位的优势产业深加工,打造符合市场需要的中、高端产品,发展农村电子商务、休闲农业、乡村旅游等新产业新业态,延长产业链,提升价值链[114]。

（三）拓宽农业功能，推动产业融合发展

当前，休闲农业、康养农业、乡村旅游、美丽乡村建设、农村电子商务等新产业新业态需求旺盛，贵州省应依托丰富的民族民俗文化、旅游资源和大数据产业等优势，拓宽农业功能，坚持走"一产稳农、二产提农、三产活农"的路子，着眼于提高农业全产业链收益，推动贵州现代山地特色高效农业发展。

一是做大做强农产品加工业。发展农产品加工业是农产品提质增效的关键，要大力发展农产品加工业，加快推进农村工业化进程。引导农产品加工企业向农业园区、主产区、关键物流点集中，培育一批与原材料收购加工半径相适应、企业集群发展的农产品生产加工集聚中心，积极引导和推进农产品向加工、特色产品开发和生物产业方向发展，如遵义贵三红食品有限责任公司将辣椒产业基地设在遵义市虾子镇。鼓励和引导经营主体实行科技创新，与高等院校、科研院所、农业科技示范园区及产业基地等建立合作关系，探索农产品加工完备体系。

二是借助"农业＋"，合理布局新业态。依托贵州省丰富的旅游资源，发展休闲农业和乡村旅游是拓展农业功能、促进农业增效的内在需要，也是将农副产品转化为旅游商品，丰富旅游资源布局和拓宽旅游空间的现实需要。"山地旅游＋山地农业"是贵州农业未来发展的主导方向，建设如哒啦仙谷、娘娘山等具有"休闲农业＋乡村旅游"模式的代表园区，将休闲农业、乡村旅游、地方民族民俗文化等有机结合，有效利用旅游景区的辐射带动作用实现促农增收。拓展农业多种功能，贵州省应从以下三个维度入手：支持创办乡村旅游农民合作社，扶持利用自有房发展农家的农户；开展景区村庄建设；统一规划宣传，如在北上广等一线城市开展"贵州农业休闲旅游宣传日"活动。

三是科技兴农，打造农村电子商务升级版，推动"黔货出山"。贵州农产品的核心竞争力是优质、安全、生态，这是其他地方不能复制的。作为大数据产业基地，贵州省要充分利用互联网技术的可视化和透明化，用大数据技术全面改善和提升农业产业链，开展"互联网＋现代农业技术"。第一，构建农产品网络销售和农民网络消费服务体系，积极开发农村电子商务产业基地、乡镇创业园和电子商务专业村，加快建设网络销售平台，扩大农产品电子商务销售。第二，整合商贸、供销、邮政、金融等力量，深入实施电子商务进村工程。第三，合理规划和布局农村物流基础设施，支持建设全冷链物流。第四，充分发挥贵州的"中国农业云大数据"和"中国网络菜市场"两大云数据电子商务平台，为贵州老干妈、修文猕猴桃、威宁马铃薯、湄潭翠芽、都匀毛尖等知名特色产品走出去提供平台

保障。

（四）立足精准扶贫，补齐农村农业短板

作为全国脱贫攻坚主战场，贵州省贫困人口多、贫困面大、贫困程度深，交通、通信、教育医疗等基础设施薄弱等是阻碍贵州农村农业发展的主要难题。基于精准扶贫的背景，贵州省应利用精准扶贫助力补齐农村农业短板，重点做好以下几个方面。

一是把贫困地区的乡村建设放在首要位置，发挥财政支农作用。第一，加大支农资金的投入力度，整合政府的各项涉农资金，完善支农资金稳步增长机制，建立健全扶贫资金监督和统筹，创新农村基础设施投融资体制机制，由政府牵头引导工商资本、社会资本对农村农业投资发展，发挥财政政策对金融资源的支持和引领，建立农业信贷担保体系，缓解农业贷款、融资短板。第二，重点提高农村公路、安全饮水、环境整治、通信、教育医疗等基本公共服务水平，实施一批信贷支持项目，推动城镇公共服务向农村延伸，推进城乡基本公共服务和基础设施建设均等化，发挥精准扶贫改善贫困农村基本条件的作用，使当地农民共享改革成果。第三，结合贫困地区经济情况，制定符合本地区发展条件的低收入农户最低生活保障制度。

二是依托农业大数据系统建立区域协同发展的扶贫信息平台，探索"大数据＋精准扶贫"模式，贵州省应利用大数据精准识别贫困人口、精准了解贫困人口的需求、精准分析致贫原因、精准整合扶贫资源。根据贫困地区的具体情况，结合市场需求，平衡扶贫中的供需关系，精准发展专项项目，因户施策。以产业扶贫项目为例，积极探索多种形式的产业扶贫新模式，坚持区域特色产业和扶贫开发的有机结合，如印江食用菌、从江椪柑产业，构建"专业村群＋农民合作社＋扶贫龙头企业＋贫困地区农民""公司＋基地＋农户"等产业链式扶贫新模式。

三是利用精准扶贫契机，优化人才发展环境。农村人才匮乏，教育落后是制约贵州省农村农业发展的瓶颈，贵州省立足于精准扶贫，补齐农村人才短板。第一，通过财政精准支持补齐农村学前教育、九年义务教育短板，解决农村孩子因家庭贫困而辍学的问题。第二，由政府牵头引导，出台校企融合具体实施办法，加强农业职业院校建设，鼓励农村学生报考涉农专业，建立农业人才培训长效机制。第三，优化农村人才激励环境，完善农村"草根人才"奖励机制；通过提供薪酬、福利及良好的就业创业环境等激励方式，鼓励大学生、外出务工人员和农民企业家回乡发展。

第四节　国内农业供给侧结构性改革的经验启示

农业是我国国民经济发展的基础，也是深化供给侧结构性改革的重要领域。目前，农村发展不平衡、不充分问题在我国社会主要矛盾中表现突出，主要表现在：农产品阶段性供需不平衡，农产品质量亟待提高；农民适应生产力发展和市场竞争的能力不足，新型职业农民队伍建设急需加强；农村基础设施和民生领域欠账较多，农村环境和生态问题比较突出，乡村发展整体水平亟待提升；国家支农体系相对薄弱，农村金融改革任务繁重，城乡之间要素合理流动机制亟待健全；农村基层党建存在薄弱环节，乡村治理体系和治理能力亟待强化[203]。推进农业供给侧结构性改革，是破解我国"三农"发展难题、转变农业发展方式、适应经济发展新常态的重要创新，对农业提质增效、增强农产品竞争力及推进农业现代化建设都有重要意义。针对四川、河南、浙江三省对农村农业的实践探讨，本章主要从产业层面、要素层面、制度层面和模式层面展开分析，对我国多层面协调推进农村农业改革提供些许办法，切实提高各项改革措施的精确性、有效性和实践性。

一、产业层面

（一）尊重农民意愿，突出农民主体性

农民主体性，能确保农民在农业生产过程中担任主角，主动地发挥自主性、能动性、创造性等主体的规定性质，并能够成为农村建设成果的占有者和享有者[204]。充分尊重农民意愿，切实发挥农民在农村农业发展中的主体作用，从劳动力、土地、收益、创造四个要素层面探讨。第一，培育新型职业农民，凸显农民的劳动力主体性，通过办好农业职业教育，政府、龙头企业、农民合作社等主体带头人要开展培育活动，"把职业农民培养成建设现代农业的主导力量"[205]，以新型职业农民带动农业产业化发展；第二，注重顶层设计、多层次保障农民的土地主体性，例如，在保障农民利益的基础上稳推土地流转，明确土地"三权分置"，完善土地流转过程中的征地补偿、失业农民的就业扶持、补贴政策等问题，充分保障农民的土地主体性；第三，合理利用社会资本提升农民的收益主体性，将社会资本锁定在工具理性层面，把"完善农业产业链与农民的利益联结机制"[206]，维护农民群众根本利益，促进农民共同富裕作为出发点和落脚点，不断提升农民

的获得感、幸福感；第四，创新农业经营体系，激发农民的创造主体性，结构调整是解决我国农业主要矛盾的必然方式，经营模式由传统自主经营向以市场需求为导向、以科技服务为支撑、以家庭农场和农民合作社等为抓手的新型农业经营体系转变，强调农民在这一环节的创造性主体地位，以此调动农民的积极性、主动性、创造性。

（二）着力培育新型农业经营主体，促进现代农业建设

家庭农场、专业大户、农民合作社、龙头企业等新型农业经营主体是实现小农户和现代农业有机结合的重要载体，是引导一二三产业融合发展的重要形式。在我国农村农业发展中，要培育壮大新型农业经营主体，鼓励农业企业多种模式参与农业生产，大力培育、发展具有市场潜力和地方优势的产业；支持专业大户、家庭农场、农民合作社等主体的发展，将现代管理、人才、科技、资金等要素引入土地，发展适度规模化、产业化，促进农业现代化和城乡一体化水平。鼓励各新型农业经营主体向农业园区、功能区、农业基地等靠拢，壮大产业链条，实现产业集群。同时，完善和引进各个服务主体建设，推进全产业联动发展。

（三）拓宽农业功能，推动产业融合发展

各个地区应因地制宜，充分挖掘和拓宽农业的生态、休闲、生产、景观等功能。推进"农业＋"模式，合理布局新业态，促进农业与二三产业有机衔接，大力发展农产品加工、农旅结合、农商结合等新产业，实现农业纵横向多层次产业融合。以现代农业旅游业为例，将农业生产与旅游活动、农产品与旅游产品、现代农业要素与生态旅游要素三个方面有机融合[207]，在保持农业生产区域基本不变的条件下，充分利用和挖掘农业区域的特色和优势资源，集合当地旅游基本设施建设，并从方向上融入现代服务业的基本思维，以创造性的开发满足旅游者的心理需求。

（四）重视农业品牌化建设

农业品牌化日趋成为农业转型升级、供给侧结构性改革、消费满足需求的重要抓手，各地区应支持建设一批地理标志保护产品和原产地保护基地，打造一批富有特色、优质安全的农产品品牌[208]。以"品牌"倒逼生产端的标准化、良种化等现代农业要素的产业链构建，完善现代农业品牌建设体系，特别是提高区域品牌化程度，通过定位品牌农业、出台农业发展战略、举办农业品牌大会、培育品牌特色农产品等举措将农业品牌打造成为地方品牌乃至国家品牌。切实抓实农

产品地理标志登记保护，如贵州"石阡贡茶"、四川"成华猪"，地理标志保护重视供产销三大环节。

二、要素层面

（一）结合农村产业融合发展需求，培育新型职业农民

新型职业农民是现代农业发展的主导力量，各地区应加强农村基本设施建设、改善农村生产生活条件、办好农业职业教育等，为新型职业农民提供良好创业平台，引导和激发更多的青年农民加入新型职业农民队伍。深入实施农民素质提升工程，政府、龙头企业、农民合作社等主体带头人要着力加强农民素质和技能培训，倡导农业工匠精神，推进创新"培训机制、培育模式、培训内容、培训手段"，完善对于从事现代农业的大学毕业生的补贴政策、支持各大高校开设涉农专业，提升培育质量，为现代农业培养更多生产经营型、专业技能型、社会服务型的潜在新型职业农民。

（二）推进土地确权的基础性改革，加快释放土地要素

农业生产最基本的要素是土地，土地也是农民最大的财产。建立健全农村农业发展用地保障机制，落实农村土地"三权分置"办法，做好土地征收、集体经营性建设用地、农户宅基地、房屋等确权工作，确保土地"归属清晰、权能完整、流转顺畅、保护产业"。完善土地流转机制，坚持农业农村优先发展，建立政府引导、市场主导的农村土地流转机制，促进土地充分高效利用，体现土地市场价值[209]。积极探索土地托管、代耕代种、联合经营、出租等多种形式来释放土地要素，为农村农业发展提供新动力。

（三）创新资本投入，激活农村资本要素

重点整合政府各项涉农资金，鼓励社会资本广泛参与农业生产经营和现代化建设，引导城市工商资本到农村投资发展规模化的现代高效农业[210]。引导社会资本投入现代农业，各地区有效利用农产品展示展销会、农业博览会等展会平台进行推介，充分发挥地理标志农产品优势，吸引社会资本投入；打好"政策牌""扶贫牌"，充分发挥政府在资本下乡中的作用，合理引导、稳妥推进，为招商引资工作提供政策导向，争取社会资本、工商资本的投入；发挥地方金融支农作用，加大对支农贷款专项投放和农村金融服务力度，提高惠普金融服务水平，解决涉

农企业融资难、风险投保难等问题。

（四）强化科技创新引领和支撑

适应农业转方式调结构新要求，调整农业科技创新方向和重点，健全农业产业、资源利用、绿色生态、农产品质量安全、设施设备、信息化为重点的研发创新体系。加快农业科技园区、农业高新技术产业区、农业产业科技创新中心、校企科技创新联盟建设，搭建农业科技创新平台。大力培育符合市场需求、替代进口、适合机械化作业的新品种；创建农业"机器换人"，改善农业设施设备，提高全产业、全过程农机化水平；推进"互联网＋农业"，发展智慧农业、大数据农业，提高农业信息化水平；完善科技创新激励机制等。

三、制度层面

（一）加强经济薄弱村的财政扶持力度

把经济薄弱村作为财政支出的优先保障领域，加大财政扶持力度，创新扶持方式，借助精准扶贫的契机，加大政府财政支持、完善农村基础设施建设，鼓励农村脱贫攻坚和美丽乡村建设，提升支农效能。完善财政支农政策体系，重点支持绿色生态、农民增收、适度规模经营、农业科技，鼓励地方政府和社会资本设立各类农业农村投资资金，加强涉农资金的绩效管理。

（二）完善农产品质量安全管理机制

健全农产品标准体系，坚持质量兴农，严格把控农产品产地环境、标准生产、产品准出三大环节的安全管理、检测监测、监管能力，提高农产品质量安全信息化平台建设水平，利用现代化科学技术推进智能监管。例如，开展农村垃圾整治行动；深化畜牧业产地环境污染治理，尤其是产地环境的水污染和土壤污染问题的解决，大力推进"猪—沼—作"等生态循环模式；深入实施农药、化肥减量增效行动，推进有机肥、生物农药等技术应用；开展农产品质量安全溯源体系法制化建设，规范各方参与主体行为，倒逼标准化生产等。

（三）创新农村金融服务

强化激励机制，支持各类金融机构拓展"三农"业务，着力解决农业发展融资难的问题。大力发展惠普金融，确保政策性金融机构对农田水利等基本设施建设的信贷支持，设立金融补偿机制、专项支持资金、发展基金等，鼓励各项主体对农业科技的研发投入。全面推进农村基础金融服务全覆盖，深入开展信用村镇建设，为经营主体提供信贷担保服务，适当降低抵押和担保的资产要求，并相应探索证券、保险、信息咨询、涉农业务的风险容忍等方面的金融支农方式。拓宽农村农业融资渠道，重点支持特色产业和优势产业发展，提供供应链金融支持，开展"金融机构＋龙头企业＋上下游企业""政府＋金融机构"的贷款模式，推进产业链条协同有序发展。

（四）推进农村地权制度改革

系统总结农村土地征收、集体经营性建设用地入市、宅基地制度改革试点经验，完善农村承包地"三权分置"制度。尊重农民意愿，突出农民在地权中的主体性，创新土地流转机制，实施政府和市场引导与农户自发并重的自主流转相结合的模式，规范农村土地的流转形式，包括土地转让、土地抵押、土地租赁、土地买卖等；严格把控耕地保护和农地征收，明确产权，建立和完善失地农民权益的长效保障机制、土地征收补偿机制，以及退耕还林、退田还湖的农地退出机制；建立多层次的农村社会保障体系。

四、模式层面

协同发挥政府和市场"两只手"的作用，从而更好地引导农业生产，优化供给结构，发挥政府职能作用，围绕"降本、提质、增效"实行组合式法律和政策加以规范和引导，完善对农业产业运营模式的支撑作用。充分借鉴国内先进的农业供给侧结构性改革的成功案例，以市场为导向，结合各个区域的发展特点来完善农业产业链发展模式，从融资、经营模式、人才培养模式方面建立符合区域经济发展规律的模式体系。

（一）融资方面

目前，农业发展缺乏有力的财政资金支持、农村信用社经营体系不完善、农业保险体制不到位等问题是制约我国农业融资的主要困境[211]。应以市场为导向，制定金融机构市场与农村农业电子商务发展相适应的战略，政府推动农村地区的网络覆盖，根据各区域实际情况建设农村电子商务平台，引导金融机构参与电商融资，建立网上融资服务体系，开发相应的金融产品，大力发展 P2P、C2P、O2O 等互联网金融农业融资新模式，缓解农业融资难的问题。同时构建"政策＋保险

＋信贷"融资体系，通过政策扶持，构建农业信用担保体系，推进农业保险建设，有效解决农业产业化龙头企业、农民合作社、专业农户贷款难问题，为保险机构的政策性农业保险业务提供政策支持，确保农业保险的良性和稳定发展。

（二）经营模式方面

在消费升级的大背景下，发展现代农业已成为广泛热议的话题，基于土地的农业经营模式探索"农业＋休闲""农业＋生态"等经营模式，利用各地区独有的农业资源，发展"产业＋旅游"为一体的农业，拓展农业的多种功能和创造高附加值的农业，有效实现农业"接二连三"。在农业项目的布局上，根据各地区实际情况采取适度规模经营，探索"家庭农场＋农户""龙头企业＋基地＋农户""公司＋农民合作社＋产业园区＋农户""田园综合体"等主体多元、模式多样的经营模式，实现规模效益。

（三）人才培养模式方面

为适应农业供给侧结构性改革的理念和要求，需要培养一批与农业结构调整、农业产业化发展相适应的农业人才。在新经济形势下，应根据经济形势的变化来调整农业人才培养模式，学校根据现代农业对人才种类、职业能力的要求，实行"订单式"培养，为现代农业发展提供高技能应用型人才；政府、龙头企业、农民合作社等主体带头人要着力加强农民素质和技能培训，以"培训班"模式培育高标准的农业人才，结合市场对农业人才的供需联系，有的放矢，为农村农业发展储备人才。

第五节 本 章 小 结

在中央政策方针指导下，国内相关农业省份积极落实中央农业供给侧结构性改革指导意见，并根据自己的地方特色，有计划地逐步落实方案，实现农业供给侧结构性改革的战略成功。对位于我国西南的贵州而言，其农业供给侧结构性改革走生态化绿色发展之路具有可行性，也在一定程度上区别于国内其他省份。贵州农业技术嵌入与革新、农业专业人才的培养、农产品"黔货出山"、大数据与农业生产、农业田园综合体与乡村旅游等都可以成为贵州农业供给侧结构性改革的推动力。无疑，国内相关省份的经验，为贵州农业供给侧结构性改革绿色发展路径，提供了积极的借鉴与参考。

第五章 绿色发展理念下贵州农业供给侧结构性改革的现状及问题

第一节 改革现状

一、我国农业供给侧结构性改革指引要求

我国粮食连续 12 年增收之后,出现了粮食产量、库存和进口都创历史新高,粮食等农产品供给数量过于充裕而价格下行压力加大,可能会影响农民增收的新情况。全面建成小康社会必须确保农民收入继续保持较快增长,克服长期以来困扰我国农业发展的资源环境较差和农产品质量不高等问题。而对农业、农村和农民方面的"三农"新难题,《中共中央 国务院关于落实发展新理念加快农业现代化实现全面小康目标的若干意见》(2016 年中央一号文件),要求用党的十八届五中全会提出的发展新理念来解决农业供给方面存在的库存、成本、产能及短板和投入等的难题,显著提高农业供给体系的质量和效率。

2016 年我国农业供给侧结构性改革初显成效。农村深化改革为农业结构调整和农业发展方式转变提供了动力,包括以下几个方面:一是农村承包地确权登记颁证已超过 60%;"三权分置"办法出台,在继续明确所有权和承包权的基础上,首次明确相对独立的经营权;二是早籼稻最低收购价水平首次下调,玉米临时收储政策的放弃及价补分离制度的建立,表明农产品价格形成机制改革深入推进,有力推动了种植结构调整,粮食需求下降及粮食产量、库存量和进口量"三量齐增"的格局已经被打破;三是稻谷、小麦和玉米的品质差价、地区差价在粮食收购市场充分显现;四是将粮食直补、良种补贴和农资综合补贴合并为农业支持保护补贴,一些地方将"三合一"补贴发放,与农民是否焚烧秸秆和滥用化肥农药等挂钩,有力地促进了农业绿色生态发展。

农业供给侧结构性改革,目的是为了缓解部分农产品供需矛盾,促进农民增收,推进农业现代化,为"三农"工作落实新发展理念找到抓手。但是当前农产品供给结构性矛盾依然突出,主要表现在以下几个方面。一是有效供给不

足与结构性过剩并存。主要反映在需求和供给不匹配，如大豆一年需求缺口多，但玉米库存较多，稻谷、棉花也有大量的库存。过剩和缺口大量并存，资源错配。农产品供给方面，大多处于中低端层次，在生产环节大量施用化肥、农药，加工环节大量使用各种添加剂，使初级农产品及食品的质量都受到严重威胁。二是农业生产成本居高不下。农产品的生产成本较高，这主要是与国际农产品的生产成本比较而言。化肥、农药利用率低且大量使用，增加了成本，也造成了环境的污染。农业生产主体分散，生产方式落后，社会化、市场化、专业化程度低，产品不稳定，附加值低。三是农业政策转型和农业发展的根基在转变。农村的城镇化、农民的老年化十分严重，许多农民已经不再以农为主，这使得农业发展的根基发生转变。如何优化、调整惠农政策，形成新的政策红利成为农业政策制定面临的首要问题。四是农民继续增收乏力。当前粮食价格低迷，国家财力有限，难以继续提高粮食政策性收购价格，农民收入增长因此受挫。加上经济增速进一步放缓，在劳动密集型行业务工的农民收入增幅下降。如何通过农业供给侧结构性改革促进农民持续增收，以及破解农民收入增长困境，是当前的一个重要课题。五是农业生态环境压力不断增大。据第一次全国污染源普查数据，农业污染源总磷、总氮分别为 270 多万吨和 28 多万吨，约占总量的 67% 和 57%。农业化学耗氧量年排放 1320 多万吨，约占总排放量的 43%，可见，农业方面源污染问题严重，若不加以治理，农业生态环境将会进一步恶化。六是农业信息服务滞后。当前，农业信息服务滞后，导致农业生产活动违背市场规律、农民作出错误决策，农业供给侧结构性改革应将农业信息化建设作为重点工作[212]。

二、贵州推进供给侧结构性改革总体思路

推进供给侧结构性改革是适应新常态、把握新常态、引领新常态的必然要求，是贯彻落实五大发展理念的必然要求，是顺应新一轮科技革命和产业变革的必然要求，是贵州实现弯道取直、后发赶超的必然要求。从贵州发展实际来看，既有总量问题也有结构性问题，但更突出的是结构性问题。推进供给侧结构性改革，非常符合贵州实际，对贵州发展意义非常重大。最近，贵州省委、省政府经过反复研究，制定出台了《中共贵州省委 贵州省人民政府关于推进供给侧结构性改革提高经济发展质量和效益的意见》，印发了相关重点工作任务责任分工方案，并在贵阳召开了全省推进供给侧结构性改革动员大会。贵州推进供给侧结构性改革总体思路归纳起来，就是实现"四个转变"、完成"九大任务"。

"四个转变"包括：一是加快实现发展方式从规模速度型粗放增长向质量效益型集约增长转变；二是发展要素从传统要素主导向创新要素主导转变；三是产业分工从价值链中低端向中高端转变；四是产品结构由单一低质低效向多样高质高效转变，形成品种丰、品质优、品牌强的贵州特色产品生产供给体系，使全省经济发生质的结构性重大变化。

"九大任务"主要是优化农产品供给、促进工业转型升级、发展山地旅游产业、降低企业成本、提升大数据大生态产品供给、增强公共服务、强化供给侧结构性改革、建设质量标准体系、发展开放型经济 9 个方面的发展目标和具体举措，详见表 5-1。

表 5-1　贵州推进供给侧结构性改革"九大任务"

序号	发展目标	具体举措
第一大任务	大力提高优质农产品供给能力	调整优化农业种养结构；推进农业生产技术改革创新；推进优质农产品销售模式改革创新；加快壮大农民合作社
第二大任务	大力推进工业转型升级	技术创新；产品创新；经营模式创新；政策创新
第三大任务	大力发展以山地旅游为重点的现代服务业	打造世界知名山地旅游目的地；打造全国知名健康养生基地；打造西南重要物流枢纽；全力打造中国电子商务贵州版
第四大任务	大力降低企业成本推动稳增长调结构促转型	降低用电成本；降低物流成本；降低融资成本；降低税费和制度性交易成本
第五大任务	大力提升大数据大生态产品供给水平	加快国家大数据（贵州）综合试验区建设；加快全国生态文明先行示范区建设
第六大任务	全力以赴补齐短板增强公共服务供给精准性	补齐脱贫攻坚短板；补齐基础设施短板；补齐教育、医疗事业短板
第七大任务	强化供给侧结构性改革托底保障	切实落实国家关于化解过剩产能等政策措施；加快健全就业服务体系；加强社会保障工作
第八大任务	加快建设标准体系倒逼供给质量提升	增加标准有效供给；鼓励企业制定高于国家标准、行业标准、地方标准的企业标准；严格执行国家和省等各类标准，提高准入门槛，倒逼企业技术进步
第九大任务	大力发展开放型经济增强供给主体活力	引进更多高新技术企业、农业产业化龙头企业；优化产业结构；增加产品种类和优质产品数量，扩大高新技术企业数量

三、贵州农业供给侧结构性改革总体现状

（一）特色农业绿色产业化建设

近几年贵州农业供给侧结构性改革不断探索，产业化推动脱贫攻坚。薏仁是中国古老的药食两用粮种之一，黔西南布依族苗族自治州（简称黔西南州）兴仁县拥有 400 多年的薏仁种植历史，近年来，黔西南州及兴仁县把发展薏仁作为重要的支柱和特色优势产业，以市场需求为导向，围绕农业供给侧结构性改革，延长产业链，推动一二三产业融合发展，着力将黔西南州及兴仁县打造成全国薏仁集散地和薏仁产业扶贫基地。截至 2016 年底，黔西南州薏仁种植面积达 60 万亩，亩平均产量在 250 公斤以上，总产量达 15 万吨，薏仁原料市场份额占全国 70%，在薏仁的定价方面初步拥有话语权，同时还带动了贵州其他地区薏仁产业的发展。为凸显薏仁产业在扶贫开发中的作用，拓宽薏仁产业扶贫路子，黔西南州以兴仁县为核心区，整合周边的安龙县、晴隆县、义龙城乡统筹发展综合改革试验区，以及贞丰县、普安县部分区域建立薏仁生态经济区，安置易地扶贫搬迁移民 2.3 万人，发展产业带动就业 15 万人，实现就地城镇化 2.3 万人。而薏仁 60 万亩的种植，覆盖 15 万户 60 万人，其中相当一部分为建档立卡贫困户[213]。

在贵州，有许多区、县和黔西南州一样在大力发展特色农业绿色产业，实现精准脱贫，如纳雍县的玛瑙红樱桃、三都水族自治县的葡萄、沿河土家族自治县的空心李、岑巩县的水蜜桃、荔波县的蜜柚、罗甸县的火龙果、修文县的猕猴桃、大方县的天麻、威宁彝族回族苗族自治县的马铃薯等。如今，特色农产品正以规模产业化成为农民脱贫增收的"法宝"。打好特色牌，贵州全产业链谋划特色优势产业发展。以提升产业、配套基础设施、培育经营主体为突破，以建设高效农业园区为平台，实施品种、品质、品牌"三品"战略，山地特色携手现代农业，实现规模化、标准化、集约化、绿色化联动发展。

近年来贵州一直在农业供给侧结构性改革的道路上不断探索，"资源变资产、资金变股金、农民变股东"的"三变"改革，如今已成为贵州广袤田野上最活跃的创新基因。通过激活农村自然资源、存量资产、人力资本，农民从旁观者向参与者转变，小农经济向市场经济转变，传统农业向现代农业转变，村集体、农民、经营主体"三位一体""联产联业""联股联心"，促进了农业产业增效、农民生活增收、农村生态增值。2016 年，贵州省农业农村经济稳中有进、稳中提质、稳中增效、稳中向好，全省第一产业增长 6%，农村居民人均可支配收入增长

9.5%, 增速继续位居全国前列。大力推动农业结构调整, 粮经比稳定在 4∶6; 大力发展特色种养业, 农业园区完成产值 1976 亿元, 绿色优质农产品种植面积占比提高到 32.6%, 畜牧规模化养殖比重稳步提升; 大力推动产业扶贫, 73.4 万贫困人口实现产业脱贫。"三变"改革成为全国农村改革样板, 试点试验走在全国前列。2016 年, 在全省农业增加值和农村常住居民人均可支配收入增速继续保持全国前列的同时, 贵州一批特色优势产业在全国有了更多的"话语权"。茶园、辣椒种植面积全国第一, 火龙果、刺梨生产规模全国第一, 马铃薯种植面积全国第二, 薏仁产量占全国的 80% 以上。2016 年, 贵州无公害农产品产地 4731 个, 面积 2082.1 万亩; 绿色食品种植面积 51 060 亩; 有机农产品 370 种, 种植面积 70.76 万亩。据统计, 全省已有 146 种农产品获国家地理标志登记保护, 其中农业部农产品地理标志 35 种[214]。贵州着力推进农业绿色发展, 厚植可持续发展优势。此外, 全面加强生态建设与环境保护, 大力发展资源节约型、环境友好型农业, 努力走出一条具有山地特色的现代农业发展道路。

（二）现代高效农业示范园区建设

贵州把现代高效农业示范园区作为农业发展的主平台, 截至 2016 年, 省级农业示范园区发展到 431 个, 园区在先进技术应用、资金集聚等方面的作用正在显现。贵州省农委强化整体谋划, 出台了《关于推进农业供给侧结构性改革加快重点产业突破发展的实施意见》, 并制定了辣椒、火龙果、茶等 11 个特色优势产业发展的实施方案, 以产业为抓手, 集中财力办大事, 调整结构增效益。"一年示范, 二年提升, 三年见成效", 目标是到 2018 年, 打造 58 个优势突出、生态安全、产出高效的重点产业集聚发展示范区, 建成全国重要的特色食用菌基地、全国最大辣椒基地和全国最重要的辣椒产销中心、全国最大火龙果基地、南方最大马铃薯种薯基地、全国名特优蔬菜基地、南方最重要的夏秋喜凉蔬菜基地、全国重要的山地特色精品水果基地[214]。重点产业的突破性发展, 将引领全省农业结构朝向更加合理的方向发展, 农业品牌建设迈上新台阶, 农业供给体系质量和效率得到新提升, 农产品供给数量充足、品种和质量契合消费者需要。

（三）农业农村改革

2017 年 2 月 5 日,《中共中央 国务院关于深入推进农业供给侧结构性改革加快培育农业农村发展新动能的若干意见》（2017 年中央一号文件）公布,"三变"改革被纳入其中, 成为全国农村改革样板。除了"三变"之外, 贵州还在全省农村深入推进土地确权改革、集体林权制度改革、农村产权制度改革等制度创新，激发了全省农业农村经济发展活力。数千个农业产业化龙头企业，数万个农民合作社，层出不穷的种植养殖大户、家庭农场等新型农业经营主体，带动周边群众规模化发展，调结构、强科技、抓市场，美丽乡村涌动创新的热潮。

2017 年，贵州持之以恒推进农村改革，增强农业农村发展动力。坚持创新、协调、绿色、开放、共享五大发展理念，进入"十三五"，贵州农业部门以山地特色高效农业为方向，以园区示范、产业裂变为路径，以"三变"引领、改革创新为动力，加速培育新动能、打造新业态、扶持新主体、拓宽新渠道，全力谋划农业供给侧结构性改革，加快培育农业农村发展新动能，启动标准化生产基地建设示范推广、农产品品牌建设提速、质量安全体系建设提升、农业大数据发展提升、绿色农产品普查、农产品营销提升 6 项行动，迅速打响贵州绿色农产品"泉涌"攻势[214]。

第二节 主 要 问 题

一、无公害绿色有机农产品规模化、标准化程度低

无公害农产品是指在产地环境上要符合特定的生态环境质量，在生产过程中要符合无公害农产品的质量标准和规范，在生产技术操作上要严格按照操作规程进行加工，将有毒有害的物质残留量控制在安全质量允许范围内，并经专门机构认定和许可使用无公害农产品标识的产品。一般的无公害农产品包括有机农产品、原生态食品、绿色食品等，无公害农产品是进入农产品市场的基本要求，是市场准入的基本条件，相比较而言，绿色食品和有机农产品的标准更严格。绿色食品是指遵循可持续发展原则、按照特定生产方式生产、经专门机构认定、许可使用绿色食品标志的无污染的农产品。我国的绿色食品分为 A 级和 AA 级，其中 AA 级的绿色食品可以等同于有机农产品。有机农产品是纯天然、无污染、高品质、高质量、安全营养的高级食品，也可称为"AA 级绿色食品"。它是根据有机农业原则和有机农产品生产方式及标准生产、加工出来的，并通过有机食品认证机构认证的农产品。

在绿色可持续发展理念的指导下，无公害绿色有机农产品符合时代和市场的要求，发展前景好，贵州将准确把握全省农业供给侧结构性改革的基本取向，进一步抓好无公害绿色有机农产品大省建设的重点任务，但结合贵州实际，这类农

产品的规模化和标准化的程度还比较低，具体原因如下。

（一）贵州省土地类型复杂、气候多变、土地质量较差

全省地貌主要由高原、山地、丘陵和盆地四种基本类型组成，其中 92.5% 的面积为山地和丘陵，是全国唯一一个没有平原支撑的省份。山地面积为 108 740 平方公里，占全省土地总面积的 61.7%，丘陵面积为 54 197 平方公里，占全省土地总面积的 30.8%；山间平坝区面积为 13 230 平方公里，仅占全省土地总面积的 7.5%[215]。这种地理特点使得可用于农业开发的土地资源不多，且多为坡耕地，水利设施不足，灌溉条件很差，每遇干旱就造成歉收，极大地影响了农业生产的持续稳定发展。独特的地理地貌决定了贵州不能如其他平原大省一样开展大规模现代机械作业的农业种植。贵州属亚热带湿润季风气候，多阴雨，少日照，受季风影响降水多集中于夏季。境内各地阴天日数一般超过 150 天，常年相对湿度在 70% 以上。受大气环流及地形等影响，贵州气候呈多样性，"一山分四季，十里不同天"。另外，贵州气候不稳定，灾害性天气种类较多，干旱、秋风、凌冻、冰雹等频度大，对农业生产危害严重。以上特点导致贵州农业发展环境恶劣，以小农经济为主不具备规模经济、交易成本偏高、农业产业结构不合理、产业链条延伸不够等问题严重。

另外，依据 2016 年贵州省国土资源局公报可知，全省土地的类型比较复杂，呈立体化分布，从而导致耕地中坡度大于 25 度的占 19.85%，耕层小于 15 厘米的占比 40.40%，土质不良的占比 33.20%，具有障碍层次的占比 25.60%，其中比较容易受到旱、涝影响的占比 47.20%。中低产田面积占耕地面积的 85.60%，其中：中产田占稻田面积的 55.10%；低产田占 20.9%；中产旱作土占旱作土面积的 39.90%，低产旱作土占 50.00%[216]。综合而言，全省的土地质量较差，从而不利于适应市场需求而采取大规模、标准化的生产方式进行无公害绿色有机农产品生产，需要转变传统的农业发展方式，因地制宜地优化农业种植结构，大力发展山地特色农业。

（二）全省有效的耕地面积不断减少

近年来，由于人口增多，非农业用地增多，耕地面积不断缩小，人均耕地面积不到 0.05 公顷，远低于全国平均水平。贵州耕地不仅面积小，质量也不高，土层较厚、肥力较高、水利条件好的耕地所占比重低。通过 2016 年贵州省国土资源局公报可知，全省耕地用的土地面积呈不断下降趋势，2016 年的农用地比

2015 年减少 1.53 万公顷，相当于减少约 23.06 万亩。主要原因是受到工业用地侵占而减少（表 5-2）。全省农用耕种的土地较少，再加上原有土地的减少，从而基本的农业资源不断被削弱，最终导致无公害绿色有机农产品不能够进行规模化、标准化的产出。

表 5-2　2016 年贵州省土地面积结构情况

指标	2015 年		2016 年		2016 年相比 2015 年	
	万公顷	万亩	万公顷	万亩	万公顷	万亩
土地总面积	1 760.99	26 414.79	1 760.99	26 414.79	0.00	0.00
一、农用地	1 476.47	22 147.09	1 474.94	22 124.03	−1.53	−23.06
耕地	454.10	6 811.49	453.41	6 801.13	−0.69	−10.36
园地	16.50	247.51	16.38	245.69	−0.12	−1.82
林地	894.02	13 410.31	893.33	13 399.90	−0.69	−10.41
牧草地	7.26	108.88	7.25	108.71	−0.01	−0.17
其他农用地	104.59	1 568.90	104.57	1 568.60	−0.02	−0.30
二、建设用地	67.47	1 012.09	69.73	1 054.92	2.26	42.83
城镇村及工矿	53.85	807.68	55.49	832.28	1.64	24.60
交通运输	9.49	142.41	10.08	151.22	0.59	8.81
水利设施	4.13	62.00	4.16	62.42	0.03	0.42
三、未利用地	217.05	3 255.61	216.32	3 244.84	−0.73	−10.77
其他草地	151.69	2 275.31	151.12	2 266.77	−0.57	−8.54
水域	17.37	260.52	17.33	259.97	−0.04	−0.55
其他土地	47.99	719.78	47.87	718.10	−0.12	−1.68

注：①表内数据系上报国土资源部变更调查第一次上报完善数据；
　　②水域系指河流水面、湖泊水面、内陆滩涂
资料来源：2016 年贵州省国土资源厅公报

（三）全省农业的标准化相对落后

贵州从 2002 年开始的农业结构调整中的部分资金用来资助那些无公害食品计划行动和农业标准化的项目，项目按照无公害和标准化来实施。之后贵阳市、毕节市、遵义市等地建立了一系列农产品标准化的示范园区，在标准化规范上取得了一定的进步。如独山县按照农产品标准化的生产要求，建设了 267 亩夏秋反季节蔬菜示范基地，带动全县的标准化种植，并将细刀豆、西红柿等农产品出口到国外，为贵州省农产品的出口做出了贡献[217]。有学者从实证的角度来研究贵州山区农民参与农业标准化生产的意愿，结合农户个人角度、家庭因素和外部因素等影响因素来分析，为政府农业标准化的顺利实施提供一定的参考[218]。自 2012 年以来，贵州立足于建设特色农产品的现代农业高效示范园区，在建设过程中非常重视农产品的标准化，包括农产品生产过程的标准化和农产品质量的标准化。截至 2013 年 11 月，已成功建成 113 个现代农业高效示范园区，建筑面积达 1 108 100 平方米，各项配套设施也粗具规模，但由于园区的建设周期长，已建成的标准化生产设施大部分是单项利用，标准化的综合利用程度不高[219]。总的来说，由于贵州特殊的地理条件，农业标准化起步晚，政府重视不够，投入资金少，农民素质低且积极性不高等原因，这种标准化的农产品很难实现大的规模化，对新鲜度要求较高的农产品在贵州中心市区很少有企业可以实现标准化，其他地区标准化程度就更低了。相比于经济发展好的省份，贵州农业的标准化还是落后的。

二、农村劳动力专业技能落后，自我革新意愿不高

农村劳动力是指农村人口中在劳动年龄以内，具有劳动能力并经常参加社会劳动，16 岁以上具有劳动能力的农民。农村劳动力主要包括四类：从事农林牧渔业、农村工业、农村建筑业等生产活动的劳动力；从事农村房地产管理、咨询、教育、保险等服务业的劳动力；国家向乡村调用的通勤民工；自行外出就业但没有转走户口的劳动力。我国的农村劳动力具有发展迅速且数量巨大、素质参差不齐、自主转移等特点。劳动力的文化程度和专业技能会对劳动者的就业能力产生直接的影响，进而对其家庭经济收入产生间接作用。解决农村劳动力的问题是我国农民摆脱贫困，实现乡村振兴的关键。

（一）劳动力素质和专业技能是决定其就业机会大小与劳务收入水平高低的关键因素

目前，在我国的大多城市，90%以上的岗位要求有初中以上文化程度，其中 20%的岗位要求有高中以上文化程度；80%的岗位需要达到初级技工以上水平，其中有 13%的岗位需要具有中级技工的资格。据贵州省 1%人口抽样调查情况看，贵州省乡村总人口中劳动年龄人口占常住人口的 62.8%，受教育程度主要为小学

和初中，其中小学文化程度占 44.25%，初中文化程度占 31.96%，而且外出者大多未经过职业培训，缺乏劳动技能，致使 90%以上的外出务工人员不能进入科技含量较高的企业，就业空间小，部分只能从事"背篓"式的体力运输及低层次服务等重体力、低报酬行业[220]。政府部门对劳动力市场需求和劳动力素质要求的变化缺乏及时的了解和掌握，对农村劳动力的关注不够。目前在贵州省农村劳动力培训市场上仍存在三个方面的问题：一是培训主体不明确，组织管理不规范。虽然设有农村劳动力转移工作部门联席会议办公室，但还不能起到统一规范管理的作用。由于组织培训的部门较多，多个部门各抓一块，培训难以从长远和总体规划，带有一定的盲目性，难以统一协调，技术和资金分散，形式、内容不一，缺乏有效的规范整合。二是在培训内容上，和市场对接不够紧密，造成脱节和重复，不能很好地分层次实施培训，培训的内容不够系统。三是职业技术培训质量不高。培训时间相对较短，通常是 15—90 天，农民在短时期内并不能学到真正的技术，难以适应劳动力市场的需求；师资方面也存在很多问题，大多数职业技术学校的教师实践能力欠缺。因此培训出的农民即使毕业了，也难以实现就业。尽管现在中央及贵州省对进城务工人员出台了较多的优惠政策，但城市面向农民高筑的壁垒和一些不合理的规定依然存在。农民在城市里享受不到失业、医疗和养老等社会保障，无法获得与当地居民同等的地位，子女入学等要求也难以得到满足。农村外出就业人群仍然是一个边缘群体，就业无保障，使得他们的权利出现了缺失。而且城市在用工制度上对农民存在不公平现象，导致农民既不能融入城市社会，又不想回归农村，成为游离于城乡两地之间的"背篓"式务工人员。

贵州是一个民族众多的内陆山区省，城镇化水平低，经济建设和社会发展严重滞后，人力资源存量大且质量低。大量低素质的剩余劳动力囤积在农村，是目前贵州农村落后贫困的主要原因。如果不能让这些农村剩余劳动力增进技能并大量对外转移，不论政府提高农产品价格还是免征农业税等，农民的收入和生活水平都很难有较大提高和改善。贵州农民长期生活在封闭环境中，文化素质低，缺乏外出寻找工作必要的知识、技能和信息，难以支付长距离迁移的费用，再加上现实存在的各种制度障碍，如各地自行制定的行业准入规则及户籍制度、子女上学、住房等限制，都构成制约贵州农村劳动力转移的障碍。解决贵州的"三农"问题，构建城乡劳动力的协调统筹体系，关键是政府要加大对农村人力资源开发的投入，变"输血式"扶贫为"开发式"扶贫；大力发展面向农村劳动力的职业教育和技能培训，提高农村的人力资本；组织农村剩余劳动力到城市打工，发展"打工经济"；提高城镇化水平，增加农民收入，实现党中央提出的全面建设小康社会的宏伟目标[221]。作为一个农业大省,贵州农村人口占总人口的80%以上,其中大部分为外出务工人员,农村留守劳动力匮乏成为阻碍贵州农业发展的瓶颈。贵州在保障外出务工人员权益方面做出很大努力,但是外出务工并不能解决所有农村劳动力就业问题,而且由此还带来留守儿童、劳务纠纷等问题。当前在中央立足"三农"问题大力推进农业供给侧结构性改革的大环境下,回乡创业、加入新农村建设成为贵州农村劳动力的又一选择。

(二)农村劳动力素质低,专业技能落后,自我革新意愿不高

自我革新意愿就是改变现状的积极性,在学习的过程中,不断反思,不拘泥于现状,追求时代的潮流,不断接受新事物和创新的能力。农村外出务工人员可接受新鲜事物的意识较弱,不容易掌握超前技术和形成系统化的操作模式。目前贵州转移出去的农村劳动力大多是青壮年,夫妻在外务工的现象十分普遍,90%的外出务工人员没有能力将其子女带到打工城市读书。外出者大多未经过职业培训,缺乏劳动技能,致使90%以上的外出务工人员不能进入科技含量较高的企业,就业空间小。新生代外出务工人员由于受教育程度高,相比于老一代的外出务工人员,有更高的人力资本、职业素质和就业能力,他们外出工作的目的是追求自身的发展,来实现自己的价值,但新生代外出务工人员虽然受教育程度高于老一代外出务工人员,但是其职业技术相对薄弱,接受新事物的能力和适应能力较弱,社会认同度不高,虽有一定的自我革新意愿,但其观念的转变和技能的提升需要一个长期的过程[222]。大量的农村务工人员外出后,在农业生产、家庭事务等方面也出现了劳动力缺乏,导致农村土地资源闲置,农业生产下降,削弱了农村发展的可持续性。农村剩余劳动力转移问题,关系到贵州农民收入的提高及农村经济的快速发展。由于贵州特殊的地形条件,政府坚持城镇化集中安置,也出台了深山农户的迁移政策,对农户进行集中安置统筹管理,通过就业和创业,实现产业规模化,是农户脱贫致富的必经途径,但仍存在一些农民固守传统观念,自我革新意愿较低,不愿意改变和迁移,影响整体农村的整形和发展。

三、农业产品发展质量效益不高,品牌化意识不强

农业产品质量指农产品适合一定的用途,满足人们需要所具备的特点和特性的总和,也就是产品的适用性。应该通过制定一系列的农业产品质量标准来把控流入市场的农产品的质量。综合效益评价是指对系统功能、外部环境及其系统内子系统所产生的效果或影响进行评价,包括生态效益评价、经济效益评价及社会

效益评价。农业产品发展质量效益不高主要是在保证农产品质量的前提下经济效益不高，经济效益不高的原因是多方面的，主要是农产品的附加值低、价格不匹配、品牌意识不强、标准化和规模化形态还未形成等。农业品牌化是原农业部为贯彻落实党中央、国务院关于"整合特色农产品品牌，支持做大做强名牌产品"和"保护农产品知名品牌"的要求，积极推进"农产品质量安全绿色行动"，提升农产品市场竞争力，促进粮食增产、农业增效和农民增收，在全国范围内推动的振兴"三农"的大规模行动。推进农业品牌化是促进传统农业向现代农业转变的重要手段，是优化农业结构的有效途径，是提高农产品质量安全水平和竞争力的迫切要求，是实现农业增效、农民增收的重要举措。培育农产品品牌就是在实现农产品的增值增收，以市场为导向，来满足消费者多样化的需求，有利于农业结构的优化升级。在保证农产品质量的前提下，提高农业企业的品牌化意识，培育农业品牌的经营主体，加快发展无公害农产品、绿色食品和有机农产品，促进农产品品牌上市，提高农产品的品牌知名度和市场占有率，是实现乡村振兴的又一保障措施。农业产品发展质量效益不高、品牌化意识不强具体体现在以下两个方面。

（一）综合各种因素的影响，贵州全省的农业发展效益较低

在市场价格等因素不变的情况下，农林牧渔业的投入和产出效率能够直观地反映出地区的农业经济效益[223]。虽然，贵州省经济处于快速上升期，但是，据贵州省统计局统计，2015 年贵州全年的生产总值为 10 502.56 亿元，绝对量却处于全国 25 位次。其中，第一产业（农林牧渔业）的增加值为 1640.61 亿元，相对于全国来说效益较低。工业和服务业的增加值则为 4147.83 亿元和 4714.12 亿元，占主要部分[224]。贵州农业可持续发展缺少农业投入、对现有资源未能进行很好保护及缺少可持续发展思维[225]。另外，需要注意的是，虽然贵州的粮食总产值有一定程度的上涨，但是人均粮食指数的变化不是很明显，这也就表明了贵州的粮食基础并不十分稳定。对效益的评价主要从生态、经济和社会三个方面来说，从生态效益上看，贵州农村对土地资源利用及农药实施等的不合理，导致可利用土地匮乏，生态环境受到严重的破坏。从经济效益上看，由于农业投入较少，阻碍了农村经济的持续发展，贵州农村经济发展相对全国还是比较缓慢。从社会效益上看，贵州农民的生活水平、就业、基础设施等方面有了很大的提升，幸福指数提高，但相比于经济发达的省份还是有很大的差距。贵州农村综合指标虽然呈上升趋势，但农村缺少可持续发展的思维策略，缺少以人为本的战略思维，贵州农村可持续发展总体较缓慢，因此可以进一步分析出，全省农业发展的整体质

量和效益较低。经济效益比较低的主要原因在于，贵州大量的农产品，如稻米、油籽、茶叶、蔬菜等仅仅是从田间出产后直接市场销售。同时，由于相应的农业产业化配套施舍不健全，农业产业链不够完善，致使大部分的农产品不能得以深加工，附加值不高。即使优质，却仅以低廉的价格走向市场。从而整体的发展质量和效益较低。

（二）贵州全省农产品品牌意识不强，优质绿色农产品有效供给不足

中国受传统计划经济的影响，消费者选择的机会不多，且市场上流通的产品的品牌化意识不强，随着改革开放中国经济的发展，国内的品牌化意识逐步增强。但贵州深处中国西南部，农户仍然会受到农业的生产方式和农业传统思想的影响，且贵州农村的交通不发达，农户深处深山内信息接收少，也会出现信息失真的情况。大部分农户还是处在初级农产品的阶段，没有深加工意识，相应的品牌观念和品牌意识落后，所以，尽管贵州由于独特的地理和气候条件，拥有比较丰富的农产品资源，但相比于其他省份，知名的农产品品牌少、农产品登记注册量不多、农产品品牌的市场影响力低。通过相关数据资料调查发现，当前贵州全省虽然优质的绿色农产品种类较多，如关岭牛、都匀毛尖、安顺山药、从江香猪、牛场辣椒、赤水乌骨鸡、贵定云雾贡茶、长顺绿壳鸡蛋、从江香禾糯、息烽西山贡米、凯里水晶葡萄等，但是品牌建设力度不大，且处于萌芽期，其品牌影响力也随之较低。同时，相应的品牌宣传力度也不大，致使国内知名度不高，进而农产品产业效益也不高。此外，梳理现有资料还可发现，相应的种植面积较低，大部分是散户种植和饲养，形成规模化的高效现代生产示范园区较少，从而在供给上得不到有效保障。当前，市场对绿色优质的农产品需求较高，且据商务部对外贸易司统计，按照当前发展趋势，2016 年农产品进出口总额 1845.6 亿美元，出口 729.9 亿美元，进口 1115.7 亿美元，农产品贸易逆差 385.8 亿美元，大部分需要依赖进口[226]，导致优质农产品市场需求大，相应供给量又较小，即有效供给不足。同时，贵州省品牌意识不强、市场宣传力度不大则是另一个重要问题。贵州省的大部分企业和农户还处于以量取胜的认知状态，没有认知到农产品品牌的重要性，对农产品品牌竞争力和高附加值的认识也不够，贵州农产品品牌建设比较落后。另外，由于农产品品牌意识起步晚，贵州省农产品品牌的建设者虽然会建立自己的品牌，但缺乏对品牌竞争力的维护和管理，对相关法律知识缺乏了解，且由于政府还未形成对农产品品牌的标准引导，市场上的农产品品牌管理非常混乱，农产品质量也没有得到保证，相应的消费者会对品牌失去信任，最终会阻碍

农产品市场的发展[227]。如贵州省六盘水市水城县的红心猕猴桃,不仅有很高的营养价值,也有很好的药用价值,提高人体免疫力,促进身体健康。2012 年获得国家农产品地理标志后,着力建设现代高效农业示范园区,充分发挥品牌优势,做好产业助农脱贫增收。

四、农业产业结构不够完整与合理,生产效率低下

农业产业结构是指农业中各生产部门或各生产种类所占的比重及其相互关系,亦称农业生产结构,是农业经济总体结构中的主要组成部分,按农业中各生产部门或各生产种类可划分为不同的层次。如种植业可作为第一层次,第二层次就是种植业可分为粮食、棉、油、蔬菜等,第三层次就是粮食又可分为小麦、玉米、水稻等。合理的农业产业结构,有利于发挥农业内部各部门之间相互促进的关系,有利于农业生态系统的各因素之间保持相对的协调和稳定,充分合理地利用自然资源和经济资源,还能够满足国民经济对农产品的需求。从贵州省的农业产业结构变动来看,变动趋势不明显的是林业和渔业,变动较明显的是种植业和畜牧业,种植业比重增大,畜牧业的比重相对减少。在贵州省农业产业结构上,种植业和畜牧业的产值虽有波动但所占的比重一直都很高,高达 90%以上,林业和渔业所占的比重也得到提高,但总的来说,种植业和畜牧业一直占主导地位[225]。贵州省的农业产业结构不够完整与合理,生产效率低下。其具体体现如下。

(一)受到独特的地理环境影响,全省符合耕种条件的农用地较少

符合耕种条件的农用地(即耕地)主要分布在毕节市、遵义市、铜仁市和黔南布依族苗族自治州(简称黔南州)四个区域(表 5-3),其相较于贵阳市,经济发展水平较低,从而在财力上对农业的投入力度并不大。同时,相应配套的农业基础设施也不够完善,进而导致农业生产区域的各种资源不足,不利于农业产业结构的完善和调整,进而更不利于农业供给侧结构性改革。

表 5-3 贵州省各市(州)耕地评定总面积分布情况

地区	耕地评定总面积/万亩
贵州省	6815.89
贵阳市	394.30
六盘水市	462.77
遵义市	1265.45

续表

地区	耕地评定总面积/万亩
安顺市	444.23
毕节市	1489.79
铜仁市	729.09
黔南州	721.21
黔东南州	640.91
黔西南州	668.14

资料来源：2016年贵州省国土资源厅公报

（二）农业产业链不够完善、粮经饲结构不合理、农业循环经济体系未形成

贵州农业循环经济发展的制约因素有很多。首先是自然资源的制约，贵州省人均耕地面积日益减少，在有限的耕地面积中，其中有大部分耕地土壤存在质量不断下降、土壤退化等问题，贵州省整体耕地质量较差。其次是生态环境的制约，贵州省农业生态环境受到严重的破坏，具体表现在水土流失严重、农业生产要素污染严重这两点。贵州省大部分地区生态环境较脆弱，涂层较薄、裸岩多，因此水土流失问题较严重。贵州省目前农业生态环境污染严重，废物的排放、农业化学制品使用的不合理性都是造成农业污染严重的根本原因。另外，农业技术因素的制约也十分突出。目前，贵州省农业科技人才不足，农业科技研究、应用和推广的组织不健全，尤其是乡、村两级农业科技人才匮乏。贵州省的农业科技水平低下，农业劳动力的文化科学素质低，导致农业劳动生产率相对低下。因而，农业技术显得相对薄弱，主要问题是自主创新和技术创新能力不足，农业科技进步的贡献较小；此外，贵州省在农业技术推广方面的力度还需加强，其推广制度与结构都存在较大问题，落后的农业科技对实施农业循环经济的制约作用越来越凸显[228]。

（三）全省农业生产结构不完整、不合理

纵观贵州省农业产业发展现状，虽然全省具有绿色优质农产品的种类繁多，但是没有系统地加以开发和市场化，且深加工不足。仅仅是直接产出，初级销售，没有进一步深加工。这主要是各个特色农产品区的产业设施不够健全，相应的产业生产线不够先进所致。另外，全省基本上还处于粮经的二元种植结构，没能真正的向以粮食作物为主、以经济作物和饲料作物为辅的三元复种轮作和多元间套种植结构的方向发展，且处于萌芽期。在 2016 年贵州省国土资源局公报中还可以看出，其中专门用于牧草生产的土地在 2015 年、2016 年仅保持在 108 万亩左右，占整个土地的比例只有 0.41%，其中大部分还是以粮食作物为主。综合而言，全省的粮经饲结构严重不合理，需要科学地进行优化。根据贵州省统计局和国家统计局贵州调查总队发布的 2015 全省各市（州）农林牧渔业增加值的数据中得出，农林牧渔业增加值最多的是遵义市和毕节市，分别总计增加 349.27 亿元和324.72 亿元，其中农业占比分别为 64.09% 和 62.95%，可推知林业、牧业和渔业占比很小。其他区域也是这一情况[224]。从而不能充分发挥贵州天然林业的优势，也就不能有效地构建起"农—林—牧—渔"的农业循环经济体系。种种情形表明，贵州省农业生产结构还不够完整与合理，应根据国家公布的《乡村振兴战略规划（2018—2022 年)》，各部门协作沟通，进行科学规划和建设。

五、现代高效农业发展缓慢，绿色发展理念落后

高效农业是以市场为导向，运用现代科学技术，充分合理利用资源环境，实现各种生产要素的最优组合，最终实现经济、社会、生态综合效益最佳的农业生产经营模式。高效农业不仅追求经济效益，更要实现经济效益、社会效益和生态效益的综合效益的最大化。高效农业的总体思路首先是因地制宜、合理地利用当地自然资源和社会资源来发展地方经济，以国内市场和国际市场为导向，满足国内外消费者的需求，积极发展生态农业，在保证生态系统平衡的前提下，优化农业的生产方式，实现农业产业化，积极发展第二产业和第三产业，优化农业产业结构，提高产品附加值，带动和促进农业朝着规模经营和集约经营方向发展，同时要以设施和特色农业为辅助，充分发展特色农业、"一村一品"等带动当地经济的发展。现代农业是相对于传统农业而言，是广泛应用现代科学技术、现代工业提供的生产资料和科学管理方法进行的社会化农业，充分利用农业科学技术和现代机器体系，机械化运作可减轻农民的压力，提高劳动生产率，可以适当地规模化经营，且通过优化的农产品加工流程，实现农民收入的增加。现代高效农业是在充分利用现代化科技的基础上，实现专业化分工、集约化经营、市场化运营、可持续发展的农业产业体系。绿色发展理念是实现"十三五"目标下，在 2015 年党的十八届五中全会上提出的五大发展理念之一，坚持绿色发展，就是在坚持节约资源和保护环境的基本国策下，坚持可持续发展，坚定走生产发展、生活富裕、生态良好的文明发展道路，加快建设资源节约型、环境友好型社会，形成人与自然和谐发展的现代化建设新格局，推进美丽中国建设，为全球生态安全做出新贡献。贵州是首批国家生态文明试验区之一，对贵州农业绿色发展提出了挑战。贵州省的现代高效农业发展缓慢，绿色发展理念落后，其具体表现在以下两个方面。

（一）贵州全省的现代高效农业发展比较缓慢，且当前处于探索建设阶段

根据贵州省农业委员会统计，自 2013 年省委、省政府明确实施现代高效农业示范园区建设等"5 个 100 工程"以来，全省建设省级农业示范园区仅有 431 个，较前期新增 47 个。2016 年，各园区主管部门将水城县猕猴桃产业示范园区等排位前 110 位的园区确定为"引领型"园区，作为省级重点园区打造，111—310 位的 200 个园区确定为"发展型"园区，310 位以后的 75 个园区确定为"追赶型"园区，并对排位最后 20 名的园区予以黄牌警告，其中天柱县清水江库区生态渔业示范园因连续两年绩效考评予以黄牌警告，淘汰出省级农业示范园区；新增认定六枝特区岩脚生态农业示范园区等 47 个省级农业园区，同时纳入"追赶型"园区，全省省级现代高效农业示范园区总数达到 431 个 [229]。随着贵州现代高效农业示范园区的完善，农业相关的基础设施如道路、温室大棚、电力设施等逐步完善，经营主体接受更多的业务培训，促进经营主体的集聚发展，农业园区试点之后招商引资，再加上政府的政策支持，现代高效农业示范园区加大了无公害绿色有机农产品的规模，规模效益逐步显现出来 [230]。但是当前，贵州省的现代高效农业示范园区建设的资金不足，融资渠道窄，现代高效农业示范园区所需的先进科学技术水平不高，且员工的综合素质不高，对技术的接受和操作水平低且信息的及时性有待提高，要跟市场需求接轨。贵州省的现代高效农业示范园区还不能完全覆盖全省的农产区，且处于示范建设期，发展成熟的园区还较少，更没有全面的推广。另外，贵州省由于工业基础相较于其他发达地区比较薄弱，从而不能充分发挥"工业反哺农业"的作用，不能给现代高效农业示范园区的建设提供强有力保障。因此，在一定程度上限制了全省现代高效农业的发展速度，不利于农业产业结构的调整，致使无公害绿色有机农产品的生产得不到量和质的有效供给保障。

（二）农业产业绿色发展理念相对落后，致使天然的绿色生态环境受到损耗

提高农业附加值和就业吸纳能力是贵州绿色农业发展的两大目标。贵州省现代高效农业示范园区的规模逐步扩大，在追求经济利益的同时，也注意生态环境的保护，追求生态效益，但贵州省大部分地区当前依然采用粗放式的农业模式，且专业化的农民合作社较少。大部分农户基本上以经验为技术，不采用先进科学的农业技术，同时农户素质低，自身主动性较差，甚至有些地方依然"靠天吃饭"。

另外，大部分农民对农业知识掌握甚少，不根据土壤情况因地施耕，致使产量不高。依据贵州省统计局 2015 年数据（表 5-4）显示，全省除了黔东南州农用化肥施用量下降外，其他各市（州）基本保持增长状态，尤其是黔南州和铜仁市增长比例较 2014 年相比，高达 6.2%和 5.2%[224]，这从侧面表明，全省普遍存在不发挥独特的生态环境的优势，却盲目使用大量化肥种植的现状，最终将会造成农产品丧失独有的无公害、绿色、有机的优势。综合而言，这主要是全省农业经营主体没有先进的绿色发展理念做引导，盲目粗放发展的理念没能及时转变所致，最终天然绿色的生态环境受到损耗，无公害绿色有机农产品的生产得不到有效保障。

表 5-4 贵州省各市（州）农用化肥施用量（2015 年）

市（州）	总计/吨	氮肥/吨	磷肥/吨	钾肥/吨	复合肥/吨	同比增长/%
贵阳市	63 926	29 505	5 152	8 440	20 829	1.9
六盘水市	71 144	45 432	6 803	4 946	13 963	0.8
遵义市	227 310	120 116	28 681	24 732	53 781	1.6
安顺市	67 109	29 562	11 755	5 620	20 172	1.7
毕节市	220 113	111 537	20 128	21 027	67 421	2.0
铜仁市	110 380	53 166	13 902	9 892	33 420	5.2
黔南州	116 511	62 165	13 566	10 680	30 100	6.2
黔东南州	78 538	28 102	10 887	5 626	33 923	-0.5
黔西南州	81 846	48 099	11 675	9 117	12 955	1.5

资料来源：《贵州统计年鉴 2016》

六、体制机制不合理，绿色创新科技成果转化不够

农业经营体制机制创新一般包括以下内容：①农村土地承包关系和家庭承包责任制度，将土地集体所有权、农户经营权和土地承包权进行明确划分，使闲置的土地合理利用起来，激活土地的使用率；②农业经营的集约化，现代农业应摆脱小户经济时代的传统思维，对农户进行专业技能培训和农业知识讲解，鼓励农户适度扩大土地经营面积，利用先进的农用机械和科学的种植方法，进行适度规模经营，实现规模效益；③积极发展农民合作社，政府积极投入打造一个为农户提供专门服务的平台，建立完善的农户扶持制度，合理利用农民合作社的经济、社会实力和丰富经验，来指导农户完成各种农业项目；④农业产业化的发展，因地制宜利用农林牧副渔的优势，优先发展龙头企业，发挥龙头企业的引领作用，

规范指导和推动特色产业的发展，提高农业的生产效率；⑤社会化服务体系，政府加大对基础设施和公共设施等配套的建设，完善公共服务机构的服务标准，提供实时的农业市场信息和优惠政策，加大先进农业技术的推广，以及对农产品质量进行监管，维护农户的利益，做好现代高效农业示范园区的服务者[231]。绿色农业科技创新涵盖了科学创新、组织创新、制度创新、管理创新和技术创新，是一个完整的创新体系，由政府为主导，农户和农业企业结合市场需求和非市场理论，合理利用诸多资源进行优化配置和创新的过程[232]。之前的农业科技成果更多地用于提高农作物的产量，但在农业绿色发展方面的科技创新和推广方面力度不够，在新时代追求农业绿色可持续发展，急需对农业绿色创新科技进行开发，并积极地进行创新成果转化来推动农业的绿色可持续发展。

（一）农业体制机制不合理

农业体制机制不合理，使得现代高效山地农业经济得不到制度上的强力支撑。2015 年以来，贵州省农业委员会着力围绕深化农村产权制度改革，截至目前，贵州省 9 个市（州）88 个县（市、区）、贵安新区及 7 个县级经济技术开发区中，实际开展土地确权工作的乡镇共 757 个，占比 55.62%。其中大部分还处于初步摸底调查阶段，涉及全部面积仅一半左右，行政村实际开展土地确权工作的共 6649 个，占比不到 50%[233]。另外，当前贵州全省还没有分级建立农村产权综合交易平台，更没有全部形成市级农村产权交易中心、县级交易所、乡级流转服务站三级农村产权流转服务体系，发展空间还较大。此外，依据贵州省农业委员会对农业的补贴文件可知，虽然已经开展了各种农机购置补贴、良种补贴等综合类农业补贴，但是补贴额度不大，基本不能对生产有显著的影响，覆盖类别和范围也较小，没能全面覆盖主要的农产品种植。从而，农业支付补贴机制也不够合理。贵州省农业委员会公布的创新农业经营体制机制改革方案中，在培育新型农业经营主体上，规范发展农民合作社、发展家庭农场和壮大农业产业化龙头企业。2016 年，贵州省农业委员会公示了 199 家企业和农民合作社作为贵州第八批农业产业化省级龙头企业，但其带动作用还需进一步完善和发展。综合而言，全省科学的农业经营体制机制虽处于不断建立健全的过程中，但是还不够完全成熟，进而使得现代高效山地农业经济得不到制度上的强力支撑。毕节市大方县"十二五"进行的农业经营体制机制的改革创新是贵州省各市体制机制改革的代表，其改革的重点主要在以下 6 个方面：运用财政、税收等手段来壮大发展农业龙头企业，创建多种形式的联动机制，极力推广"龙头企业＋农民合作社＋农户＋基地"的组织形式；大力招商引资，投资大方县特色农业项目；培育新型农业经营主体，扶持农民合作社，承担相关项目的运营；组建融资担保公司，提供金融产品，减轻企业的融资压力；推进土地承包经营权的流转，提高闲置土地的利用率；培育多元化的农业社会化服务组织，为农户提供经营所需的信息等服务。大方县在农业经营体制机制改革上有很好的示范效应，通过政府支持和农业经营体制机制创新，大方县规划建设现代高效农业园区 42 个，其中省级重点园区 8 个，市级园区 2 个，县级园区 1 个，乡级精品农业园区 31 个，农业园区核心示范面积达 3.48 万亩，辐射带动面积 20.84 万亩[234]。在推进园区建设的过程中，大方县探索总结了一些经验做法，并取得较好成效。

（二）农业绿色创新科技成果较少且转化率低

农业绿色创新科技成果较少且转化率低，使得现代高效山地农业经济得不到科技上的强力支撑。贵州省大部分地区的农户不仅经营规模小、收入弹性很低，"一家一户"地分散经营，生产规模小，科技水平低，只能从事简单的模仿创新。大批量的分散的小生产农户，客观上制约了农业科技创新进程，更难以进行绿色农业科技创新。企业作为绿色科技创新的另外一个主体，因为绿色农业具有投入大、风险高、收益高的特性，企业收回成本时间周期较长，且科技创新型农业企业的资金需求通常是传统农业企业的 30 多倍，这也成为企业发展的限制因素。另外，国内在绿色农业科技创新方面的投入逐年增加，这些投入的增长大部分由政府主导与负责，虽然投入得到了增加，但是总体的情况还是偏低。据有关资料表明，我国农业科技成果转化率只有 30%左右，而发达国家在 80%左右[235]，国内尚且如此，贵州也不可例外。在贵州省委、省政府的领导下，在科技部、农业部等部门的大力支持下，以农业科技创新为主导，以加快农业科技成果转化为核心，大力实施农业科技示范园区建设，为农业科技成果转化、推广搭建了平台。通过加大对农业科技示范园区的支持力度，较好地促进了农业新技术的有序传播，辐射带动周边地区农民种植新品种、运用新技术、使用新设备的能力。但是由于县级科技管理部门不健全，致使农业科技成果推广得不到县级政府的重视，对农业科技人员的关心、支持力度不够，挫伤了农业科技人才科技创新的积极性，科技人员深入基层开展农业科技成果转化的积极性不高，抑制了农业科技成果的推广和应用；另外，科技投入经费不足，从 2016 年贵州省财政厅公布的财政收支情况可以看出，目前全省的科技投入仅占全省财政支出的 2%左右，无法保障农业技术推广工作的正常开展，延缓了农业科技创新步伐[236]。从贵州省科学技术厅对贵州省 2017 年度第一批科技成果转化计划项目公示中可看出，农业领域的成果转化项目较少且还处于计划期，可见全省农业科技成果在量和转化度上都处于低缓发展水平，进而不能为贵州省发展现代高效山地农业经济提供科技上的强力支撑，也是推动农业供给侧结构性改革的另一重阻力。

七、农业发展基础限制，产业化发展制约因素突出

对农业发展基础的评价主要是农业生产条件评价，从农业生态和生产的要求出发，对其自然、社会环境条件的有利与不利方面，以及对农业生产的影响程度进行综合分析评价，包括自然条件评价、社会经济条件评价和技术装备条件评价等。自然条件评价又包括光热、水分、土地和生物条件评价等，社会经济条件评价包括社会经济发展历史、人口劳动力、交通运输、工业和城镇基础条件评价等，技术装备条件评价包括农业技术装备、技术水平和劳动素养评价等。农业产业化是以市场为导向，以经济效益为中心，以主导产业、产品为重点，优化组合各种生产要素，实行区域化布局、专业化生产、规模化建设、系列化加工、社会化服务、企业化管理，形成种养加工、产供销、贸工农、农工商、农科教一体化经营体系，使农业走上自我发展、自我积累、自我约束、自我调节的良性发展轨道的现代化经营方式和产业组织形式。它实质上是指对传统农业进行技术改造，推动农业科技进步的过程。这种经营模式从整体上推进传统农业向现代农业的转变，是加速农业现代化的有效途径。结合贵州实际，农业发展基础受限，产业化发展制约因素突出，其表现在以下两个方面。

一是受到山区地形地貌的限制，贵州省农业发展基础薄弱。第一，贵州生态环境脆弱，耕地破碎，自然灾害频发，水土流失、石漠化问题突出，这些自然的气候条件就限制了贵州农业基础的生长条件。第二，贵州地形条件复杂，交通、水利等基础设施建设难度大、成本高，贵州基础设施投入成本是其他平原地区的4—5 倍，农业发展的保障设施也没起到良好的作用，且社会化服务体系不健全。第三，贵州缺乏发展规模化、机械化、设施化为主要特征的现代农业的良好自然条件，因而贵州不能依靠传统的思维和常规路径发展现代农业，因地制宜积极发展贵州特色的现代山地高效农业，山地农业、高原农业和喀斯特农业是贵州的特色农业方式。第四，贵州省属于发展落后的省份，相应的农业技术和生产方式落后，绿色农业科技创新少，且成果的转化率低，农业的生产效率低。产业化的经营主体也是影响贵州农业发展的重要因素，这个主体主要包括农户、农业企业和农民合作社，由于大量的农民进城务工，留守家中的剩余劳动力大多是老人、妇女和小孩，劳动力专业技能较低。贵州的龙头企业处在发展的过程中，企业还未成熟，也会存在一定的问题，在产业化过程中的带动作用效果不明显。贵州的农民合作社总体上还是在初级阶段，自身的管理还不规范，还未能充分发挥对农户的帮扶作用，产业扶贫受到限制。

二是贵州是我国西部内陆省份，山地丘陵多，交通困难，通信落后，阻碍了与外界的商贸交流、信息交流和人才交流，长期处于一种自我封闭式的自给自足的传统经济状态。地理位置上的边缘性也导致了贵州在经济、文化和政治上的边缘化。在农业产业化经营中，由于山区农户居住分散，交通不便，信息不畅，农民合作成本高，难以形成农业规模化效应，产品的市场化程度低。在产品价值链上，贵州特色农业产业发展迅速，生产出茶叶、中药材、蓝莓、辣椒、马铃薯、猕猴桃等特色农产品，但农产品加工远跟不上产业规模发展的步伐，产业链短、产品附加值低等问题制约了贵州特色农业产业发展[237]。贵州省农业产业化龙头企业发展迅速，带动了贵州农业的产业化进程，但其发展过程中还是存在一系列问题。近年来，贵州省通过专项资金扶持农业产业化龙头企业、引进农业企业和出口农产品加工企业、帮助企业建设原料基地、研发新产品新技术、开拓市场等途径，培育了一批农业产业化龙头企业，带动农民增收致富，使全省农业产业化发展呈现良好势头。在农业产业化发展过程中，龙头企业一头联系市场，一头牵动基地和农户，同时也激励和带动农村各种农业专业合作组织的产生和发展。据统计，2010年贵州省在农业产业化经营过程中，龙头企业数量众多，但大多数都是地市级龙头企业，占总体84%的比重，企业资产总额在三千万以上的寥寥无几，只有1%[238]。2017年，贵州省人民政府办公厅关于印发《贵州省发展农业龙头企业助推脱贫攻坚三年行动方案（2017—2019年）》的通知中提到，2017年底要建设省级以上龙头企业711家以上，资产总额630亿元以上，年销售收入570亿元以上；从省外引进龙头企业达600家以上；龙头企业带动农户130万户468万人，其中贫困户30万户110万人。到2019年，力争培育省级以上龙头企业1000家以上，力争从省外引进龙头企业1000家以上[239]。这些龙头企业在带动农户进市场、促进农业产业化进程中发挥了重要作用，但也存在不少问题。据《贵州省农业产业化龙头企业经营发展调查报告》分析，目前贵州省农业产业化龙头企业还存在以下问题：一是规模小，管理不规范，层次低，带动能力弱，辐射范围小，实力不强；二是发展不成熟，市场拓展难，管理水平和科研能力低；三是信用等级低、资产负债高，融资困难；四是缺乏人才，产业化经营水平低；五是企业的土地使用权不稳定，经营风险大。从总体上看，贵州省农业产业化的发展还处于初级阶段，产业运行仍处于无序状态，农户—基地—企业—市场连接松散、约束不严，龙头企业信用度低、资金筹措困难、产业牵动不力。只有逐步解决这些问题，才能使农业产业化经营健康发展[240]。

八、农产品销售渠道窄，电子商务平台运营效果不理想

农业电子商务平台是指利用现代信息技术（互联网、计算机、多媒体等）为从事涉农领域的生产经营主体提供在网上完成产品或服务的销售、购买和电子支付等业务交易的网站平台。农业电子商务平台将农产品和互联网技术连接起来，突破地理限制，扩大农产品的流通范围，实现农产品资源的优化整合，是发展现代农业的契机。据商务部电子商务和信息化司数据显示，我国农业电子商务平台的发展经历了一个极速发展的过程，在全国3万家的电子商务平台中，农产品的专业电子商务平台将近3000家，且电子商务平台上的农产品品种范围广，推动农业增效和农民增收[241]。贵州也出现了一些农产品的电子商务平台，如贵农网、"黔货出山"、淘宝网"特色中国·贵州馆"、淘宝安顺馆、京东贵州扶贫馆等，将部分贵州特色农产品销售出去，走出大山，但贵州农产品的销售还是依靠传统的各级销售商，农产品的电子商务尚处于初级阶段，会存在一些问题。

一是贵州农产品销售渠道窄，产品多局限于当地销售。贵州农产品传统上的销售渠道较为单一，大部分农产品销售主要依靠中介贸易公司，也就是说农户将农产品卖给当地收购商，收购商再转卖给其他代理商，然后代理商将农产品运送到各卖场、超市等地方，农产品到最终消费者的手中要经过几级的分销商。贵州地区经济发展落后，产品信息不及时，可能还会出现产销脱节，最终导致农产品滞销。

二是农户的电子商务意识薄弱，互联网意识不强。随着"互联网＋"在中国各行各业的快速发展，互联网的技术平台带来较大收益。但贵州的互联网到农户的普及率不高，基本的信息网络的基础设施不完善；农户对电子商务平台不了解，还没有电子商业的经营概念，缺乏现代信息网络知识，缺少市场供求信息，对线上支付、电子商务物流等概念不清晰。

三是电子商务专业人才少，各部门之间的服务体系不健全。电子商务技术对人的综合素质要求比较高，它以计算机技术为基础，还需要了解营销学、管理学和现代物流等专业的学科，需要的是复合型人才。贵州整体的教育水平不高、农民的文化素质低、网络知识不健全、电子商务意识不强，对电子商务人才需求量大。同时，农产品电子商务的顺利运作基于多部门之间的良好合作，需要建立集融资、信息传导、农业指导、供应链管理和物流等管理机制为一体的综合服务系

统，为农产品电子商务的发展提供保障措施。

四是交通基础设施落后，物流成本高。贵州省地形特殊，山地和丘陵占92.5%，山路崎岖，对四通八达的交通设施建设提出了极大的挑战，公路、铁路建设难度大且工期长，现有的公路质量较差，这些硬性条件导致贵州农产品的物流成本偏高，直接加大了农产品的成本，减少了本来就不高的利益空间。由于贵州冷链物流基地的技术差，农产品的保质期较短，市场受到限制，再加上落后的交通体系，冷链物流发展慢。还有，专业的第三方物流公司较少，覆盖率低，在一定程度上限制了农产品出山。

第三节　本　章　小　结

农业供给侧结构性改革是现代农业发展、乡村振兴和脱贫攻坚的必经之路，贵州省政府机构也出台了一系列农业供给侧结构性改革的相关政策，将改革的总体思路归纳起来，就是实现"四个转变"、完成"九大任务"。目前，贵州省农业的发展也取得了一定的成效，利用其特色的现代山地高效农业、重点建设的现代高效农业示范园区建设效果明显，形成了茶叶、马铃薯、中药材、蓝莓、辣椒、猕猴桃等地理标志品牌，水利、交通等基础设施和社会服务体系逐步完善，经营主体进一步多元化。但是贵州的农业供给侧结构性改革还处于初级阶段，会存在以下八大问题：一是无公害绿色有机农产品规模化、标准化程度低；二是农村劳动力专业技能落后，自我革新意愿不高；三是农业产品发展质量效益不高，品牌化意识不强；四是农业产业结构不够完整与合理，生产效率低下；五是现代高效农业发展缓慢，绿色发展理念落后；六是体制机制不合理，绿色创新科技成果转化不够；七是农业发展基础受限，产业化发展制约因素突出；八是农产品销售渠道窄，电子商务平台运营效果不理想。但是，贵州省农业在绿色发展理念、乡村振兴战略和强农惠农富农政策的指引下，继续坚持农业供给侧结构性改革的主线，依据现在存在的问题，紧随市场变化，调整农业产业结构、实现无公害绿色有机农产品的适度规模化和标准化，提升剩余劳动力的专业技能，加强农产品品牌培育，发展现代高效农业，改善农业体制机制，提高绿色创新科技的转换率，推动农业产业化发展等，探索坚持绿色发展理念推进贵州农业供给侧结构性改革的路径，对贵州农业进行全方位的调整和改革，推进优势特色产业发展，推动农业的提质增效和转型升级，实现农业现代化、农村繁荣发展、农民共同富裕。

第六章 坚持绿色发展理念推进贵州农业供给侧结构性改革的路径

第一节 调整绿色化的农业产业结构，坚持农业绿色发展道路

　　1991—2012 年贵州省种植业、林业、畜牧业、渔业产值基本保持上升趋势。1991 年种植业、林业、畜牧业、渔业产值分别为 112.08 亿元、9.44 亿元、42.68 亿元、1.14 亿元,其所占农业总产值比例分别为 67.79%、5.71%、25.81%、0.69%。2012 年种植业、林业、畜牧业、渔业产值分别为 864.86 亿元、54.19 亿元、421.55 亿元、28.21 亿元,其所占农业总产值比例分别为 60.20%、3.77%、29.34%、1.96%[242]。从数值结果可以看出，种植业影响作用最大，之后是畜牧业和林业，而渔业影响不显著。伴随着经济发展和农业现代化水平提高，从农业整体发展趋势来看，种植业的比重是逐年降低的，林业、畜牧业和渔业所占的比重整体上是增加的，贵州急需调整农业产业结构。长期来看，种植业在农业产业结构中的比重是最大的，随着经济的发展和科技的进步，农业特别是其中的种植业，只有以市场为导向，适时调整种植结构，利用当地特色农业，开发特色农产品品牌，建立现代高效农业示范园区，实现适度规模化和标准化，才能提高种植业的经济效益，增加农民收入。调整绿色化的农业产业结构，以农业为支撑，积极响应贵州"大数据""大旅游""大生态""大扶贫""大健康"的号召，发展与相关产业的融合。现代农业追求绿色可持续发展，在坚持农业绿色发展道路的基础上，推进农村一二三产业融合发展，促进农业转型升级，努力建设现代高效、绿色生态、循环发展的生态农业，构建人与自然和谐共生的农业发展新格局，推动形成绿色生产方式和生活方式，实现农业强、农民富、农村美。因此，调整绿色化的农业产业结构，坚持农业绿色发展道路，主要包括以下三个方面。

一、农业产业选择要有竞争优势，发展前景好、有竞争能力的产业

把贵州农业与大健康产业整合在一起，促进以人民的健康生活为宗旨的健康农业的发展。首先，充分发挥贵州独特的绿水青山的生态优势，大力培育农业与大健康产业集群，大量发展以"医"为支撑的医疗产业，重点发展中医药种植，如丹寨县绿海蓝星现代高效农业示范园区种植石斛，进而使农业药材种植与大健康医药产业得到充分的整合。继续保持大健康医药产业"发展提速、供给提质、贡献提高、带动提升"的上升态势。其次，形成以"养"为支撑的保健养生产业，推动大健康与农业休闲观光旅游深度的融合，积极发展"康养产业""休闲农业"等旅游新产业，探索新产业、新业态和新模式。最后，形成以"质"为支撑的绿色食品产业，充分利用贵州省"湿、潮、雨水多"的气候环境，建设相应的高效生态农业产业园，大力发展优质的绿色有机食用菌种植产业和优质的绿色有机果蔬产业，将农业种植与大健康食品产业充分整合。把贵州农业与大扶贫产业结合在一起，积极培育龙头企业、农民合作社、种养大户、家庭农场等新型农业经营主体，提高农户的专业技能，因地制宜地发展特色农业，提高产业扶贫的精准性。贵州的农业产业脱贫是贵州省脱贫攻坚"四场硬仗"的关键，重点推进蔬菜、茶叶、食用菌、生态家禽、中药材等产业发展，目前发展起来的农产品品牌有湄潭"遵义红"红茶、雷公山清明茶、都匀毛尖、兴仁薏仁米、威宁马铃薯、麻江蓝莓等知名度比较高的农业产业品牌，在实现"一村一品"的道路上前进。六盘水市钟山区依托优越的气候资源和环境优势，以农业产业结构调整为契机，在大湾镇、木果镇、保华镇等乡镇发展猴头菇、平菇、羊肚菌等食用菌种植，促进了农村经济的快速发展和农民收入的大幅增长，为农村产业革命找到了好路径、好方法。

二、以市场需求为导向，延长已有农产品产业链，推进高附加值的产业发展

充分发挥"互联网＋农业"的优势，以及利用好贵州省主推的大数据技术，及时收集、整理市场需求信息，对传统农业进行升级改造，使大数据成为农业现代化建设和农业供给侧结构性改革的动力。要加快构建贵州大数据资源和信息体系，整理好农业数据，通过手机将其传送到农户的手中，也可以把农业新技术推广出去。然后，根据当前实际的需求变化，不断地推动农产品产业结构优化调整，积极培育无公害绿色有机农产品，降低当前全省低端、初级农产品的数量，如稻米、马铃薯等，提高高端、深加工农产品的产量，如优质稻米、薏仁、荞麦、茶

叶、食用菌、牛奶等，深化农产品产业链条，增加绿色优质农产品的附加值，提升农业发展的整体经济效益。如丹寨县贵州茅台生态农业产业发展有限公司建设的高标准蓝莓种植基地，该基地通过深加工延伸产业链，体验式消费等方式来宣传产品、销售产品，做到了产销对接。

三、从本地绿色生态特色的角度出发，推动新型生态产业的创新发展

首先，充分发挥贵州省生物资源多样、生态环境良好、农业污染源少的优势，大力发展无公害绿色有机农产品产业。主要发展生态畜牧、茶叶、蔬菜、精品水果、马铃薯、中药材、核桃、油茶、特色食粮和特色渔业等特色生态产业，形成覆盖贵州全省的各个新型生态产业经济区，不仅提高了农业经济效益，也推动了全省"产业扶贫"这一模式的运用与发展。其次，整合绿色的农业资源，大力发展生态农业养生产业的发展。最后，要大力推广"农业＋旅游＋扶贫"模式的农业观光旅游生态产业，不仅满足了市场的需求，同时还带动了当地农户的脱贫致富。在产业升级的过程中，要充分发挥"行业协会＋龙头企业＋农民合作社＋专业大户""企业＋农户""农民合作社＋农户"等新型农业经营主体的带动作用，为农业产业的调整指引方向。

第二节　依据贵州地理特点，推动现代山地特色高效农业发展

贵州省属于中国云贵高原东部高原山地，地形特殊，92.5%都是山地和丘陵。气候上，属于亚热带湿润季风气候，全省年平均气温15.6℃，年降水量1179毫米，年日照时数1182小时，温暖湿润，气温温差大，受地形影响气候不稳定，多样性明显[243]。贵州处于长江和珠江的交错地带，是长江和珠江的生态保护屏障，水资源丰富。依托贵州的地形和气候条件发展现代山地特色高效农业，是实现贵州农业高速发展的必经之路。贵州省生态环境良好，气候条件优越，具备生产优质农产品的自然条件，可采取以下措施大力发展现代山地特色高效农业。

一、加快现代农业科技创新体系建设，推动现代种业和山地农业机械化的发展

一方面，贵州省农业委员会和科学技术厅必须要强化农业科技体制的改革，对具备条件的地区，推广法人责任制和专员制，推行农业领域的科技报告制度。

同时，明晰和保护财政资助科研成果产权，创新成果转化机制，创建各个农业科技成果托管中心和交易性市场。采取多元途径，鼓励科研机构与企业合作研发。加大农业科技创新平台基地建设和技术集成推广力度，推动发展国家农业科技园区协同创新战略联盟，支持现代农业科技创新体系的建设。另一方面，大力发展现代种业和山地农业机械化。建立以"企业＋科研机构"模式为主体的育种创新体系，提升企业和科研机构在种业人才、技术等资源的相互利用率，大力发展育繁推一体化种子企业，进而培育推广一批高产、抗逆、优质且适应贵州省山地地形的、机械化生产的创新性新品种。同时，实施种子企业委托经营的制度，加大对种子全程可追溯监管的力度。此外，分坡度进行机械化作业，对成片平缓作业田大田生产全程机械化，重点突破机插秧、甘蔗机收等环节，对相对高坡度且不连片的作业田开发使用小规模机械化，进而提升山地立体农业的整体机械化水平。另外，通过现代农业科技创新体系建设来推进现代种业和山地农业机械化的发展，最终夯实现代山地特色高效农业发展基础，推进贵州农业供给侧结构性改革。

二、以增加农民收入为立足点，推动山地特色农业全面发展

推动山地特色高效农业供给侧结构性改革，基本的立足点就是增加农民收入，加快山区贫困群众的脱贫致富，提高山区群众的生活质量和水平。山区自然环境优美，生态保护良好，适宜发展特色种植、养殖产业，但是，山区群众经济基础薄弱，文化水平较低，科学技术知识贫乏，道路交通不发达，山地特色农业发展规模小，成本高，效益低，农民收入增加速度缓慢，制约了农村各项事业的发展。深化山地特色农业供给侧结构性改革，积极发展人民群众喜爱的绿色食品、花卉、中药材、农村旅游观光产业，坚持家家有脱贫项目，村村有脱贫产业，人人有脱贫责任，把山区的山山梁梁、沟沟壕壕都充分利用起来，宜林则林、宜牧则牧、宜花则花、宜果则果，需要退耕还林的，坚决退耕还林，保护好生态。只有深化山地特色农业供给侧结构性改革，提供更多更好的绿色产品，才能促进山区百姓经济的发展，鼓起山区群众的钱袋子[244]。镇宁县立足与本地特殊气候条件和土地等资源等优势，结合市场需求，生产高标准、高品质的工业辣椒，在贵州红星发展股份有限公司的带动下，与农民合作社和当地农户签订保底收购协议，将镇宁县工业辣椒销往四川、重庆等地，同时可提取工业辣椒中的辣椒素应用于生物农药、军事等领域，带动农户甚至贫困户增收致富。

三、着力提高道路、水利、电力等基础设施的建设规模和质量，增强农业质量效益和竞争力

贵州省各个农业基础设施建设部门，应加大对这部分工作的处理执行力度，并培养当地农户的积极心理，进行基础设施的建设。同时，要做好引导工作，重点抓好道路、水利、电力等基础设施的项目建设，推进农业高效节水灌溉工程建设、末级渠系建设、田间配套工程建设，打造高效节水现代农业示范园区。此外，要加强信息网络建设，建立专业部门搜集、整理、发布信息，提供长期的市场预测，及时提供国内外市场产品的供求信息。不需要从多方位考虑山地经济的特点，重视基础设施项目工程的建设，夯实现代山地特色高效农业发展根基，进而增强农业质量效益和竞争力。

四、开展立体开发，利用山地垂直分带的自然条件，开辟多层次、多样化的农业生产模式

一方面，依据山地独特的生态生产条件，可以在海拔较高且适宜生长各个优质牧草和灌丛、杂生药材的山地间，建设牧场-药材生产基地。另一方面，在低于牧场-药材生产基地的山地可以大力发展农业经济作物、果蔬结合的生产模式，开发独有贵州特色的经济作物-果蔬生产基地。如赫章核桃、修文猕猴桃、麻江蓝莓、乌当下坝樱桃、水田酥李、蔬菜等果蔬业。另外，在一些旱土的山地大力种植经济作物，如优质油料、茶叶、辣椒、食用菌、中药材等。基于此，才能开辟出多层次、多样化的农业生产模式，从贵州特有的地形地貌资源出发，结合现代农业科学技术，进而夯实现代山地特色高效农业发展的基础，推进贵州农业供给侧结构性改革的进程。

第三节　推进农业适度规模化经营，大力加强培育新型职业农民

推动农业从传统农户分散经营向集约化、专业化、组织化、社会化的转变，是现代高效农业的必经之路。农业规模经营由土地、劳动力、资本、管理四大生产要素的配置进行，其主要目的是扩大生产规模，使单位产品的平均成本降低和收益增加，从而获得良好的经济效益和社会效益，实现劳动效益、技术效益和经济效益的最佳结合。相关政府部门要引导和支持农民以土地、资金、劳动、技术、

产品为纽带，开展多种形式的合作与联合，多路径地去提升农业适度规模经营水平。坚持主攻方向不动摇，以放活土地经营权为重点，落实农村土地集体所有权、农户承包权、土地经营权"三权分置"办法。引导农村土地经营权规范有序流转，支持农民在自愿基础上在村组内互换并地连片耕种，推广股份合作、经营权流转、土地托管等多种形式适度规模经营。引导、鼓励农业产业化龙头企业、农民合作社、专业农户参与规模化经营；鼓励条件基础村集体经济组织组建服务队伍展规模化经营；扶持农户参与连片种植并达面积标准规模化经营同时，深化农村土地制度的改革，在落实农村土地集体所有权的基础上，稳定农户承包权、放活土地承包经营权，依法推进土地经营权的有序流转，发展农业适度规模经营。党的十七大报告强调"培育有文化、懂技术、会经营的新型农民"。2012 年中央一号文件首次提出"大力培育新型职业农民"；2014—2016 年连续 3 年国家的政府工作报告都强调"培养新型职业农民"。新型职业农民是指具有科学文化素质、掌握现代农业生产技能、具有一定经营管理能力、以农业生产、经营或服务作为主要职业，以农业收入为主要生活来源，居住在农村或集镇的农业从业人员。2017 年 1 月 29 日，农业部出台《"十三五"全国新型职业农民培育发展规划》，提出发展目标：到 2020 年全国新型职业农民总量超过 2000 万人[245]。《"十三五"全国新型职业农民培育发展规划》提出，以提高农民、扶持农民、富裕农民为方向，以吸引年轻人务农、培养职业农民为重点，通过培训提高一批、吸引发展一批、培育储备一批，加快构建一支有文化、懂技术、善经营、会管理的新型职业农民队伍。因此，推进农业适度规模经营，大力加强培育新型职业农民，主要包括以下三个方面。

一、因地制宜，推进农业适度规模化经营

我国的农业生产大部分以每户为单位，零碎化和分散化经营，特点是规模小、标准化程度比较低、农产品品种多而杂、农业生产方式机械化程度低等。随着经济的发展，小农经济的生产方式不适合现代农业的发展，贵州省的农业同样具有这种特点，并且由于贵州耕地零散且地形条件特殊，不能按照平原地区的规模化模式来推广，应该充分挖掘当地特有的资源潜力，变劣势为优势。首先，贵州农业实现适度规模化经营要发挥现代山地特色高效农业示范园区的示范引领作用，例如，绥阳县建立了一二三产业融合的示范园区项目，充分利用当地自然资源和人文资源，借助互联网的平台，将工业、农业、旅游业等产业融合在一起，构建了现代都市休闲农业示范基地，带动当地经济的发展。其次，在农业适度规模化的进程中，要完善农业社会化服务体系，制定有利于农户的帮扶政策，提供及时的市场信息和一定的资金政策支持,可通过一定的规模化激励机制来激发农民的积极性和参与度[246]。接着,农业的适度规模化经营对基础的交通、水利设施等有一定的要求,便利的灌溉条件和道路设施给农业的发展提供保障。之后,适度规模化的农业需要先进的农业科学技术作为技术支撑,土地集中规范起来之后,落后的农业工具和种植技术同样不能提高农业收益和使农民增收,使用先进的种植机械也可以使劳动力得到一定的解放。最后,在保证基础设施、技术和资金等前提下,还要培育先进的现代农业经营主体,如农户、企业和农民合作社等,加强对农户的专业技能培训和就业指导,发挥龙头企业的资金和经验的指导带动作用,完善农民合作社的基础信息服务。

二、加大培育新型职业农民,推进农业适度规模化经营

新型职业农民,对政策和市场有比较敏锐的洞察力。农业部部长韩长赋在十二届全国人大五次会议记者会上指出,推进农业供给侧结构性改革,就需要培育新型农业经营主体,包括农村的职业农民,也包括返乡下乡的进城务工人员、大学生、科技人员和退伍军人、农业企业和农民合作社,发挥适度规模经营对结构调整的引领作用[247]。贵州省政府、省农业委员会要强化新型职业农民教育培训体系的建设,扩大农村劳动力的培训平台,对农户实施多种形式(着重普及性培训、职业技能培训、农民学历教育)的教育培训,提升职业农民素质。必须结合贵州省山地农业的情形,对培训内容和方式进行创新来适应实际需要,不可盲目照搬其他模式。必须要通过专业合作组织、典型示范引领、创业实践等多途径去加快新型职业农民的成长。此外,要着重发展家庭农场、专业大户、农民合作社、农业企业和各类农业服务组织,壮大新型职业农民队伍,最终在全省形成生产型、服务型及经营型的新型职业农民体系。在提高农户整体素质的基础上,把农户特长同各个农业生产的环节契合,提高农户的专业技能。同时企业可与各大高校合作,开设具有针对性的专业,培养专业人才。如贵州大学结合贵州特色,相继开办了白酒学院、大数据与信息工程学院、药学院、烟草学院等一些服务于地方农业经济发展的特色学院,这些学院的学生要在导师指导下,深入到各个农业园区,参与基层的农业生产,理论结合实践,实现科研与农业的紧密结合。

三、积极组建农民合作社,推动农业适度规模化经营

传统的"一家一户"的生产经营方式,可以满足人们温饱,但难以致富。建

立农民合作社，将农户和企业经营主体联系起来，可以调动农户的积极性，激发农村经济发展的内生动力。政府对进行农户关于农民合作社的专业培训，提高生产技术水平，提供各种服务保障。农民合作社同各个参与进来的农户建立利益联结机制，实现利益最大化。2018 年德江县桶井土家族乡（简称桶井乡）共建立39 家农民合作社，带领 6000 户农民加入到新的产业革命中。随着大量的劳动力进城打工，农村剩余劳动力缺乏，生产方式落后，农业效率低下。农民合作社把农户召集起来，结合市场，发展高效农业、特色养殖业、旅游业，按投分配，按劳分配，按需分配，全民齐心创新高。在农民合作社的带领下，桶井乡改头换面，发展 1.7 万亩花椒、8000 亩经果林示范基地、套种 5000 亩紫红薯、2000 亩菊花基地、多个特色养殖场，交通、水利、通信等基础设施完善，在政府、农民合作社、农户的共同努力下，向共同富裕的道路迈进[248]。

第四节　融入现代农业科技，打造绿色现代高效农业示范园区

现代农业发展过程中，目的是要实现农业产业化，农业产业化的实现要依托于现代农业科技。农业发展是要注入先进的农业科学技术，加强农业信息化建设，加大农业科技的转化成果，使这些技术真真切切地满足农民的技术需求。现代高效农业示范园区是被贵州试验过的最符合贵州地理、气候和农户的农业发展方式，要集中力量打造现代高效农业示范园区。在地区主导的产业下，积极联合具备专业技能的学生、专家、当地农业技术部门组成科研团队，进行培育研发，积极进行主导产业的示范推广，完善多元化的农业科技推广体系，充分发挥产学研的优势。

一、依靠先进的农业科技，加大推进绿色现代高效农业示范园区建设的力度

针对特色产业，加强对农户的技术培训和相关服务，为产业发展提供技术支撑。贵州省政府、省农业委员会要统一规划，各地分级管理。强化绿色发展新理念对园区规划建设的引领作用，且顺从自然、经济、市场的规律，因绿色生态环境而异，合理建设。此外，贵州省联席会议办公室要根据全省独特的生态环境，创建出适合贵州的省级农业标准示范园区的指标体系，着重关注园区建设的重点问题，如园区的核心产业是什么，核心区和辐射带动区的规模多大，企业的配套、综合效益、带动农民增收的成果怎样，等等，逐步实现现代高效

农业示范园区的标准化管理。通过进一步利用现代大数据技术对其加以量化，实时监测示范园区的各项指标，从而更加直观地反映建设的效益。还有，实施逐级推荐申报，省级评审认定，完善一个，申报一个，认定一个，实施奖励一个，最终提升和增加绿色现代高效农业示范园区的建设质量和数量，推进贵州农业供给侧结构性改革。修文县的猕猴桃产业一波三折，最开始的猕猴桃基地建设和特色产业一度成为贵州农业产业结构调整的案例，之后，猕猴桃的种植和管理粗放，且农户之间进行恶意竞争，品质无保证且价格低，猕猴桃产业一度跌至谷底，好在政府重造特色农业产业，政府和社会资金的引入，基础设施和各项标准的完善，积极同高校专家和科学研究院合作，培育栽培的新技术，解决相关技术难题。修文县重塑并完善了猕猴桃产业示范园区。猕猴桃"贵长"品种也被评为无公害农产品认证和国家地理标志商标。修文县的成功源于品牌的建设和维护，同时也依托于科技的创新和推广，这一产业兴盛的过程就是一个现代农业科技创新和运用的过程。

二、避免"千篇一律"的园区建设，要突出各个园区的核心产业地位

全省各个部门必须要以《贵州省"十三五"现代山地特色高效农业发展规划》中的各个专项规划思想为纲领，不能盲目地仿照其他地方的经营模式，切忌"拿来主义"，掩盖和失去本地区特色。同时，因地制宜，立足资源禀赋、比较优势和产业基础，坚持一园一业，突出各个园区的核心、主导产业，按照一村一品、一乡一特、一县一业的发展思路，促进产业的区域化布局、专业化生产、规模化经营，避免"千篇一律"的园区建设，以当地特色产业为出发点，形成各具特色的绿色现代高效农业示范园区来推进贵州农业供给侧结构性改革。

三、要充分发挥龙头企业的引领和带动作用，提升园区建设的效益与速度

省级、各地农业委员会必须充分发挥招商引资对绿色现代高效农业示范园区的引领作用，疏通生产、加工、流通和销售等各产业链条和环节。在原有招商引资的基础上，扩大园区招商引资规模和层面，丰富各类资本的流入，尽可能地使每个示范园区都有龙头企业这一新型农业经营主体。像现代高效蔬菜产业示范园区的建设一样，示范园区及时引进了贵州黔农农业科技有限责任公司、贵州高山大丰农业投资发展有限公司、中国网络菜市场等有实力、符合当地实际发展需要的龙头企业入驻。这些龙头企业通过科技支撑、订单保底等措施，大力构建蔬菜现代产业体系。绿色蔬菜的全产业链发展模式带动了全区蔬

菜产业化、规模化发展。因此，要扩大园区范围和种类，吸引更多的龙头企业加入到园区建设的大军，如再次构建红茶绿茶全产业链、食用菌全产业链等发展模式去提升绿色现代高效农业示范园区的效益与速度，推进贵州农业供给侧结构性改革。

四、加大示范园区农产品质量安全的监督与管理力度，提升园区整体品质

贵州省独特的绿色生态环境，使得绿色现代高效农业示范园区的产品更是优质。一方面，省食品质量监管部门、省农业委员会及各地相关部门，把示范园区质量安全监督与管理作为提升产品市场竞争力主要方式来抓，对无公害农产品、绿色食品、有机农产品、农产品地理标志的"三品一标"的认证上加快建设步伐。同时，支持和鼓励各类新型农业经营主体将经营产品积极开展"三品一标"认证，认证后使农产品具有品牌和质量优势，提高竞争力。另一方面，要重视制定农产品质量评价标准，用科学的衡量指标将其质量进行量化，确保农产品的质量过关，园区的优势产业要形成贵州的示范标准，乃至全国的示范标准。

第五节 抓住乡村振兴时代机遇，发力休闲经济
开发旅游潜力

乡村振兴战略是习近平总书记于 2017 年 10 月 18 日在党的十九大报告中提出的，2018 年 2 月 4 日，2018 年中央一号文件公布，即《中共中央 国务院关于实施乡村振兴战略的意见》，都突出强调了新时期乡村振兴的重要战略地位，让农业成为有奔头的产业，让农民成为有吸引力的职业，让农村成为安居乐业的美丽家园。党的十九大报告提出了乡村振兴战略，这是"五位一体"总体布局在乡村领域的具体落实，是社会主义新农村建设的升级版。将乡村振兴战略的内容与新农村建设相比较，内涵与外延都有很大的提升："产业兴旺"代替了"生产发展"，突出了产业发展的重要性和一二三产业的融合发展；"生活富裕"代替了"生活宽裕"，标志着农民群众的生活水平要有更大的提高；"生态宜居"代替了"村容整洁"，把生态文明建设摆在了乡村建设极其重要的位置；"治理有效"代替了"管理民主"，强调治理体制与结构的改革与完善，强调治理效率和基层农民群众的主动参与[249]。2017 年中央农村工作会议明确了实施乡村振兴战略的目标任务：到 2020 年，乡村振兴取得重要进展，制度框架和政策体系基本形成；到 2035 年，乡村振兴取得决定性进展，农业农村现

代化基本实现；到 2050 年，乡村全面振兴，农业强、农村美、农民富全面实现。乡村振兴战略要处理好与新型城镇化、传统产业和现代特色农业之间的关系，保障优质农产品的供给，积极发展农民受益的新的农业发展模式[250]。农业农村部部长韩长赋在 2018 年博鳌亚洲论坛年会"转型中的农民与农村"分论坛上指出主要从以下 5 个方面推进乡村振兴战略：推进农业的高质量发展；推进农村人居环境整治；推进农村基础设施建设；推进农村公共服务改善；推动农村人才建设[251]。休闲经济是社会经济发展的产物，是以人的休闲消费、休闲心理、休闲行为、休闲需求为考察对象，以满足人的个性、多样性、多元性发展为目的，注重人与自然的和谐相处。

一、推广新型发展模式

乡村振兴战略背景下，充分发挥贵州地理多样性、旅游资源丰富的优势，推广"农业＋景观"的新型发展模式，充分发挥农业的多功能性。省、各地旅游规划部门及农业委员会，要全面系统地调查研究当地独特的农业资源及景观，进行分类归档，统一规划开发，统一营销宣传，转变原先农业与旅游景观的对立发展模式，充分将农业资源开发与旅游景观规划有机结合，协调发展，打造贵州特色的休闲旅游农业发展模式。一方面，要大力开发和打造如黔东南州黎平县的侗寨和梯田农业景观。此外，还可以吸取油菜农旅有机结合发展的先进成功经验，进一步开发和扩大都匀毛尖、凤冈富锌富硒茶、贵定云雾贡茶、梵净山翠峰茶等休闲旅游茶园。此外，要大力发展绿色、有机的果蔬休闲农业采摘园等，进而开发出像哒啦仙谷、娘娘山等具有各地特色的休闲农业和乡村旅游功能的园区，以点带面，辐射全省。另一方面，在开发和推广景点时，加大对茶业、辣椒、刺梨、马铃薯、薏仁等贵州特色高效农产品质量安全监管力度，进而为市场供给优质的贵州特色农产品，多途径提高"农业＋景观模式"的经济效益。其次，可以充分利用贵州的绿色自然景观发展"森林康美"新业态，充分体现"创新、协调、绿色、开放、共享"的发展理念，以森林景观等自然资源和生态文化为依托进行健康养身，配备养生休闲、医疗设施、交通等基础设施，进行度假和疗养，这样的休闲体验对人体的健康有保健作用，修身养性。基于此，才能够着力和重点发展生态休闲、旅游农业经济，推进贵州农业供给侧结构性改革的进程。

二、扩大市场，提升农业经济效益

多途径地扩大全省生态休闲、"休闲农业＋乡村旅游"、"中国特色小镇"的市场，提升其农业经济效益。一方面，政府部门要对全省已有的、成熟的生态休闲旅游农业区，进行统一布局规划、统一宣传，如在北上广等一线城市，开展"贵州农业休闲旅游宣传日"的活动，吸引东部发达地区的消费者，从而提升贵州生态农旅的知名度。另一方面，在最大程度上提高生态休闲和旅游农业的经济效益，要扩大农产品销售市场。如可于各大农业休闲旅游景区开设贵州特色的产品直供直销的专卖店；发挥贵州省大数据的产业基础优势来推动农旅区的产品电子商务的线上线下销售等途径，提升农产品销售空间，开拓更多的市场途径，进而打造农业生态休闲旅游"搭台"，农产品"借台唱戏"的链条营销模式，实现贵州绿色农产品风行天下的目标。田园综合体下的中国新农村，努力打造"特色小镇＋农业＋低空＋生态＋养生＋文化"多元结合的新模式。住房和城乡建设部、国家发展和改革委员会、财政部明确提出，到 2020 年，中国将打造培育 1000 个左右特色小镇，来促进农村地产经济的发展[252]。这种特色小镇是指有明确的产业定位、文化内涵、旅游，以及一定的社区功能的发展空间平台。贵州有天然的自然优势，选取各市（州）周边的地区有基础的现代生态农业为支撑，包括医疗、教育、生态农业、旅游、餐饮和文化等基础设施齐全的地段打造特色小镇。中国经济发展迅速，大龄人口集聚到一二线城市，城市人口压力大，环境压力大，且已接近老龄化社会，越来越多的人追求慢生活，追求有品质的生活质量。乡村振兴的背景下，农村接收了很多产业的转移，依托现代农业的产业特色，是生态养生的不二之选，这种特色小镇符合时代发展的背景。因此，才能够多途径地扩大全省生态休闲和旅游农业的市场，提升其农业经济效益，推进贵州农业供给侧结构性改革。

第六节　发挥贵州农产品特色，强化绿色有机农产品品牌建设

贵州的山地特色和独特的气候条件，为贵州特色农产品的发展提供得天独厚的优势，地方特色农产品的产业发展潜力大，有丰富的农产品地理标志品牌的资源优势，农产品出山、出省、出国的保证是要打造特色农产品的品牌，积极利用知识产权，充分发挥贵州农产品品牌价值对贵州农业经济的发展的引领作用。结

合前文对贵州品牌建设现状的分析，贵州在农产品品牌上的成果不够，就贵州农产品地理标志品牌建设而言，存在以下几个问题：品牌的地区分布不均；农产品品种集中在茶叶、米、水果、蔬菜等，丰富的农产品资源利用度不够；农产品的保护方式不协调；农户的品牌意识薄弱；行业的监管不到位[253]。结合现在贵州农产品的品牌现状，主要可以从以下几个方面来改善。

一、完善农产品品牌的法律保护制度

建立健全代表贵州地理标志的绿色有机农产品品牌管理机制，加大规范化、制度化管理力度，还需要一个完善的农产品品牌的法律保护制度。从前文可以看出，贵州的农产品品牌建设缺乏合理有效的监管运行机制，农户和企业盲目追求经济利益、规模效益，经营混乱，小企业之间进行恶性竞争，在品牌构建上出现众多问题。贵州省工商行政部门、商标部门要以国家商标、品牌管理的要求与标准为前提，积极吸取国内外先进的品牌管理机制，并结合当前贵州"生态贵州·绿色产品"这一公共品牌的独有特色，建立健全符合品牌申请、品牌核实、部门审批、品牌认证、品牌使用、品牌追溯等各个阶段的管理机制体系，明确各部门的岗位职责，加强部门之间的协调合作，改变杂乱的管理现状。此外，要加大对如罗甸火龙果、威宁洋芋、黔北麻羊、长顺绿壳鸡蛋等一些贵州驰名商标、著名商标的规范化、制度化管理力度。积极发挥行业协会的价值，相比政府，行业协会更能了解市场和行业的动态，向行业协会授予一定的品牌管理职能，更深入、高质量地加强品牌的管理，最终形成独属于贵州标准的绿色有机农产品的品牌体系，为推动贵州农业供给侧结构性改革打下基础。

二、培育经营主体品牌意识，保障农产品质量

制定和推广"贵州标准"，加大经营主体品牌意识的培育和农产品质量的保障力度。首先，对经营主体加大品牌意识的培育。现代市场上消费者的消费方式由之前的产品消费转变为品牌消费，消费者心中形成一定的品牌意识，崇尚品牌，有很高的品牌知名度，也会决定自己的消费行为。强化农户和企业的品牌意识，识别消费者的消费倾向，在生产经营中，创建和经营自己的品牌，提高核心竞争力。在加快推进农业标准化和规模化生产进程时，省、各地农业技术部门要倾向于将资金、人才、设备用于研究制定符合贵州实际情况的绿色有机农产品品质的认定上，积极吸取像山东着力打造的"菜篮子"标准一样，探索出和制定出具有代表性、高水平的"贵州标准"，并在全省乃至全国推广，形成农产品"有标准

可依，违标准必究"的格局，进而提升绿色有机农产品的品牌知名度。其次，建立和完善无公害农产品、绿色食品、有机农产品和地理标志产品的发展认证机制，着力创建一批"三品一标"的高品质、高标准农产品公共性引领品牌。同时，还要加大全省名牌产品、气候品质认证和有机产品认证等评定的工作力度，进而不断依照"贵州标准"增加全省"三品一标"的认证数量，在原先3300多个的基础上进行突破式的增加。最后，建立健全贵州省、市、县、乡农产品质量安全监测监管四级体系，同时加快向村级延伸的步伐，建立"从种子到产品、从农田到餐桌"全程可追溯、互联共享的农产品质量和食品安全监管制度，进而实现县、乡农产品质量安全监测全覆盖，加大对农产品质量的保障力度，为农产品品牌建设做后盾，以此推进贵州农业供给侧的改革进程。

三、加大绿色有机农产品的市场宣传力度，提升市场品牌认知度

首先，充分发挥贵州作为全国大数据产业基地、电子商务产业示范区的优势，加大发展农产品电子商务的力度，相关政府、企业要积极组织推介农业园区的优势特色农产品进入农经网、贵龙网、京东、天猫等，借助互联网平台，开设自己的农产品品牌网上店铺，以此来拓宽销售渠道，提高品牌认知、影响力和市场竞争力。其次，创建一批产地交易性市场、专业批发市场和区域性综合性商贸冷链物流基地，在县城所在地和有条件的乡镇建设一批集贸市场，整合零散的农产品，提供销售平台，支持农产品生产企业开拓国际国内市场，发展农产品连锁经营、物流配送等新型流通方式，进而为贵州农产品品牌的打造和宣传提供强大的"后勤保障"。最后，加大名特优农产品的宣传推介力度，大力发展农业会展经济，承办好全国性农产品展会，建设贵州名特优农产品展示交易中心，推动更多"黔货出山"，进而加大绿色有机农产品的市场宣传力度，提升市场品牌认知度，全省农业经济效益也随之提高，最终为贵州农业供给侧的改革增添一份"新动力"。

第七节　利用贵州大数据的发展优势，发展农产品冷链物流

农产品冷链物流是指水果、蔬菜、肉类等物品在生产、储藏运输、销售，到消费前的各个环节中始终处于规定的低温环境下，以保证物品质量和性能的一项系统工程。它由冷冻加工、冷冻储藏、冷藏运输及配送、冷冻销售四个方

面构成，对各个要素的要求较高[254]。冷链所适用的食品包括蔬菜、肉类、水产品、奶制品和速冻食品等。随着我国经济的发展，农业的储存保鲜技术不断创新，农产品冷链物流业的发展环境和技术条件得到改善，农产品冷链物流业取得一定的发展，国内的一些农产品冷链物流企业迅速崛起，如蒙牛。但总的来说，我国农产品冷链物流体系还不发达，由于冷链物流的投资成本高，利益回收期长，我国的冷链物流也存在一些制约因素，如冷链设施和装备不足，冷链技术水平低且标准和监管体系不健全，产业配套设施不健全。因此农产品的冷链物流还需进一步发展。

　　贵州省的农产品冷链物流更是处于起步阶段，虽然涌现了一些冷链物流企业，各市区投资建设农产品冷链物流园区，也积极建设农产品冷链物流项目，但由于前期投资大且经验不足，贵州农产品冷链物流业也存在一些问题：农产品的冷链体系不成熟；投资成本高，利益回收期长；相关法律法规不健全，行业标准不完善；农产品信息和数据不通畅，生产的农产品与市场需求存在一定的脱节，未形成规模效益。在贵州农产品冷链物流发展的过程中，要充分利用大数据，发挥贵州大数据在交通运输信息、消费者市场需求信息、农产品价格信息等方面的优势，使现有的冷链物流企业能够充分利用云计算、大数据、移动互联网等新技术平台为农产品冷链物流所运用。贵州大数据技术在农产品冷链物流中具有很大的发展潜力，大数据服务于农产品物流的发展具有广阔的发展前景[255]。贵州农产品冷链物流可以从以下几个方面逐步完善发展。

一、建立贵州农产品冷链物流协同信息平台

　　基于大数据平台，建立贵州农产品冷链物流协同信息平台，实现农业市场信息的实时共享。通过大数据可以将农业生产、销售、物流的各个环节连接起来，实现信息的渗透传播。通过农产品冷链物流协同信息平台，可以将农业、运输业、仓储业和信息技术等行业联系起来，在农业和其他行业之间建立统一的标准，将农产品的物流同其他行业串联，将大数据的数据分析结果在各个行业间流动，实现信息资源的共享，促进农产品物流同其他行业共同发展。

二、物流园区建设以地区特色为出发点

　　物流园区的建设要以地区特色为出发点，根据经济发展情况逐步推进。物流园区的建设应根据当地现代高效农业示范园区的特色进行创建，充分利用大数据战略对区域内和几个区域间的农产品流通和流量的监控，来优化种植业、畜牧业

等结构。在保证农产品质量的基础上，大力发展建设农产品物流园区，同时选择实力强大、有发展潜力的冷链物流企业，实现农户、企业、物流企业和物流园区的良性互动，带动区域的整体发展。

三、合理规划道路，完善交通等基础设施建设，降低车辆通行费用

2018 年 4 月，贵州省继续实施了货运车辆通行费打折等优惠政策，共降低车辆通行费 2181.43 万元，另外，省政府安排了 1850 万元专项资金用来支持冷链物流的健康发展，从而提高物流效率，持续降低企业的物流成本[256]。农产品冷链物流技术的开发就是为了克服地理上的困难，保证农产品的质量和口感。时间对于保持农产品的新鲜度、原生态风味有很大的作用，但农产品从配送到销售最终到消费者手里，需要经过很多的环节，这就花费了大量的时间。政府建设公路时，要合理利用大数据，合理规划城市道路，交通管理部门支持开放绿色通道，建设能支持各大物流集散中心的冷链物流专用通道；同时也要合理规划物流园区的建设，完善物流园区布局，建设货运枢纽站，重点发展完善节点交接处物流环境和配套设施的建设，提高各个节点货物的组织转换效率，并利用大数据提供的交通信息，保证冷链物流运输的顺畅，节约运送时间。

四、积极利用现代技术发展冷链物流，加强专业技术人才的培育

农产品冷链物流效率的提高必须发挥现代技术的优势，借助先进技术实现自动化采集农产品物流信息、数字化仓储，物流配送中心借助移动通信和导航技术实现智能分拣和智能车辆调度、运输全程可视化监控等，进而提升农产品冷链物流的信息化水平。相比于其他省市，贵州省冷链物流企业的专业化程度普遍不高，冷链物流的发展需要具有专业知识的技术人员作为支撑，结合贵州实际，匮乏的专业人才会成为制约其发展的一大瓶颈。省政府有关部门积极主张相关企业同各大高校合作，开设具有针对性的专业，培养专业人才，并为农民提供培训机会，培养一些具有开拓精神的管理人员和既熟悉冷链物流运作规律又熟悉各种农产品特性的技术专家，提高农民的综合素质。

五、完善冷链物流标准化体系建设

冷链物流与现代农业发展密切相关，同现代农业标准化一样，物流管理也需进行标准化经营，保障农产品的质量安全。应加强第三方物流的发展，交由专业的团队管理运营。大数据在冷链物流标准化的过程中起着关键作用，

要实时监测运输设备、把控好仓储的温度控制和环境参数、运输货物的信息编码、品质监测等，同时要建立涵盖物流所有节点的一系列具体标准规范。此外，实现标准化可降低成本，提高物流效率，减少运输时间，也可进行信息的实时把控。

第八节　扩建现代农业电子商务平台，增加农产品的销路

贵州由于其得天独厚的自然地理和气候条件，形成了比较丰富的农业资源，特色农产品品种齐全、品质较高。贵州省的白酒行业竞争优势大，口感润滑，酱香型口味独具特色，品质优良。近年来，中医药养生盛行，贵州省的医药资源丰富，适合生产各类稀有的中药材，有很高的药用价值，为贵州医药经济带来发展契机。此外，都匀毛尖、贵定云雾贡茶和梵净山翠峰茶等多种名茶、贵烟和独特的旅游资源，吸引了广大消费者的目光。将贵州省的"五大名片"（白酒、烟、茶、医药、旅游）推广出去，必须依靠高效的销售渠道，借助电子商务平台，可以将传统的销售模式向现代 O2O 模式转移，实现生产、销售、物流、售后一体化，将贵州高质量的农产品快速送到消费者手中。

一、加强同大型电子商务公司的合作

2013 年贵州积极发展大数据，重点加大对"云上贵州"的应用，将健康云等各种云应用投放到"云上贵州"的大系统平台内，整合各种资源。之后，在 2015 年，贵阳启动了"大数据全民 O2O 项目"，将更大范围内的与农产品相关的产业集中到 O2O 项目的平台上，建立贵州农产品企业联盟，借助移动互联网服务平台，打造全民智慧农业。贵州农产品依托大数据支持，借助电子商务平台，实现线上和线下的融合，共同推动贵州农业的快速发展。农产品融入平台后，促进农产品形成标准化生产，建立规范化的质量标准，实现适度规模化。贵阳国家大数据中心建立后，吸引了众多电子商务平台的入驻，如阿里巴巴、京东、苏宁易购等大型电子商务平台。贵州发展需要借助外力，需要企业参与，也一定能为企业带来商机。这些电子商务平台直接对接贵州特色农产品，加大开发力度，为这些农产品设立独立的网站，有利于贵州当地农产品企业了解电子商务运营的经验。如淘宝网"特色中国·贵州馆"于 2012 年 8 月 23 日正式开馆，该馆是由贵州省农业委员会、淘宝网和贵州农经网共同建立，其日常运营和维护是由贵州农经网旗下鑫润丰电子商务有限公司来具体运作。该馆是保证贵州特色农产品质量

的省级特色馆，为外出游子重温记忆中的味道提供平台，同时也向省外甚至是国外的消费者推荐特色的农产品，馆内涵盖贵州独特的白酒、茶、中草药、特色美食、手工艺品等生态农产品，还有丰富多彩的少数民族文化及旅游资源。"特色中国•贵州馆"开馆当天，该馆的交易额接近 3000 万元，充分展示了贵州产品的独特魅力。借助大型电子商务平台可对贵州农产品进行专业化推广，提高贵州农产品的知名度和美誉度。

二、鼓励龙头企业建设电子商务平台，鼓励青年创业，加强农校对接

除了借助现有的电子商务平台，引导贵州省农产品优势企业、中小微企业和当地农业产业化龙头企业，在政策鼓励的基础上，引进先进的人才和技术，以现有的品牌优势为基础，创建自己的电子商务平台，推送现代农业示范基地的特色农产品，按照健全、规范的生产标准，保质保量。另外，构建完善的物流体系。逐步完善贵州的交通基础设施，支撑，贵州的交通基础设施逐步完善，跟第三方物流公司合作或建立独立的物流体系，完成消费者在网上下单、商家调配及物流配送的完整体系。随着电子商务的普及率愈来愈高，要充分调动农村青年的创业积极性，实施电子商务技能人才培养计划，加强对电子商务创业的资金帮扶。"农校结合"助推产业脱贫，加强农户和学校的对接，按照学校的需求计划，进行农产品的产业结构调整。企业作为中介，做好双方的信息传递与沟通，拓宽产销经路，带动贫困地区贫困农户发家致富。

三、建立贵州农产品交易所

在发展电子商务的过程中，可在交通便利和集聚效应好的地区建设贵州农产品交易所（如贵阳西南国际商贸城），实现省内农产品的快速流转。在省内形成良好的效益后，可在省外进行连锁门店的经营，按照连锁店的经营方式，进行统一的管理，实现线上和线下的结合，更多地传递品牌效应。在配送的过程中，可通过大数据的信息整合，进行集中配送。电子商务平台的有效发挥，就得集中实现农产品供应、物流配送、实体门店三方的优势。贵州西部农产品交易中心，是一个专门从事农产品网上交易并提供仓储物流、在线融资、产品溯源、质量检测、管理跟踪与实时监控、商品价格评估、信息管理系统设计开发、行业资讯等全方位服务的电子商务企业，平台上主要包括贵州的茶业、辣椒、烟草、酒类及原料、优质米、中药材等特色资源，通过全产业链，将生产、加工、物流仓储、销售等环节整合到一起，有利于传统产业的整合升级，推动农业现代化建设。政府可支

持鼓励在不同的地区建立贵州农产品的电子商务企业,推动农业的标准化体系的建设。

第九节　本　章　小　结

推进农业供给侧结构性改革是乡村振兴战略的重要内容和重要抓手,是全面建成小康社会的重要途径,贵州农业供给侧结构性改革要抓住乡村振兴的机遇。针对贵州农业供给侧结构性改革现存的一些问题,本章主要从以下8个方面来分析坚持绿色发展理念推进农业供给侧结构性改革的路径:调整绿色化的农业产业结构,坚持农业绿色发展道路;依据贵州地理特点,推进现代山地特色高效农业发展;推进农业适度规模化经营,大力加强培育新型职业农民;融入现代农业科技,打造绿色现代高效农业示范园区;抓住乡村振兴时代机遇,发力休闲经济开发旅游潜力;发挥贵州农产品特色,强化绿色有机农产品品牌建设;利用贵州大数据的发展优势,发展农产品冷链物流;扩建现代农业电子商务平台,增加农产品的销路。政府、行业、企业和农户等主体,应发挥主观能动性和角色职能,共同推进每一个路径的实施,协同发展,努力实现产业兴旺、生态宜居、乡风文明、治理有效、共同富裕的新农村建设。

第七章　绿色发展理念下贵州农业供给侧结构性改革的保障措施

第一节　政　府　层　面

2018 年中央一号文件《中共中央 国务院关于实施乡村振兴战略的意见》指出，实施乡村振兴战略是全面建设小康社会，建设社会主义现代化国家的重要方针战略，是新时代解决"三农"问题的关键。实施乡村振兴战略，促进农业供给侧结构性改革，加快建设农业农村现代化，中共中央财政部和农业农村部加大对新型职业化农户的支持力度，实施一系列的强民惠民政策。

一、落实新农业补贴及金融保险政策

一是调整农业补贴政策由"黄"转"绿"，扩大农业补贴的范围。我国农业补贴的"黄箱"政策主要包括价格补贴、面积补贴、牲畜数量补贴，种子、肥料、灌溉等投入补贴，部分有补贴的贷款项目。"绿箱"政策是指政府通过服务计划，提供没有或仅有最微小的贸易扭曲作用的农业支持补贴，也包括价格补贴。随着我国经济发展进入新常态和农业的供给侧结构性改革，农业的发展从促增收到农业综合效益和竞争力的转变，相应的农业补贴政策也要随之调整，合理地制定保险保费补贴的水平，受农业资源自我缓解能力的限制，引导农业的耕地休养，扩大实施轮作休耕的补贴，缓解土地压力；提高对适度规模经营的农户的保险覆盖面，加强公共服务的补贴；加大对农产品现代化种植农户进行基础设施建设的财政补贴，充分利用好现有资金渠道，支持贵州农作物仓储物流设施、现代高效产业发展示范园区（基地）建设和农业产业转型升级；充分发挥财政资金引导功能，积极引导金融资本、社会资本加大对粮食产业的投入；对拥有耕地承包权和经营权的农户，合理有效利用土地，承担耕地保护责任，实施耕地地力保护补贴。新型农业经营主体购置仓储、烘干设备，可按规定享受农机具购置补贴；落实农产品加工企业从事农产品初加工所得按规定免征企业所得税政策和国家简并增值税税率有关政策。从农业补贴上为贵州农

业供给侧结构性改革提供政策支持。

二是健全金融保险支持政策，拓宽农户和企业融资渠道，为农产品收购、加工、仓储、物流等各环节提供多元化金融服务。政策性、商业性金融机构要结合职能定位和业务范围，在风险可控的前提下，加大对农产品产业发展和农业产业化重点龙头企业的信贷支持；建立健全农产品收购贷款信用保证基金融资担保机制，降低银行信贷风险；支持农业企业通过发行短期融资券等非金融企业债务融资工具筹集资金，支持符合条件的粮食企业上市融资或在新三板挂牌，以及发行公司债券、企业债券和并购重组等；引导农业企业合理利用农产品期货市场管理价格风险。《国务院办公厅关于加快推进农业供给侧结构性改革大力发展粮食产业经济的意见》中指出，"在做好风险防范的前提下，积极开展企业厂房抵押和存单、订单、应收账款质押等融资业务，创新'信贷＋保险'、产业链金融等多种服务模式。鼓励和支持保险机构为粮食企业开展对外贸易和'走出去'提供保险服务"[257]。在整个贵州省经济发展的过程中，资金的扶持是所有工作的基础。在金融资源供给有限的背景下，提高使用效率和利用率是重要目的。根据贵州省情，采取"政府搭台、产业唱戏、金融支持、减贫贴息"的办法，与贵州各银行合作实行"四台一会"（组织平台、融资平台、担保平台、公示平台和信用协会）融资运作模式，实现农业项目后援融资。另外应引导银行和农村信用社加强对贵州减贫事业的支持，扩大金额贷款额度，积极与政府项目合作，减少资金贷款限度，大力扶持贵州省绿色发展减贫产业经济。政府为银行与企业搭建合作桥梁，建立可信度较高的贫困信息查询和建档立卡，充分解决信用度不明问题。贵州省在绿色发展减贫过程中，产业的扶持比重较大，尤其是特色农业和旅游业，对相关行业项目给予贫困户更大限度的支持和帮助，提供有效的贷款申请途径，全面启动了免担保、免抵押的小额信用贷款方案。从金融保险政策上为贵州农业供给侧结构性改革提供资金支持。

三是积极利用"普惠金融贷款"和"特惠贷"政策优势。普惠金融的概念由联合国在 2005 年提出，是一种全球性的金融服务，它是指在一定的资金范围内为有金融服务需求的社会各阶层和群体提供有效的金融服务，它的重点帮助对象是资金实力不强的小型企业、农户和城镇收入低的人群。贵州省政府积极为本省的小微企业等争取福利，为企业、农户和低收入者注入新鲜血液，在一定程度上缓解资金压力。2015 年，精准扶贫"特惠贷"是由贵州省扶贫开发办公室、中国人民银行贵阳中心支行、贵州省农村信用社联合向建档立卡贫困户中有贷款意愿、有创收增收项目、有创业就业潜质和一定还款能力的农户提供"5 万元以下、

3 年期以内、免除担保抵押、扶贫贴息支持、县级风险补偿"的特惠金融信用贷款，贵州财政对这些贫困户的"特惠贷"进行全额贴息，也就是说贫困户不用承担利息。这些贷款可用于贫困户的生产、就业、就学和移民搬迁等用途。增强对"特惠贷"的资金流向的规范管理，加大对"特惠贷"的投放力度，对符合条件的农户发放贷款。同时，争取其他银行的贷款支持，增加扶贫资金的筹资渠道，依靠金融政策促发展。从具体的融资渠道上为贵州农业供给侧结构性改革提供资金支持。

四是落实用地、用电等优惠政策。在土地利用年度计划中，对农业产业发展重点项目用地予以统筹安排和重点支持。支持和加快国有农产品企业依法依规将划拨用地转变为出让用地，增强企业融资功能。改制重组后的农产品企业，可依法处置土地资产，用于企业改革发展和解决历史遗留问题。另外还需落实粮食初加工用电执行农业生产用电价格政策[257]。从基础设施服务政策上为贵州农业供给侧结构性改革提供基础支持。

二、引导新型农业经营主体试点工作

一是培育新型职业农民。贵州省人民政府、省农业委员会要强化新型职业农民教育培训体系的建设，扩大农村劳动力的培训平台，对农户实施多种形式（着重普及性培训、职业技能培训、农民学历教育）的教育培训，提升职业农民素质。必须结合贵州省山地农业的情形，对培训内容和方式进行创新来适应实际需要，不可盲目照搬其他模式。必须要通过专业合作组织、典型示范引领、创业实践等多途径加快新型职业农民的成长。从经营主体上为贵州农业供给侧结构性改革提供人才支持。

二是培育壮大粮食产业化龙头企业。在农业产业化国家重点龙头企业认定工作中，认定和扶持一批具有核心竞争力和行业带动力的粮食产业化重点龙头企业，引导、支持龙头企业与新型农业经营主体和农户构建稳固的利益联结机制，引导优质粮食品种种植，带动农民增收致富。支持符合条件的龙头企业参与承担政策性粮食收储业务；在确保区域粮食安全的前提下，探索创新龙头企业参与地方粮食储备机制[257]。从农企合作上为贵州农业供给侧结构性改革提供带动支持。

三是支持农民合作社、家庭农场等多元主体协同发展。发挥骨干企业的示范带动作用，鼓励多元主体开展多种形式的合作与融合，大力培育和发展粮食产业化联合体。加强农民合作社、家庭农场的标准化建设及管理制度的规范性，在绿色发展理念下提高其发展生态农业的能力。支持符合条件的多元主体积极参与粮食仓储物流设施建设、产后服务体系建设等。鼓励龙头企业与产业链上下游各类市场主体成立粮食产业联盟，共同制定标准、创建品牌、开发市场、攻关技术、扩大融资等，实现优势互补。鼓励通过产权置换、股权转让、品牌整合、兼并重组等方式，实现粮食产业资源优化配置[257]。从多种经营主体上为贵州农业供给侧结构性改革提供标准化支持。

四是加强组织领导。地方各级人民政府要高度重视粮食产业经济发展，因地制宜制定推进本地区粮食产业经济发展的实施意见、规划或方案，加强统筹协调，明确职责分工。加大粮食产业经济发展实绩在粮食安全省长责任制考核中的权重。要结合精准扶贫、精准脱贫要求，大力开展粮食产业扶贫工作。粮食部门负责协调推进粮食产业发展有关工作，推动产业园区建设，加强粮食产业经济运行监测。发展和改革部门、财政部门要强化对重大政策、重大工程和重大项目的支持，发挥财政投入的引导作用，撬动更多社会资本投入粮食产业。各相关部门要根据职责分工抓紧完善配套措施和部门协作机制，并发挥好粮食等相关行业协会商会在标准、信息、人才、机制等方面的作用，合力推进粮食产业经济发展[257]。从精准扶贫政策上为贵州农业供给侧结构性改革提供组织支持。

三、建立产品链体系保障价格与销量

一是促进全产业链发展。粮食企业要积极参与粮食生产功能区建设，发展"产购储加销"一体化模式，构建从田间到餐桌的全产业链。推动粮食企业向上游与新型农业经营主体开展产销对接和协作，通过定向投入、专项服务、良种培育、订单收购、代储加工等方式，建设加工原料基地，探索开展绿色优质特色农产品的种植、收购、储存、专用化加工试点；向下游延伸建设物流营销和服务网络，实现粮源基地化、加工规模化、产品优质化、服务多样化，着力打造绿色、有机的优质粮食供应链。开展粮食全产业链信息监测和分析预警，加大供需信息发布力度，引导粮食产销平衡。从健全农产品的产业链上为贵州农业供给侧结构性改革提供产业化发展的支持[257]。

二是推动产业集聚发展。发挥区域和资源优势，推动农业产业集聚发展。依托农产品主产区、特色农产品产区和主要农产品的物流节点，推进产业向优势产区集中布局，完善农产品深加工产业链。发展特色农业产业集聚区，打造一批优势的产业集群，以全产业链为纽带，整合现有农作物生产、加工、物流、仓储、销售及科技等资源，支持建设国家现代农业产业发展示范园区（基地），支持主销区企业到主产区投资建设基地和仓储物流设施,鼓励主产区企业到主销区建立营销网络,加强产销区产业合作[257]。从产业集聚效应上为贵州农业供给侧结构性改革性提供支持。

三是强化市场流通体系建设,拓展产业发展新空间。围绕农产品生产、收购、批发零售、冷链储运等环节加强农产品流通设施建设,依托重点产业发展新建一批特色专业市场,推动贵州双龙现代农副产品集散中心、关岭县花江镇花江牂畜交易市场等改造升级,积极打造新蒲新区辣椒产业园、虾子辣椒批发市场等具有辐射全国功能的农产品批发市场,积极建设区域性大型果蔬市场、果蔬产地交易市场、区域性大型活畜交易市场和升级改造畜禽定点屠宰场。积极发挥财政资金引导作用,鼓励各类投资主体加大投入,加强农产品产地预冷、预选分级、包装配送、冷藏冷冻、冷链运输、仓储储存、电子结算、检验检测和安全监控等设施建设。加强农产品流通信息服务能力建设,积极推动移动互联网、大数据、云计算、物联网等新一代信息技术在农产品生产和流通环节的推广应用。加强农产品流通关键环节的改革创新,鼓励以"订单农业"形式发展直销,组织开展农校对接、农超对接、农企对接等活动,积极推动农产品产地和销地直供对接。以连锁、直营、集团配送和电子商务为重点,发展新型流通业态,不断提高重点产业农产品市场占有率。继续办好贵州国际辣椒博览会等具有全国性和地方特色的农产品展会,举办多形式、多层次的农产品展销活动,促进产销有效衔接[257]。从农产品流通上为贵州农业供给侧结构性改革提供支持。

四是保持农产品价格的稳定。贵州省特色的地理位置、独特的自然条件和闭塞的交通条件等因素,造成相对封闭的农业市场环境。这种封闭性会使外部厂商和公司的进入壁垒高,产品同质化水平高,形成一个非完全竞争而是相对垄断的市场结构。这种市场结构容易造成农产品价格的畸高。农产品价格的畸高是指农产品价格水平与经济发展水平不相适应,呈现出经济收入水平低、农产品价格偏高的畸形趋势。相对于经济发展水平比较高的北京、上海、广东等地,贵州的经济发展水平较低,与这些地区有很大的差距,且人均生产总值也低于全国平均水平,但贵州省的农产品价格却持平甚至高于这些经济发展水平高的地区[258]。农产品价格增长快于农户收入的增长,会挫伤农户的积极性,降低农村经济的发展水平,加大贫富差距,不利于"三农"问题的解决。随着贵州经济的发展,生态农业和特色农产品品牌的培养与发展,结合市场需求给农户提供农产品信息平台,交通、水电等基础设施的完善,提高了贵州农产品的自给水平,在一定程度上缓解了农产品过于依赖外省的压力。贵州省政府启动了政策性农产品目标价格保险试点工作，这种保险有一定的补贴特点，降低了农产品价格波动带来的风险。试点已取得一定的进展，应进一步扩大政策性农产品目标价格的使用范围，保证农户的参与积极性，并通过农业产业化和全产业链的带动，结合市场价格，考虑农产品的生产成本、物流成本和利润，依托于稳定的农产品价格，促进现代农业的快速发展。从农产品价格上为贵州农业供给侧结构性改革提供支持。

五是发挥品牌引领作用。加强贵州特色农产品品牌建设顶层设计，通过质量提升、自主创新、品牌创建、特色产品认定等，培育一批具有自主知识产权和较强市场竞争力的全国性名牌产品。鼓励企业推行更高质量标准，建立农产品企业标准领跑者激励机制，提高品牌产品质量水平，大力发展"三品一标"的农产品，培育发展自主品牌。加强绿色优质农产品的品牌宣传、发布、人员培训、市场营销、评价标准体系建设、展示展销信息平台建设，开展丰富多彩的品牌创建和产销对接推介活动、品牌产品交易会等，挖掘区域性粮食文化元素，联合打造区域品牌，促进品牌整合，提升品牌美誉度和社会影响力。鼓励企业获得有机、良好农业规范等通行认证，推动出口粮食质量安全示范区建设。加大粮食产品的专利权、商标权等知识产权保护力度，严厉打击制售假冒伪劣产品行为。加强行业信用体系建设，规范市场秩序[257]。从农产品品牌建设上为贵州农业供给侧结构性改革提供品牌支持。

四、完善相关制度和法律法规促进农业生产

一是农业经营制度创新。"三农"问题始终是困扰我国城乡统筹发展、全面建设小康社会的一个重大问题。而土地问题是"三农"问题的核心。现阶段中国土地制度最基本的特征就是土地归集体或国家所有，农民依法拥有土地承包经营权和使用权，"统分结合，双层经营"。这种制度在早期确实促进了中国农村经济的发展，但随着中国工业化的发展、农村生产力的发展、规模经济的出现、市场化改革的深入，开始制约农村经济的进一步发展[259]。适度规模经济是农业经营制度改革创新的推动力。因此，实行农业经营制度创新、为农民收入稳定增长提供最基础的制度保障是深化农村改革的关键。2018年中央一号文件指出要全面实施乡村振兴战略，乡村振兴战略是解决"三农"问题的重大举措，并指出要坚持农业农村优先发展，巩固和完善农村基本经营制度，保持土地承包关系稳定并长久不变，第二轮土地承包到期后再延长30年。"三权分置"的制度是在深化农村改革、创新农村经营体制的背景下进行的制度改革，

按照农户的意愿，保留土地承包权、流转土地的经营权、保留土地集体所有的前提下，进一步将土地承包经营权细分为承包权和经营权，搞活土地经营权，推动现代农业的适度规模化发展，是农村基本经营制度的改革创新。在 2016 年出台的《关于完善农村土地所有权承包权经营权分置办法的意见》指出，"三权分置"的重点就是保持土地集体所有不改变，维持农户的承包权，放活土地经营权。土地承包经营权的流转赋予承包方土地的使用、流转、抵押、出租、互换、入股等权利，农民可在土地承包经营权的法律许可范围内，充分发展家庭农场等多种经营形式。贵州省农村的"一家一户"的家庭经营仍然是主要的农业生产方式，在土地闲置、农村劳动力缺乏且能力不足的情况下，应推动农村基本经营制度的改革创新，合理利用现有劳动力，推动农业向集约化和适度规模化的现代农业转变。从农业基本经营制度改革上为贵州农业供给侧结构性改革提供制度支持。

二是完善土地流转法律法规。目前，国家出台了国有土地流转管理的相关法律、政策，然而，却未出台相关的农村集体建设用地流转的法律、政策，导致集体土地管理相当薄弱。有关法规对农村承包地的流转也只是抽象规定，对土地使用权的出让、流转中各方权利和义务及法律责任并没有明确的规定，致使农村土地流转过程中存在严重的地方利益和意志倾向，有关部门也难以对集体土地流转实行全面有效的管理。集体土地使用权发生权属纠纷时也很难从法律和行政上进行解释和处理。农户之间的土地流转也存在盲目随意、操作无序等不规范现象，一旦发生纠纷则处理难度很大。土地流转的价格也很不规范，流出户漫天要价，转入户则把价格压得很低，缺乏对土地流转合理价格的定位。同时，流转农地的用途也缺乏有效管理，一些农户随意改变土地用途，将转入的农地用于非农项目，如开挖鱼塘、修建圈舍、建造厂房等，严重干扰了正常的农村土地流转市场秩序。此外，农村还存在一些农户不愿种地也不想把承包地流转出去的现象，致使土地闲置、抛荒而无人问津，浪费了大量宝贵的耕地资源。在征用农村土地过程中，各级政府和各利益集团往往通过低价买进、高价卖出来获得土地的增值租金，而农民却得不到合理补偿的情况时有发生[259]。2014 年《国务院办公厅关于引导农村产权流转交易市场健康发展的意见》中明确了产权流转不包括农村集体土地所有权和依法以家庭承包方式承包的集体土地承包权，可以进行转让的是统一经营的资源性和经营性资产。2016 年，农业部颁布《农村土地经营权流转交易市场运行规范（试行）》，明确了农村土地经营权流转的交易条件、交易品种等流转的具体事项。贵州省政府应针对土地流转混乱的局面，积极构建土地产权交易机构，提供农民进行科学化和规范化产权交易的平台,建立比较顺畅的土地流转渠道和明确的土地流转机制。从农村土地流转制度改革上为贵州农业供给侧结构性改革提供制度支持。

三是实施农村土地股份制。"三权分置"的经营制度创新为农村土地股份制的实践提供了更好的条件和选择。农村土地股份制是指在坚持土地集体所有的前提下,把土地产权分解为土地股权、经营权和使用权,让农民拥有土地资产的股权,集体经济组织掌握土地经营权,土地租佃者享有土地使用权,是将集体土地所有权和土地承包经营权结合起来实现市场化运作的一种方式,顺应时代发展的要求,是在尊重农民意愿和保护农民合法利益的的基础上进行农村土地产权制度创新举措。农户用现有的土地经营权来入股,交由专门的经济组织进行统一经营管理,该组织根据股权的多少来进行红利的分配,建立一种利益共享、风险共担的合作模式。实行农村土地股份合作可有效地推进现代农业建设,有利于农产品进行专业化和标准化生产,也有利于产业化经营、现代技术推广、提高农产品质量、提升农户的经营管理能力。2016 年中央一号文件明确指出要鼓励发展农村土地的股份合作,引导农户自愿以土地经营权等入股龙头企业和农民合作社,按照"保底收益＋按股分红"利益分享方式,让农户分享加工销售环节收益,并建立健全风险防范机制。农村土地股份制是土地合作经营模式的一种创新,具有以下特征:明确土地的产权、股权具有商品特性、职责明确合理、收益分配公平、农户的能力逐步提升[260]。同时,这种股份制改革是实现解决"三农"问题的有限探索,改变传统的"一家一户"的分散生产方式,向适度规模化的现代农业生产方式转变,加快了农村城镇化的步伐,加快了社会主义新农村的建设,提高了农民的收入水平,实现农户和农业企业或经济组织的双赢。在进行农村土地股份制推广时,要加强农民合法利益的法律维护,依据现代企业的要求,设立合理的组织机构,规范股份合作社的组织形式,政府提供政策支持的同时发挥监管作用,宣传农村土地股份制的积极作用和效果,联合各个部门共同推进农村土地股份制改革。合理有序地开展农村土地股份合作,维护农民合法权益,促进现代农业发展。从农村土地股份制改革上为贵州农业供给侧结构性改革提供制度支持。

五、引入知识管理提升农民参与水平

一是将知识管理渗入"三农"问题,引入新型职业农民的培养中,是农业现代化要求。知识管理有两个方面:利用现代信息技术创造知识;将创造的知识应用到生产活动中,转化为社会财富。现代农业在充分利用科学技术的同时,还需要运用知识管理的手段将经济相关信息传达至农民,政府提供农业相关信息的传递和服务,使农户及时、准确地接受市场信息,把握消费者需求变化和市场经济规律,进行科学的生产。但现有的农业信息服务不完善。我国农业的生产方式正由传统粗放型向现代集约型发展,贵州农业也在转型过程中,对素质和技能水平本来就不高的贵州农民来说,现代农业的高效发展对其提出了更高的要求。据分析,贵州农业生产方式还是以传统生产方式为主,以家庭为生产单位进行小农经营,并且随着青壮年进城务农的数量增加,从事农业具体生产的主要是 50 岁以上的老年人,掌握现代农业技术、文化水平高的农民很少,在面对农业生产风险时,主动性不强,所以培养具有一定知识水平、生产技能和农业经营管理基础的新型职业农民尤为重要[261]。新型职业农民培养就是要将思想保守、技能落后的农业劳动者转型为具有现代思想观念、具有工作技能和文化素质高的现代农民,在这个过程中,新型职业农民积极进行知识的学习、共享、创新与应用,跟现代农业紧密结合,增加参与水平。郭春丽和赵国杰将知识管理与农民专业合作社结合起来,不仅农民知识水平提高,知识创新也有利于合作社保持竞争优势[262]。政府构建知识学习平台,积极提供知识管理背景下的农业信息服务,有利于提高农民的学习水平、信息接收度和综合素质,培养更多的新型职业农民。从提升农民知识水平上为贵州农业供给侧结构性改革提供智力支持。

二是将知识管理引入新型职业农民的培训中,提升专业技能水平。现代农业的发展需要专业化和职业化的农民来推动。贵州省的新型职业农民的培育体系不完善且力度不够,加上各地区的农业生产条件、政策力度、种植水平不同,造成各地区农民的职业化水平不一致。政府要投入较多的资金开办各种教育培训机构,教育培训机构在对新型职业农民培训的过程中,在对职业技能培训的同时,增加与具体农业实践的内容,使理论和实践结合起来,提升培训效果。对新型职业农民进行教育培训时,根据农民的个人特长,分类进行生产技能型、管理运营型、专业技术型和营销型的培训,结合市场需求,提高培训的质量。由于贵州省农民的整体文化水平不高,且青壮年外出务工后,剩余的劳动力学历更低,贵州省政府可出台一系列优惠政策,吸引一批初中毕业生、高中毕业生和大中专毕业生回到农村,培养成职业农民,改善现有的农民队伍水平。另外,在对农民进行专业技能培训的同时,提高他们面对农业风险的应变能力。从农民的素质培养上为贵州农业供给侧结构性改革提供智力支持。

三是有效利用农业信息,构建农村知识管理体系。对农业生产进行知识管理可以满足现代农业对市场信息的需求,提高农民面对风险的应变能力。农村知识管理体系依托农村信息化,以农村的实际情况为出发点,将农业的知识学习、知识共享、知识创新和知识应用整合到一起,进行显性知识和隐性知识的转化,以帮助农民掌握更多的农业知识来促进新型职业农民的培育。当前,在对新型职业农民进行培养的过程中,还没有充分认识到构建农村知识管理体系的价值,缺少健全、完善的知识管理体系的支持。提高新型职业农民的专业技能和知识水平还可以利用社会力量的支持,加强同高校专业人才的指导合作,共同建设农村知识管理体系。从知识管理体系上为贵州农业供给侧结构性改革提供智力支持。

六、加快交通基础设施建设,保障产品出山通勤性

一是完善交通基础设施建设计划。党的十九大报告指出建设创新型国家的首要任务是把我国建设成为交通强国。顺应国家的交通发展战略,贵州省委、省政府相继出台了"交通优先""交通先行"等交通基础设施建设的战略部署。由于贵州特殊的地理环境,贫困地区的道路交通是脱贫攻坚的关键,发展全方位的交通网络难度大。2015年底,在我国的西部省份中,贵州是第一个"县县通高速"的省份。2015年11月,贵州又提出了一个农村公路建设的三年计划,明确到2017年底实现在建制村通畅率100%、建制村通客运比例100%、农村公路列养率100%、重点路段安全隐患治理100%的"4个100%"的目标,确保完全建立贵州各个农村公路,走好贫困地区交通基础设施建设的"最后一公里"。随着贵州村村水泥路的建设完成和村村通客运的目标达成,2017年8月份,贵州又提出了"组组通"的另一个三年计划,计划投入资金300多亿元,对全省将近4万人30户以上满足"组组通"条件的村民组进行9.7万公里的公路硬化建设。同时还把公路硬化工作同易地扶贫工作相结合,率先在2018年实现14个深度贫困县、20个极贫乡镇、2760个深度贫困村的"组组通"的道路建设[263]。2018年1月,贵州"交通强国西部示范点"正式启动,成立决策议事协调机构来推动贵州交通强国示范省的建设。从完善交通基础设施建设上为贵州农业供给侧结构性改革提供交通支持。

二是政府积极进行招商引资。政府积极与各个企业合作共同推进现代高效农业示范园区、生产基地、加工基地之间及与高速公路、国省干道联络线的建设,形成内畅外联、互联互通的交通体系,大幅提高公路通畅率。加大机耕道、便民道的建设力度。推进农村输变电设施进入现代高效农业示范园区、种植和养殖基地、农产品加工企业,确保农业生产用电稳定、安全。加强农村信息化基础设施建设，加快发展农村电子商务，促进"黔货出山"[206]。吸引社会资本为贵州农业供给侧结构性改革交通建设提高资金支持。

七、增加贫困劳动力就业创业的机会

实施乡村就业创业促进行动要以习近平新时代中国特色社会主义思想为指导，以实施乡村振兴战略为总抓手，以推进农业供给侧结构性改革为主线，按照"政府搭建平台、平台集聚资源、资源服务就业创业"的总要求，动员各方力量，整合各种资源。政府积极地进行人才培养策略，搭建就业平台，提供就业方面的公共服务，优化外部环境，加强产业指导，以特色产业为出发点，促进产业融合，在解决农村剩余劳动力就业的同时，鼓励更多的外出务工人员返乡就业创业。从体制机制上为贵州农业供给侧结构性改革提供就业支持。

一是健全就业扶贫体制机制。贵州省各级党委、政府非常看重贫困劳动力的就业创业，坚持把促进贫困劳动力就业创业放在突出位置，也作为贵州省脱贫攻坚的重要环节。贵州省在基层大力推动实施就业优先战略和积极就业政策，截至2018年4月，已帮助108.04万贫困劳动力实现就业创业，就业106.41万人，其中有50.04万人到省外就业，创业1.63万人[264]。就业扶贫的重点是构建劳动力技能提升、可持续的创业就业和就业收入增长机制，为有一定的劳动能力和就业意愿的贫困劳动力提供机制保障。在各市成立贫困劳动力就业扶贫指挥部，组织一批优秀的工作干部深入到部分州市和部分县区进行就业政策指导，同时将优惠的就业政策、资金支持和就业项目带过去，竭力实现贫困劳动力的就业创业。同时，从各地选一部分基层干部到省扶贫开发办公室就职，学习先进、完善的就业体系，上下联动共同带动就业创业。为完善就业扶贫工作体系，省政府出台了《贵州省精准推进贫困劳动力全员培训促进就业脱贫工作方案》，之后还出台了《贵州省2017年易地扶贫搬迁就业和社会保障工作方案》，实施异地搬迁更深入的政策措施，来保障贫困劳动力的就业创业工作的顺利进行。另外，还建立了"省市县乡村"五级联动机制，整合贫困地区的劳动力数据库，建档立卡实行实名制管理，将全省的就业创业办理模式和业务流程进行标准化，提高效率实现统一管理。

二是多形式、多渠道促进就业创业。首先将有能力且有意愿的贫困劳动力的基本信息，如年龄、文化程度、就业经验、就业意向等，进行建档立卡，建立能精准搜集劳动力的信息数据库。按照"组织、培训、就业"三个环节，围绕与省内的乡村休闲旅游、专业技能人才、工艺品制作、农村电子商务等领域相关的六大类技能，对建档立卡的贫困劳动力实施培训，针对每个人的特长，提升专业技

能，逐步实现"培训一人、就业一个、脱贫一户"。积极在省内开展就业对口帮扶，以劳动密集型企业和区域优势企业为就业导向，对贫困劳动力进行专门培训相关专业技能对口帮扶，省内之间进行劳务协作，推动劳动力的就业。截至 2017 年 10 月底，贵州已完成对贫困劳动力专业技能全员培训 15.4 万人，培训通过后就业创业 6.12 万人；完成农村青壮年劳动力规范化技能培训 40.28 万人，培训后实现就业创业 16.53 万人[265]。例如，同"管家帮"合作建立第一家家政服务培训班，"管家帮"商学院的学员，接受了母婴护理、家政服务、保洁等专业培训，培训结束拿到毕业证书后，可直接到一线城市从事相关工作。同时，可推动贫困劳动力"走出去"，积极与一二线城市的企业进行合作，在这些城市设置就业办事处，成立多个贵州省劳务协作服务站，以对口帮扶城市为重点，将培训好技能的劳动力输出，在大城市找到工作机会。结合贵州特色农业产业，建立园区和特色产业（休闲旅游、创意农业和农产品电子商务等），推动农业与传统工艺、文化、旅游、信息数据、科技等产业融合，为农民提供更多的就业机会。

三是强化公共服务，加强宣传、引导以提高农民的就业创业意识。政府及时督促各市县建立乡村就业创业的共享平台和信息服务窗口，将就业和产业精准地对接起来，提高就业创业的引导性和精准性。随时把握农业产业和农民的创新意向的一致性，并带动金融、投资和其他部门的资金政策支持，完善就业机制。贵州的农民的就业创业观念不强，可通过微信和微博等新媒体和电视、广播等传统媒体宣传乡村就业创业的相关政策支持和项目，宣传各种就业平台和模式，扩大农民创业就业的普及度。

第二节 社 会 层 面

一、强化产业融合发展，加快构建发展新经济体系

2015 年中央一号文件第一次提出农村一二三产业融合发展的政策导向。2015 年 12 月，国务院颁布的《关于推进农村一二三产业融合发展的指导意见》中，进一步确认了农村一二三产业融合发展的战略地位，加快转变农业发展方式，走农业现代化发展道路，构建现代化的农业产业体系。2016 年中央一号文件也指出，要推进农村产业融合，促进农民收入持续较快增长。在贵州农业供给侧结构性改革的过程中，要因地制宜调整农业结构，推进农业产业"接二连三"，促进一二三产业深度融合发展，构建新的经济发展体系。

在推动农业产业发展的过程中，改变单纯的生产或者初加工的现状，按照现代农业的要求，延长产业链，实现供产销一体化，在确保原材料供应的基础上，将农产品的深加工、储存和销售等环节连接起来，实现农户和市场的联结，构建现代化的农业产业体系。推动现有的农产品加工企业进行产业升级，支持农产品加工龙头企业进行标准化和规范化生产，使得农产品初级加工向高附加值的深加工转变，提高加工转化率。加强农民合作社和现代产业发展示范园区（基地）同冷链物流企业合作，借用电子商务平台，利用品牌优势，增加农产品的销售渠道，形成完整和高效的全产业链。贵州拥有独特的自然条件和气候条件，造就了丰富的旅游资源和生物资源，随着休闲农业和乡村旅游逐渐受到追捧，要积极探索农业的多种功能，利用优美的自然风光、独特的旅游资源、丰富的民族文化和特色山地农业，大力发展休闲农业和乡村旅游，因地制宜地发展休闲观光、健康养生和民俗民宿等特色产业，积极打造形式丰富多样、特色鲜明的休闲农业和乡村旅游产品，发展新业态新产业。以农业可持续发展为出发点，调整农业结构，推动各产业同生态发展结合，发挥产业集聚的规模效应，激发农村产业融合活力。同时，完善农户参与的利益共享机制。从产业融合上为贵州农业供给侧结构性改革提供产业转型支持。

二、构建农村电子商务产业链，培育本土电商企业

农村电子商务是一个复杂的产业链系统，需要经历原材料的生产与加工、产品的包装与美工、产品线上宣传、市场开发与对接、物流快递配送、产品售后等多个环节才能实现，每个环节又环环相扣，只有各个环节都良好运转，整个电子商务产业链才能得以高效运行，地区电子商务才会有竞争优势。贵州省本土企业应积极与国内一些知名电子商务平台合作，通过政府背书的形式，吸引众多电子商务平台等纷纷进驻贵州电子商务产业园；以电子商务产业园为主体，采取优惠政策吸引本土电商企业入驻，给予场地、税收、金融借贷、培训等各方面优惠措施，培育本土电子商务企业健康成长。

针对鲜食农产品采用龙头蔬菜批发企业通过电子商务平台对接国内餐饮和超市的模式，以订单农业为主要形式，依据市场需求进行农业种植经营。针对加工食品，可以鼓励入驻电子商务产业园的本土企业与当地农民、农民合作社和农产品加工企业合作，对一定规模的加工食品进行文化创意包装和品牌建设，满足消费者的感官需求，提升产品的品质和附加值，进而提高产品价格。针对特色农产品主要采取政府与大型电商企业合作的形式，对贵州特色农产品进行统一创意

包装、积极培育农产品品牌进行销售，提高产品知名度。企业要高度重视电子商务在产品生产端、加工端、销售端和服务端的积极作用，充分发挥电子商务便捷性、时效性、对称性等优势，对接产品运营业务，降低企业成本，推动产品更新换代，提高企业经济效益和市场竞争力。利用电子商务系统为贵州农业供给侧结构性改革提供销售平台支持。

三、强化农业科技创新，转变传统农业发展旧轨道

2015 年"国家农业科技成果转化创新战略联盟"成立，目的在于提高农业科技成果的转换率，激发农业科技创新的活力，积极发挥产学研的作用，推动现代农业的转型升级和现代农业产业链的建立。党的十八大以来，党中央和国务院非常重视农业科技创新工作，并做出一系列的政策措施。农业供给侧结构性改革解决农业的主要矛盾是总量不足转变为结构性矛盾，主要表现为阶段性的供过于求和有效供给不足并存，提高农产品核心竞争力必须靠农业科技创新来支撑。实现乡村振兴，建设美丽乡村，建立一二三产业融合的现代农业产业体系，需要依靠农业科技创新进行示范引领。努力为实现 2022 年农业科技进步贡献率达到60%以上的目标做贡献[266]。

深入实施农业科技创新战略，着力提高土地产出率、资源利用率、劳动生产率，推动形成以科技创新引领支撑现代产业发展的农业发展新模式，加快转变农业发展方式。加强农业科技人才队伍建设，继续实施"四个一"人才工程，着力构建核心专家、省管专家、骨干专家、基础人才协同发力的科技人才体系。实施万名农业专家服务"三农"行动，充分发挥成果转化、培养人才等方面的重要作用，带动农业科研人才队伍和农业技术推广队伍建设。整合各级各部门、企业专业人才资源，组建重点产业发展专家组，实行首席专家负责制，形成合力解决产业发展和产加销技术存在的突出问题。明确农业科技创新重点，紧紧围绕农产品有效供给、质量安全、加工、产后储藏保鲜技术和农业机械化等加强前沿技术、关键共性技术、核心技术和系统集成技术攻关。加快贵州"农业云"建设步伐，探索建立科技成果转化交易平台，推进农业科技成果转化应用，拓展科技创新领域，稳步提升农业科技创新能力，构建适应产出高效、产品安全、资源节约、环境友好农业发展要求的技术体系，健全省、市、县、乡四级技术推广体系。积极推广新技术，加快良种繁育体系建设，扩大供种能力，提高蔬菜、水果商品基地生态化栽培技术和良种覆盖率[206]。激发科技人员创新活力，支持县级（含县）以下技术干部带职带薪创办、领办畜牧类新型农业经营主体发展特色优势产业。

强化农业装备支持,稳步提高农机化装备水平和作业水平。从农业科技创新上为贵州农业供给侧结构性改革提供技术支持。

四、鼓励社会资本参与,激发乡村创意农业新经济

PPP(Public-Private Partnership)模式,是指政府和社会资本(主要为私营企业资本和民营资本)的合作,是公共基础设施建设中的一种项目运作模式。从狭义上讲 PPP 模式是指政府项目的融资模式。随着政府和企业积极合作参与农业基础设施建设的项目,社会资本参与农业的投资越来越多,2016 年《国家发展改革委 农业部关于推进农业领域政府和社会资本合作的指导意见》(发改农经〔2016〕2574 号)发布,完善了农业 PPP 的发展规范。之后,财政部和农业部也颁布实施了《财政部 农业部关于深入推进农业领域政府和社会资本合作的实施意见》(财金〔2017〕50 号),鼓励社会资本参与到现代农业产业园、农业绿色发展、田园综合体、农产品物流与交易平台、高标准农田建设和"互联网＋"现代农业这 6 个主要领域中。

结合贵州实际,将社会资本重点引入现代山地特色高效农业示范园区、农村电子商务、观光休闲农业等乡村创意农业新经济。从政府的角度看,政府的资金扶持力度小、贴息和担保范围较小,可充当建设农业示范园区和观光休闲农业的初始资金,但在其运作的过程中没有充分发挥政府资金的引导作用和杠杆作用。从金融机构的角度看,园区和农业建设缺少抵押资产,且考虑投资的回收周期,很多金融机构不愿意向农民合作社和农户提供资金支持。将政府资金和社会资本的投入资金结合起来,政府机构和企业建立起合作的伙伴关系,共同参与农业项目的建设,获得的收益有产业化经营收益与租金和利息,社会资本的投入者和自由资本的投入者按照投资比例进行分成,租金和利息就用来偿还土地的租金和金融机构的贷款利息。但在分享利益的同时还要进行风险共担。在鼓励社会资本参与的同时,要加大政府的政策支持力度,建立健全财政投入的增长机制,发挥财政资金的杠杆作用。建立并完善融资担保体系,加强担保机构对社会资本投入的担保能力,提高社会资本引入的积极性,同时还要协调各个利益参与者的风险责任。另外,加强和完善农业科技保险服务,积极进行农业基础设施建设的保险经验总结,拓展农业保险服务的范围,保障社会资本投入的安全性[267]。合理利用社会资本为贵州农业供给侧结构性改革提供资金支持。

第三节　个体层面

一、转变传统思维方式，积极顺应农业改革趋势

2015 年中央农村工作会议上首次提出农业供给侧结构性改革的概念，调整农产品的供给体系，以市场需求为导向调整农产品结构，提供有效、高质的农产品。2016 年中央一号文件中强调了农业供给侧结构性改革的重要性，提出推进农业供给侧结构性改革的战略构想。在 2017 年的中央一号文件中，农业供给侧结构性改革成为焦点，并结合农业发展的现状问题给出了解决措施。在国家大力引导农业供给侧结构性改革的浪潮中，农户是农业供给侧结构性改革的主体，要转变传统的思维方式，积极适应新政策，参与农业现代化建设，为实现小康社会努力奋斗。从供给的角度上看，分散经营的农户进行农产品生产时具有显著的"蛛网"特征，一哄而上，一哄而下，容易形成供大于求，造成农产品滞销。降低农户的经营风险应向现代农业进行转型。

农业供给侧结构性改革的首要任务，就是实现新型农业经营主体的再造，使之成为推进农业供给侧结构性改革、提高农业竞争力的主导力量。具体来说，主要有三大问题亟待解决。第一，处理好小农经济与新型农业经营主体的关系。结合我国现在的经济发展水平，在未来的一段时间内我国农村经济发展的主体主要还是小农经济，而新型农业经营主体是农业进行现代化转型的必然要求，可作为农业产业化的经营过程中小农经济的补充。贵州 92.5% 的地形为山地和丘陵的地形条件和农户传统的土地观念也决定着小农经济不可能被完全替代。利用二者的互补优势，实现土地利用最优化，实现农业现代化转型。可积极发展"龙头企业＋农户""龙头企业＋农民合作社＋农户""家庭农场＋农民合作社＋农户"等模式，探索农户和新型农业经营主体之间的合作关系，实现二者的效益最大化。同时，要坚持基本的土地经营制度不改变，根据不同的自然条件和社会条件对二者进行统一规划部署，提高小农经济的组织化程度，积极发展同农业龙头企业、家庭农场和农民合作社的合作模式，并依托完善的农业服务体系，实现新型农业经营主体和小农经济的共赢。第二，家庭农场的联合。截至 2015 年底，全国流转土地总面积 4.47 亿亩，其中，流入农户 2.62 亿亩，占 58.6%。按照 430 万个专业大户和家庭农场计算，每个平均为 609 亩，一般为 200—300 亩，不可能单家独户面对市场，依然需要联合与合作。现实中看，由家庭农场联合组建、领办

或者加入农民合作社都是可行的路径。实际上,大部分农民合作社都是由专业大户领办的,在山东、安徽等地已经出现了家庭农场联合起来成立农民合作社的案例,说明即使大户也存在联合闯市场的可能性和紧迫性。因此,有关部门在政策制定上就要适应这一趋势,不仅要支持专业大户和家庭农场的发展,更要推进它们之间的联合与合作。第三,积极推进农民合作社联合社的发展。目前,全国已经有十余个省出台了相关政策法规推进农民合作社联合社的发展,大都允许除农民合作社以外的其他市场主体(如企业)加入,从而有可能发展出家庭农场和专业大户搞经营、农民合作社搞服务、企业做市场的现代农业综合体,有利于提高农业的竞争力[268]。从农户的观念转变上为贵州农业供给侧结构性改革提供支持。

二、重视职业能力培养,打造新型职业农民

2012 年中央一号文件中首次明确提出新型职业农民的概念,依托农业科技来解决农业生产发展问题。2013 年的中央一号文件中突出强调农业经营体制机制创新,在传统农业向现代农业转型的过程中发挥新型职业农民的价值,加强农业职业教育和职业培训。2017 年,农业部出台的《"十三五"全国新型职业农民培育发展规划》中提出的发展目标为:到 2020 年全国新型职业农民总量超过 2000万人[245]。通过专业的培训提高一批、吸引发展一批、培育储备一批,构建的新型职业农民队伍要有文化、懂技术、善经营、会管理。在我国城镇化进程快速推进的背景下,大量农村剩余劳动力不断流向城市和非农产业,尤其是农村中的精壮劳动力不断减少,从事农业生产的主要是妇女、儿童和老人。农民总体素质依然偏低,农业生产中新技术、新方法的使用和推广依然偏少,有文化、懂技术、善经营、会管理的新型职业农民比例依然偏低。人是最具能动性的要素,在这样的情况下,依靠总体素质偏低的传统农民来进行现代农业生产会有很大的局限性。因此,通过培育新型职业农民来从事现代农业生产,进而推进农业发展方式转变就成为比较现实的途径。

对于贵州而言,如何在农业发展方式转变的背景下培养出满足新农村建设要求的新型职业农民显得紧迫而重要。培养新型职业农民本身就是农业发展和农业发展方式转变的重要内容。没有农民科学文化素质的提高,农业发展和农业发展方式转变就会缺乏根本的支撑。广大农民是农业生产的主力军,农民的素质、职业能力对农业发展和农业发展方式转变有着决定性的影响。同时,培养新型职业农民也是统筹城乡经济发展的必然要求。随着传统农业向现代农业转变进程的加快,以及"三化同步"战略的实施,对农民素质和能力的要求也越来越高。培育

新型职业农民同时也是实现农民增收的重要途径。只有培育和造就一大批新型职业农民，才可能让更多的农民适应现代农业专业化、规模化和科技化发展的要求，才能提高农民经营现代农业的水平，才能实现农业发展、农村繁荣、农民增收。

教育观念的偏差、短视，教育体系的不合理，以及农村教育经费短缺、办学条件差等，是造成农民素质较低的原因，教育的落后正是农民素质较低的症结所在。而且许多农村地区因为长期以来经济落后、交通不便、信息闭塞，所以人们市场观念淡薄，缺乏风险意识、创新意识和市场竞争意识，很难适应建设新农村的要求。同时，在新型职业农民的培育上，政府对各地农民培训的拨款力度不大，使新型职业农民培育工作的基础薄弱；二是新型职业农民培育体系不健全，制度化、规范化不到位，与市场的衔接不紧密，管理不科学，开设的农民培训班形式化严重，培训的质量和效率低；三是培训方法僵化，纳入培训的对象不明晰，内容单调，方式单一；四是农民及各地的主管部门对农民培育工作在思想上认识不足、重视不够，很多培训班只是走形式，形同虚设，农民参加培训的积极性不高，政府引导不力。因此，加强贵州农村劳动力培训，培育新型职业农民成为贵州农业供给侧结构性改革的重大任务。

针对以上现状，贵州培育新型职业农民应该从以下三个方面加以实施：一是在政府的引导下，积极接受新型职业农民的培训。政府应给予高度的重视，加大对农业教育的支持力度，起到政府引导的导向作用，增加政府预算和及时、足额拨款，确保农民培育的经费来源，还可以帮助农业院校发展营利事业，并对其收入实行免税。另外，结合贵州省的实际情况，当地政府可以拓宽筹措办学经费的渠道，合理分配培训经费，提高利用率。作为农民要抓住提升专业技能的机会，提高综合素质。二是在多层次、多元化的农民培育体系下，重视职业能力的培养。必须对现有的农业机构进行资源整合，把农业科研、农业教育与农业推广机构构建成层次清晰、分工明确的农业教育机构框架。要建构一张新的农业教育培训网络，形成以农业院校、科研院所为基地，以农业技术推广单位为依托，以县、乡、村农业技术推广站为基层组织的、严密有序的教育层次。力求形成以农业院校为基本落脚点，以社会培训机构为辅助的，农业教育、科研、推广相融合的农民培训体系。对培训对象要自上而下地全面覆盖，不仅包括农村干部、农业部门领导，还要包括涉及农业加工、流通、生产经营等环节的相关农业专业科技人员、从业人员等。处于每个岗位的培训对象，要端正学习态度，根据个人特长，在各种特色专业的培训下，以需求为导向，参加职业教育特色专业技术人才的培养，并参与与全国知名企业的合作，向高级人才靠近。三是严格遵守培训机制，保证培训质量。职业农民培育的关键在于师资队伍，要设定严格的准入制度、激励制度、考核制度，确保职业农民培育的优质的师资队伍。对于教育培训机构，要引入市场竞争机制，以确保教育培训机构的高效和优质。增强理论的实际应用性，针对不同地区、不同产业及不同需求的农民，要相应地采取合适的培训方法和培训形式，使培训对农民切实起到作用，增强农民综合实力。从新型职业农民的培育上为贵州农业供给侧结构性改革提供智力支持。

三、积极维护个体利益，避免改革产生内部矛盾

农业供给侧结构性改革的过程中，涉及农户生产方式和生产观念的转变，加强同新型农业经营主体的合作，不可避免地会出现各种矛盾，农户要积极维护自身利益，实现农企之间高效的利益联动。农业供给侧结构性改革会是当前和今后农业发展的一个重要任务，其中，必须守住三条底线：不降低"三农"工作的力度；不减少粮食生产的力度，不损害农民的切身利益。

贵州在进行农业改革的过程中可借鉴先进的发展经验，重点学习以下几个方面。一是产业化进程中引入农民合作社，建立好农户和企业之间的利益联动机制。现代农业转型和改革的过程中，实现农业产业化是必经之路。在"订单农业"模式下，企业和农户在利益分配上会存在不平等，企业在面对市场风险的时候，为了实现公司利益最大化，会用比较低的价格来收购农产品或者直接违约不收购，将风险转移给农户，农户为了保证农产品的销售渠道必须接受较低的收购价格。分散经营、组织化程度低的农户在同企业进行谈判时始终是弱势方。长此以往，这种不平衡会降低农户的积极性和合作意愿，这对企业的原材料供应又构成威胁，这样循环往复最终会导致企业的利益受损。农企合作利益分配的合理化是实现农业产业化的保障，农民合作社作为枢纽出现在企业和农户之间，建立六联结机制来调节利润分配。农民合作社将分散的"一家一户"的小农户组织起来，提高农户的组织化程度，以规模化来改善农户的弱势地位。一方面，适度规模化的农户，有一定的市场规模，在同企业协商合作的时候有更强的话语权，平等合作，根据及时可靠的市场信息，进行农产品规模和种类的调整，以符合市场需求，通过农民合作社也保障了农产品的销售渠道。另一方面，农民合作社可在一定程度上帮助企业对农业的生产进行规范化和科学化指导，在一定程度上降低了企业的管理成本，又保证了高质量农产品的有效供应，实现农企之间高效的利益联动。同时，要保证农民合作社的独立性，在对农户和企业进行利益分配的时候做到相对公平，实现双方的利益最大化。二是农户可参股农业企业，二者可实行股份合

作制，建立利益共享和风险共担机制。也可建立风险基金，在盈余中提取一定比例的资金作为风险基金，预防由于市场波动和不可预防的自然灾害等原因造成的风险。三是对合作的企业进行信用评级，完善信用制度建设，这样会增加企业同农户合作的违约成本，也减少"订单农业"模式中的不确定性情况的发生。农户可选择与信用等级较高的企业合作，避免利益受损[269]。四是土地制度在进行"三权分置"改革时，要在维护农民利益和提高农业竞争力之间进行权衡，明确土地集体所有权、农户承包权和产地经营权，出台法律法规来明确对土地流转过程中农户利益的保障。从维护农户的综合利益上为贵州农业供给侧结构性改革提供支持。

四、积极参与资本投资，增加农民参与改革方式

民间资本，主要是指私营企业和个人的资金，个人资金包括全体公民的个人资金。2010 年，国务院以《国务院关于鼓励和引导民间投资健康发展的若干意见》（国发〔2010〕13 号）文件的形式，拓宽了民间资本的道路，鼓励和引导民间资本进入基础产业和基础设施领域、市政公用事业和政策性住房建设领域及社会事业等领域。国务院也出台相关意见，提出鼓励民间资本参与到发起、设立村镇银行等农村金融服务的领域中。中央政府也逐步放开对民间资本的限制，民间资本可以投资金融、航空、铁路等原有的垄断行业。2014 年，国家指出民间资本可参与到交通基础设施、油气管网设施等领域共 80 个项目中，充分发挥民间资本的效益。因此，在农业供给侧结构性改革中要充分调动民间资本的活力。2017 年，国务院颁发《国务院办公厅关于进一步激发民间有效投资活力促进经济持续健康发展的指导意见》（国办发〔2017〕79 号），鼓励民间资本进入基础设施项目建设，促进 PPP 模式的顺利开展，加快补短板建设，活用资金，发挥资本对优化供给结构的关键性作用[270]。

贵州农业供给侧结构性改革要充分发挥民间资本在优化结构中的关键作用。一是要切实加强民间资本在农村金融领域的融入，处理好改革与风险防范的关系，构建完善的农村金融监管体系，调动民间资本参与的积极性，在政府相关政策和制度的支持下，适当地降低民间资本融入农村金融的门槛，允许其以多种资本形式融入农村金融各个领域。结合贵州各县乡的实际，建立完善的风险防范的制度体系，营造良好的交易合作环境氛围，促进民间资本更好地融入农村金融。二是发挥民间资本对创新创业的推动作用。我国进入大众创新、万众创业的新时代，创新已成为企业发展的必经之路。据统计，国内民间资本有将近 2/3 表现为银行储蓄存款，投资渠道较窄且存在部分资金闲置的问题[271]。针对此现状，要积极帮助民间资本拓展投资渠道,调节民间资本要素的配置结构,消除资本进入创新创业的各个障碍,将民间资本引入创新创业领域,缓解中小企业融资难的压力。从政策上支持民间投资行为,拓展民间资本多层次的融资渠道,让农户的闲置资金参与进来。政府可出台一系列支持创新创业的相关措施,政府起带头作用,吸引民间资本对创新创业项目的投入,推动创新创业的发展。借助"互联网+创新创业"平台,发展互联网金融,完善小股权的众筹机制,适度降低民间资本创业的门槛和成本,支持发展创新创业项目,拓宽民间资本的投资渠道。三是参考民间资本参与案例,积极参与 PPP 项目。《国家发展改革委关于鼓励民间资本参与政府和社会资本合作(PPP)项目的指导意见》第九条指出可对民间资本进入 PPP 项目的典型案例进行评选[272],觉察民间资本进入 PPP 项目的发展方向和新的合作模式,克服现有参与投资的短板,积累总结参与项目运作的经验,相互借鉴,提高参与 PPP 项目的投资质量和效益,搞活民间资本,增加农户收入。激发民间资本的内在活力为贵州农业供给侧结构性改革提供支持。

第四节 本 章 小 结

推进贵州农业供给侧结构性改革的过程中,需要从各种政策措施,人才、资本、土地等要素,基础实施和公共设施等方面来提供支撑和保障。本章主要从政府层面、社会层面和个体层面来具体分析绿色发展理念下贵州农业供给侧结构性改革的保障措施。首先,从政府层面上主要落实新农业补贴及金融保险政策;引导新型农业经营主体试点工作;建立产品链体系保障价格与销量;完善相关制度和法律法规促进农业生产;引入知识管理提升农民参与水平;加快交通基础设施建设,保障产品出山通勤性;增加贫困劳动力就业创业的机会。其次,从社会层面上主要强化产业融合发展,加快构建发展新经济体系;构建农村电子商务产业链,培育本土电商企业;强化农业科技创新,转变传统农业发展旧轨道;鼓励社会资本参与,激发乡村创意农业新经济。最后,从个体层面上主要转变传统思维方式,积极顺应农业改革趋势;重视职业能力培养,打造新型职业农民;积极维护个体利益,避免改革产生内部矛盾;积极参与资本投资,增加农民参与改革方式。

参 考 文 献

[1] 习近平：适度扩大总需求同时，加强供给侧结构性改革［EB/OL］. http://business.sohu.com/20160427/ n446440562.shtml（2016-04-27）［2018-09-14］.

[2] 刘旸. 关于利用投资基金支持农业供给侧结构性改革的思考［J］. 农村经济与科技，2018，29（4）：79-80，174.

[3] 许瑞泉. 经济新常态下我国农业供给侧结构性改革路径［J］. 甘肃社会科学，2016，（6）：178-183.

[4] 宗锦涛，严重君，彭选明，等. 科技创新支撑农业供给侧结构性改革的实践与思考：以湖南省农业科学院为例［J］. 湖南农业科学，2018，（1）：107-110.

[5] 韩长赋. 以新的发展理念推进农业供给侧结构性改革［J］. 河北农业，2016，（3）：1.

[6] 王可山，苏昕. 我国食品安全政策演进轨迹与特征观察［J］. 改革，2018，（2）：31-44.

[7] 汪湖北. 新形势下上海绿色农产品及绿色乡村环境有效供给的思考［J］. 上海农村经济，2018，（1）：13-17.

[8] 周丽，刘芬，余利雄，等. 绿色金融支持农业供给侧结构性改革的路径研究：以衢州市为例［J］. 绿色中国，2017，（20）：4-11.

[9] 王仕国. 五大发展理念与马克思主义发展观的新发展［J］. 求实，2016，（11）：12-20.

[10] 张敏，杜天宝. "绿色发展"理念下生态农业发展问题研究［J］. 经济纵横，2016，（9）：92-95.

[11] 新华社. 中共中央国务院关于实施乡村振兴战略的意见［EB/OL］. http://www.gov.cn/zhengce/2018-02/04/content_5263807.htm（2018-02-04）［2018-06-13］.

[12] 史云，杨相合，谢海英，等. 农业供给侧结构性改革及实现形式：田园综合体［J］. 江苏农业科学，2017，45（24）：320-326.

[13] 黄国勤. 论长江中下游地区农业供给侧结构性改革［C］//中国软科学研究会. 第十三届中国软科学学术年会论文集，2017：4.

[14] 吴大华. 贵州农业供给侧结构性改革实践与思考［J］. 中国乡村发现，2017，（6）：53-57.

[15] 陈日武. 借他山之石助力现代农业强省建设："我们向兄弟省市学什么"系列学习体会文章［J］. 江西农业，2016，（2）：6-7.

[16] 唐守祥. 农业供给侧结构性改革是实现东北乡村振兴的基础和前提［J］. 理论观察，

2018，（1）：5-8.

[17] 李志鹏. 黔中民族地区重点城镇的"两化互动"特色发展道路研究 [J]. 贵州民族研究，2014，35（6）：129-132.

[18] 姜长云. 推进农业供给侧结构性改革的重点 [J]. 经济纵横，2018，（2）：91-98.

[19] 赵亚平. 基于"世界城市"定位的绿色商业发展研究：以北京市为例 [J]. 企业经济，2011，30（5）：91-94.

[20] 苏峰. 践行绿色发展，构建农业循环经济产业体系 [J]. 中国集体经济，2013，（9）：6-7.

[21] 苗圩. 走新型工业化道路，推进工业绿色低碳发展 [J]. 行政管理改革，2013，（5）：4-9.

[22] 刘文俭. 深化生态文明体制改革，加快推进美丽中国建设 [J]. 中共青岛市委党校·青岛行政学院学报，2017，（6）：17-21.

[23] 谭焯匀. 习近平绿色发展思想探析 [J]. 四川行政学院学报，2017，（6）：9-13.

[24] 习近平. 坚持绿色发展是发展观的一场深刻革命 [J]. 创造，2018，（3）：9-10.

[25] 胡鞍钢，张新. 建设美丽中国，加快迈进生态强国时代 [J]. 国际税收，2018，（1）：6-12.

[26] 钟芙蓉. 绿色发展的正义维度 [J]. 长沙理工大学学报（社会科学版），2018，33（1）：60-63.

[27] 马存孝. 共享发展理念与青海民族地区全面建成小康社会 [J]. 北方经济，2018，（Z1）：105-107.

[28] 佚名. 绿色发展已成为全球环境与经济领域的趋势和潮流 [J]. 环境保护，2010，（23）：1.

[29] 霍艳丽，刘彤. 生态经济建设：我国实现绿色发展的路径选择 [J]. 企业经济，2011，30（10）：63-66.

[30] 胡鞍钢. 中国：创新绿色发展 [J]. 马克思主义与现实，2013，（2）：75.

[31] 杨继枝. 论美丽中国视角下的绿色发展与生态文明建设 [J]. 创新科技，2017，（1）：26-28.

[32] 罗文东，张曼. 绿色发展：开创社会主义生态文明新时代 [J]. 当代世界与社会主义，2016，（2）：25-30.

[33] 李珍. 浅析中国绿色发展观 [J]. 学理论，2017，（11）：22-23.

[34] 王金南，曹东，陈潇君. 国家绿色发展战略规划的初步构想 [J]. 环境保护，2006，（6）：39-43，49.

[35] 刘纪远，邓祥征，刘卫东，等. 中国西部绿色发展概念框架 [J]. 中国人口·资源与环境，2013，23（10）：1-7.

[36] 张涛. 新时代中国特色社会主义绿色发展观研究 [J]. 内蒙古社会科学（汉文版），2018，39（1）：10-16.

[37] 张必成. 新时代创新驱动发展战略的内在逻辑研究 [J]. 中国经贸导刊（理论版），2018，
（5）：64-65.

[38] 贾康，徐林，李万寿，等. 中国需要构建和发展以改革为核心的新供给经济学 [J]. 财
政研究，2013，（1）：2-15.

[39] 习近平. 决胜全面建成小康社会，夺取新时代中国特色社会主义伟大胜利：在中国共产
党第十九次全国代表大会上的报告 [J]. 理论学习，2017，（12）：4-25.

[40] 戴军. 基于扎根理论的中国畜牧业出口"新丝绸之路经济带"问题的研究 [J]. 黑龙江
畜牧兽医，2018，（10）：34-37.

[41] 人民网. 五个着力，扎实推进农业供给侧结构性改革——专访四川省委农村工作领导小组
办公室主任、省委农工委常务副主任杨秀彬 [EB/OL]. http://cpc.people.com.cn/n1/2017/
0306/c166757-29126272.html（2017-03-06）[2018-09-19].

[42] 新华社. 中共中央国务院关于深入推进农业供给侧结构性改革加快培育农业农村发展新
动能的若干意见 [N]. 人民日报，2017-02-06，（1）.

[43] 张倩. 2017 年太和县秋粮暨全年粮食生产形势分析 [J]. 现代农业科技，2017，（24）：
264，271.

[44] 李克强. 政府工作报告：2017 年 3 月 5 日在第十二届全国人民代表大会第五次会议上 [J].
中国应急管理，2017，（3）：3-11.

[45] 人民网. 中国强，农业必须强 [EB/OL]. http://theory.people.com.cn/n1/2017/1030/c40531-
29615729.html（2017-10-30）[2018-09-19].

[46] 戴晋，李家宁，赵月强，等. 我国玉米种业供给侧改革的展望 [J]. 中国种业，2018，
（4）：1-2.

[47] 谢明杰，宋慧，刘金荣. 农业供给侧结构性改革背景下河南省谷子产业发展思路和对
策 [J]. 中国种业，2018，（5）：1-4.

[48] 韦晓菡. 基于农业供给侧结构性改革的广西农业产业集群发展探讨 [J]. 学术论坛，2016，
39（3）：58-61.

[49] 陈训波，朱文. 农业供给侧结构性改革下的新型农业经营主体发展研究：基于四川的调
查分析 [J]. 农村经济，2017，（8）：108-114.

[50] 许婷. 浅析农业供给侧改革背景下重庆农产品流通模式创新 [J]. 农村经济与科技，2018，
（5）：167-170.

[51] 李娜梅，刘欣琪. 浅析"互联网＋农业"现状，助力农业供给侧结构性改革 [J]. 现代
商业，2016，（34）：176-177.

[52] 费文君，吴济洋，曹颖，等. 农业供给侧结构性改革下的南京旅游型乡村"四态"规划

法分析：以外沙村为例 [J]. 江苏农业科学, 2017, 45 (19): 122-127.

[53] 杨丽君. 新常态下基于农村消费视角的供给侧改革 [J]. 农业经济, 2018, (4): 137-139.

[54] 梅博晗, 邓夏子. 转变农业发展方式, 引导农业市场化运作, 加快进行农业供给侧结构性改革：基于美国加州与江西省两地农业发展情况对比分析 [J]. 江西农业, 2016, (24): 54-57.

[55] 马泽波. 农业供给侧结构性改革：多重困境与突破路径 [J]. 大理大学学报, 2016, 1 (11): 18-23.

[56] 赵文武, 房学宁. 景观可持续性与景观可持续性科学 [J]. 生态学报, 2014, 34 (10): 2453-2459.

[57] Mebratu D. Sustainability and sustainable development: historical and conceptual review [J]. Environmental Impact Assessment Review, 1998, 18 (6): 493-520.

[58] Ahmad Y J, El Serafy S, Lutz E. Environmental Accounting for Sustainable Development [M]. Washington, DC: The World Bank, 1989.

[59] ACEFP. The Encyclopedia of the Sustainable Development [M]. London: Blackwell Publishing, 2001.

[60] Kates R E A. Sustainability science [J]. Science, 2001, 292 (5517): 641-642.

[61] 李龙熙. 对可持续发展理论的诠释与解析 [J]. 行政与法 (吉林省行政学院学报), 2005, (1): 3-7.

[62] 牛文元. 中国可持续发展总论 [M]. 北京：科学出版社, 2007.

[63] 牛文元. 中国可持续发展的理论与实践 [J]. 中国科学院院刊, 2012, 27 (3): 280-289.

[64] 张晓玲. 可持续发展理论：概念演变、维度与展望 [J]. 中国科学院院刊, 2018, 33 (1): 10-19.

[65] Nallathiga R. Book review: blueprint for a green economy [J]. Asia-Pacific Journal of Management Research and Innovation, 2010, 6 (1): 172-174.

[66] UNDP. 中国人类发展报告 2002：绿色发展, 必选之路 [M]. 北京：中国财政经济出版社, 2002: 33-40.

[67] Reardon J. Comments on green economics: setting the scene. aims, context, and philosophical underpinnings of the distinctive new solutions offered by green economics [J]. Green Economics, 2007, (1): 3-4.

[68] 吴秀才. 中国特色社会主义发展观的历史嬗变 [J]. 理论学习, 2017, (9): 35-41.

[69] 北京师范大学. 人类绿色发展报告 [M]. 北京：北京师范大学出版社, 2014.

[70] 胡鞍钢, 周绍杰. 绿色发展：功能界定、机制分析与发展战略 [J]. 中国人口·资源与

环境，2014，24（1）：14-20.

[71] 卫中强. "打造全国最平安城市"目标下的"绿色生态警营"探析 [J]. 公安学刊（浙江警察学院学报），2018，（1）：98-102.

[72] 付伟，罗明灿，李娅. 基于"两山"理论的绿色发展模式研究 [J]. 生态经济，2017，33（11）：217-222.

[73] 龚志民，张振环. 坚持消费需求导向是供给侧结构性改革的应有之义 [J]. 消费经济，2017，33（6）：13-17.

[74] 刘建武. 萨伊定律的意义认识 [J]. 贵州财经学院学报，1996，（1）：52-53.

[75] 王韧平. 萨伊定律与供给侧改革的比较分析 [J]. 现代商业，2016，（35）：59-60.

[76] 金鑫. 对萨伊定律的解读 [J]. 中央财经大学学报，2016，（5）：90-96.

[77] 黄良伟，文杰，周发明，等. 农业供给侧结构性改革的背景与理论依据 [J]. 农村经济与科技，2017，28（23）：33-34.

[78] 张建刚. 凯恩斯主义的理论缺陷及其新的发展 [J]. 经济问题，2010，（3）：13-18.

[79] 王志伟. 凯恩斯主义经济理论与近年来的经济危机 [J]. 福建论坛（人文社会科学版），2013，（2）：39-44.

[80] 陈维辰. 论供给学派的经济理论与实践 [J]. 北京轻工业学院学报，1987，（1）：14-21.

[81] 钟祥财. 供给学派的思想价值和现实意义 [J]. 上海经济研究，2011，（1）：123-132.

[82] 王平，王琴梅. 农业供给侧结构性改革的区域能力差异及其改善 [J]. 经济学家，2017，（4）：89-96.

[83] 宁阳. 深化经济体制改革须认清新自由主义的本质与危害 [J]. 思想理论教育，2018，（6）：36-41.

[84] 佚名. 五部委合力推进储能技术与产业发展 [J]. 功能材料信息，2017，14（5）：51.

[85] 姜长云. 十八大以来党中央关于农村产业融合思想的形成发展及创新价值 [J]. 全球化，2017，（12）：25-33，133-134.

[86] 中共中央国务院. 中共中央国务院关于实施乡村振兴战略的意见 [J]. 农民致富之友，2018，（3）：5-13.

[87] 李克强. 政府工作报告：2018 年 3 月 5 日在第十三届全国人民代表大会第一次会议上 [J]. 党的生活（黑龙江），2018，（Z1）：77-87.

[88] 李克强作的政府工作报告（摘登）[N]. 人民日报，2018-03-06，（2）.

[89] 山东省人民政府办公厅. 关于加快推进农业供给侧结构性改革大力发展粮食产业经济的实施意见 [EB/OL]. http://www.shandong.gov.cn/art/2018/1/26/art_2262_20690.html（2018-01-17）[2018-05-04].

[90] 中共江苏省委新闻网. 中共江苏省委江苏省人民政府关于深入推进农业供给侧结构性改革促进农民持续增收的意见 [EB/OL]. http://zgjssw.jschina.com.cn/fabuting/shengweiwenjian/201702/t20170215_3627133.shtml （2017-02-15）[2018-05-04].

[91] 中华人民共和国国家发展和改革委员会. 中共安徽省委 安徽省人民政府关于深入推进农业供给侧结构性改革加快培育农业农村发展新动能的实施意见 [EB/OL]. http://www.ndrc.gov.cn/fzgggz/ncjj/nczc/201704/t20170426_845556.html（2017-04-26）[2018-09-19].

[92] 浙江省政府办公厅. 浙江省人民政府办公厅关于加快推进农业供给侧结构性改革大力发展粮食产业经济的实施意见 [EB/OL]. http://www.zj.gov.cn/art/2018/4/18/art_37173_296984.html（2018-04-13）[2018-05-04].

[93] 江西省人民政府公报. 中共江西省委江西省人民政府关于深入推进农业供给侧结构性改革加快培育农业农村发展新动能的实施意见 [EB/OL]. http://www.jxgb.gov.cn/2017-4/20174121523192.htm（2017-01-08）[2018-05-04].

[94] 福建省人民政府. 中共福建省委福建省人民政府关于深入推进农业供给侧结构性改革加快培育农业农村发展新动能的实施意见 [EB/OL]. http://www.fujian.gov.cn/zc/zxwj/szfwj/201703/t20170313_1469983.htm（2017-03-13）[2018-05-04].

[95] 广东省人民政府. 广东省人民政府关于印发广东省推进农业供给侧结构性改革实施方案的通知 [EB/OL]. http://zwgk.gd.gov.cn/006939748/201711/t20171129_732689.html（2017-10-31）[2018-05-04].

[96] 广西壮族自治区农业厅. 关于坚定不移推进农业供给侧结构性改革大力培育广西农业农村发展新动能的实施意见 [EB/OL]. http://www.gxny.gov.cn/news/ywkb/201704/t20170406_532074.html（2017-04-06）[2018-05-04].

[97] 河南省农业厅. 中共河南省委河南省人民政府关于深入推进农业供给侧结构性改革加快培育农业农村发展新动能的实施意见 [EB/OL]. http://www.haagri.gov.cn/portal/news/viewContent.html?id=12020（2017-02-27）[2018-05-04].

[98] 湖北省财政厅公众网. 中共湖北省委湖北省人民政府关于深入推进农业供给侧结构性改革, 加快培育农业农村发展新动能的实施意见 [EB/OL]. http://www.ecz.gov.cn/wzlm/zwdt/bmgzdt/nycw/83843.htm（2017-03-06）[2018-05-04].

[99] 河北经济网. 中共河北省委河北省人民政府关于深入推进农业供给侧结构性改革, 加快培育农业农村发展新动能的实施意见 [EB/OL]. http://www.hbjjrb.com/yaowen/yw/201702/855396_2.html（2017-02-13）[2018-05-04].

[100] 甘肃省人民政府. 中共甘肃省委 甘肃省人民政府关于深入推进农业供给侧结构性改革, 加快培育农业农村发展新动能的实施意见 [EB/OL]. http://www.gansu.gov.cn/art/

2017/ 3/ 20/art_35_303077.html（2017-03-20）［2018-05-04］.

［101］四川省人民政府. 四川省人民政府办公厅关于印发推进农业供给侧结构性改革加快四川农业创新绿色发展行动方案的通知［EB/OL］. http://zcwj.sc.gov.cn/xxgk/NewT.aspx?I=20161107113536-786075-00-000（2016-11-01）［2018-05-04］.

［102］云岭先锋网. 中共云南省委 云南省人民政府关于深入推进农业供给侧结构性改革加快培育农业农村发展新动能的实施意见［EB/OL］. http://ylxf.yn.gov.cn/Html/News/ 2017/2/16/200940.html（2017-02-16）［2018-05-04］.

［103］中华人民共和国农业部. 辽宁省人民政府关于推进农业供给侧结构性改革的实施意见［EB/OL］. http://jiuban.moa.gov.cn/zwllm/zcfg/dffg/201607/t20160722_5215233.htm（2016-07- 22）［2018-05-04］.

［104］中华人民共和国国家统计局. 中华人民共和国 2017 年国民经济和社会发展统计公报［N］. 人民日报，2018-03-01，（10）.

［105］中华人民共和国国家统计局. 中华人民共和国 2016 年国民经济和社会发展统计公报［EB/OL］. http://www.stats.gov.cn/tjsj/zxfb/201702/t20170228_1467424.html（2017-02-28）［2018-05-08］.

［106］中华人民共和国国家统计局. 中华人民共和国 2017 年国民经济和社会发展统计公报［EB/OL］. http://www.stats.gov.cn/tjsj/zxfb/201802/t20180228_1585631.html（2018-02-28）［2018-05-08］.

［107］经济日报. 延续"双增长"实现"开门红"一季度农业农村经济运行开局良好［EB/OL］. http://www.nbd.com.cn/articles/2018-04-24/1211042.html （2018-04-24）［2018-05-08］.

［108］新华社新媒体专线. 浙江农业供给侧结构性改革：在希望的田野上［EB/OL］. http://news.163.com/17/0615/20/CN0H4CJJ00018AOQ_mobile.html （2017-06-15）［2018-05-08］.

［109］新华社. 上海以"双创＋农业"推动都市农业供给侧结构性改革［EB/OL］. http://www.gov.cn/xinwen/2017-10/07/content_5229930.htm（2017-10-07）［2018-05-08］.

［110］网经社. 海南发力"互联网＋农业"助推农业供给侧结构性改革［EB/OL］. http://www.100ec.cn/detail--6428106.html（2017-12-12）［2018-05-08］.

［111］何会文. 产品优质，农民增收，市场丰盈［N］. 天津日报，2018-02-18，（1）.

［112］王秀娟. 调特，调优，调精［N］. 山西日报，2018-02-22，（1）.

［113］中华人民共和国中央人民政府农业部. 释放农村经济新动能：休闲农业和乡村旅游发展综述［EB/OL］. http://jiuban.moa.gov.cn/zwllm/zwdt/201704/t20170406_5551097.htm（2017-04-06）［2018-05-08］.

［114］任璐. 释放农村经济新动能［N］. 农民日报，2017-04-08，（1）.

[115] 王菲. 农牧民"旅游饭"越吃越香［N］. 西藏日报（汉），2017-09-20，（1）.

[116] 中华人民共和国中央人民政府. 乡村旅游带富 151 个重点旅游扶贫村，农牧民"旅游饭"越吃越香，全区旅游从业人员达 35 万，12 万农牧民参与其中［EB/OL］. http：//www.gov.cn/xinwen/2017/09/20/content_5226286.htm（2017-09-20）［2018-05-08］.

[117] 新华网. 乡村旅游去年带动湖北 25 万多贫困人口增收［EB/OL］. http：//www.xinhuanet.com/local/2018-01/13/c_1122254404.htm（2018-01-13）［2018-05-08］.

[118] 邹建丰. 我省休闲农业指数全国居首［N］. 新华日报，2018-01-13，（3）.

[119] 中华人民共和国中央人民政府. 江苏省休闲农业指数全国居首［EB/OL］. http：//www.gov.cn/xinwen/2018/01/13/content_5256233.htm（2018-01-13）［2018-05-08］.

[120] 新华网江西频道. 美了乡村富了村民，江西乡村旅游带动 10 万人脱贫［EB/OL］. http：//www.jx.xinhuanet.com/2018-04/05/c_1122640979.htm（2018-04-05）［2018-05-08］.

[121] 陕西省人民政府新闻办公室. 省农业厅副厅长杨效宏发布陕西省休闲农业发展情况［EB/OL］. http://www.shaanxi.gov.cn/jbyw/xwfbh/71205.htm（2017-02-23）［2018-05-08］.

[122] 新华网. 陕西休闲农业 2016 年接待游客超过 9000 万人次，收入逾 70 亿元［EB/OL］. http：//www.xinhuanet.com/fortune/2017/01/12/c_1120298227.htm（2017-01-12）［2018-05-08］.

[123] 高长岭. 我省农业供给侧结构性改革成果"实打实"［N］. 河南日报，2017-07-20，（5）.

[124] 中华人民共和国中央人民政府. 河南：5514 个贫困村退出贫困序列［EB/OL］. http：//www.gov.cn/xinwen/2018-01/24/content_5260102.htm（2018-01-24）［2018-05-08］.

[125] 佚名. 区内视点［J］. 当代广西，2018，（9）：6-7.

[126] 新华网. 广西今年计划减少农村贫困人口 115 万人［EB/OL］. https：//baijiahao.baidu.com/s?id=1599152925987900552&wfr=spider&for=pc（2018-04-30）［2018-05-08］.

[127] 唐仁健. 政府工作报告：2018 年 1 月 24 日在甘肃省第十三届人民代表大会第一次会议上［J］. 发展，2018，（2）：7-18.

[128] 中华人民共和国中央人民政府. 甘肃省去年减贫 67 万人，贫困发生率下降到 9.6%［EB/OL］. http：//www.gov.cn/xinwen/2018/02/10/content_5265540.htm（2018-02-10）［2018-05-08］.

[129] 中华人民共和国中央人民政府. 湖南五年减少农村贫困人口 551 万［EB/OL］. http：//www.gov.cn/xinwen/2018-01/24/content_5260087.htm（2018-01-24）［2018-05-08］.

[130] 中华人民共和国中央人民政府. 青海省电子商务进农村综合示范项目建设初步见成效［EB/OL］. http：//www.gov.cn/xinwen/2018-05/03/content_5287620.htm（2018-05-03）［2018-05-08］.

［131］中华人民共和国中央人民政府. 去年我省电商扶贫实现农产品销售 1.2 亿元，带动 1.06 万贫困人口就业创业，人均增收 1400 余元［EB/OL］. http：//www.gov.cn/xinwen/2018-04/17/content_5283130.htm（2018-04-17）［2018-05-08］.

［132］中华人民共和国中央人民政府. 做订制、搞路演、搭电商：黑龙江农业"玩"出营销"新花样"［EB/OL］. http：//www.gov.cn/xinwen/2018-01/10/content_5255184.htm（2018-01-10）［2018-05-08］.

［133］中华人民共和国中央人民政府. 河北省新增 67 个省级现代农业园区［EB/OL］. http：//www.gov.cn/xinwen/2018-01/24/content_5259965.htm（2018-01-24）［2018-05-08］.

［134］中华人民共和国中央人民政府. 吉林省交通运输厅全力推进项目建设［EB/OL］. http：//www.gov.cn/xinwen/2018-03/11/content_5273060.htm（2018-03-11）［2018-05-08］.

［135］中华人民共和国中央人民政府. 宁夏今年将实现所有行政村通硬化路［EB/OL］. http：//www.gov.cn/xinwen/2018-03/06/content_5271398.htm（2018-03-06）［2018-05-08］.

［136］周者军. 着力改善农村基础设施和人居环境［N］. 甘肃日报，2018-01-08，（1）.

［137］中华人民共和国中央人民政府. 甘肃：着力改善农村基础设施和人居环境［EB/OL］. http：//www.gov.cn/xinwen/2018-01/08/content_5254377.htm （2018-01-08） ［2018-05-08］.

［138］中华人民共和国中央人民政府. 新疆：一季度社会保障工作稳步推进［EB/OL］. http：//www.gov.cn/xinwen/2018-04/12/content_5281880.htm （2018-04-12） ［2018-05-08］.

［139］中华人民共和国中央人民政府. 山西集中整治农村环境破解"垃圾围村"难题［EB/OL］. http：//www.gov.cn/xinwen/2017-08/12/content_5217305.htm（2017-08-12）［2018-05-08］.

［140］王飞航. 山西集中整治农村环境破解"垃圾围村"难题［N］. 中国建设报，2017-08-28，（1）.

［141］中华人民共和国中央人民政府. 湖北：用好长江大保护"辩证法"［EB/OL］. http：//www.gov.cn/xinwen/2018-04/25/content_5285634.htm（2018-04-25）［2018-05-08］.

［142］中华人民共和国中央人民政府. 退耕还林成为我省投资最多规模最大生态工程，国家累计投入三百亿元，全省累计退耕还林三千三百余万亩［EB/OL］. http：//www.gov.cn/xinwen/2018-04/15/content_5282530.htm（2018-04-15）［2018-05-08］.

［143］中华人民共和国中央人民政府. 天津：断面水质优良比例达 35%高于国家考核指标［EB/OL］. http：//www.gov.cn/xinwen/2018-01/12/content_5255870.htm（2018-01-12）［2018-05-08］.

［144］张胜利. 中国休闲农业发展现状与对策研究［D］. 长沙：湖南农业大学，2014.

［145］王霞. 美日欧乡村"农家乐"旅游发展的经验［J］. 世界农业，2013，（3）：107-109.

［146］伊沙贝拉·塔斯科克. 美国农业转型：特征和政策［J］. 湖南商学院学报，2012，19（1）：

5-8.

[147] 徐轶博. 美国农业支持政策：发展历程与未来趋势 [J]. 世界农业，2017，（8）：111-117.

[148] 侯廷永. 美国现代农业发展及其经验借鉴 [J]. 上海农村经济，2017，（3）：37-42.

[149] 中华人民共和国财政部. 美国农业发展现状 [EB/OL]. http：//gjs.mof.gov.cn/pindaoliebiao/ cjgj/201407/t20140708_1109872.html（2014-07-08）[2018-06-09].

[150] 王艳平. 美国现代农业发展经验对我国农业供给侧结构性改革的启示 [J]. 生产力研究，2017，（8）：101-104.

[151] Eakins D W，McKnight T L. California [M]. Chicago：World Book，2001.

[152] 中华人民共和国驻旧金山总领事馆经济商务室. 关于加州农业基本情况及与我合作前景的调研 [EB/OL]. http：//www.mofcom.gov.cn/article/i/dxfw/nbgz/201405/20140500 603419.shtml（2014-05-01）[2018-06-09].

[153] 陈伯威. 就美国加州农业发展论山西农业供给侧结构性改革 [J]. 山西农经，2017，（11）：11-12.

[154] 马绍莳，曹方. 基于 SWOT 模型的甘肃特色农产品品牌创建问题分析 [J]. 图书与情报，2011，（1）：104-107.

[155] 吴强华. "来一场振兴农村经济的深刻的产业革命"铜仁市全力推动农业产业提档升级[EB/OL]. http://www.tongren.gov.cn/2018/0328/149055.shtml（2018-03-28）[2018-06-09].

[156] 史琼，王怡蕾，林洪波，等. 供给侧改革视角下贵州辣椒产业发展趋势探究 [J]. 南方农业，2017，11（21）：89-91.

[157] 詹永发，姜虹，韩世玉，等. 贵州辣椒产业发展的形势分析与展望 [J]. 贵州农业科学，2005，（4）：98-100.

[158] 孙远桃. 贵州：在新常态下持之以恒推进农业供给侧结构性改革 [EB/OL]. http：//gz. people.com.cn/n2/2017/0110/c194827-29575271-4.html（2017-01-10）[2018-06-09].

[159] 董利苹，李先婷，高峰，等. 美国和欧盟农业政策发展研究及对中国的启示 [J]. 世界农业，2017，（1）：91-97.

[160] 李应春，翁鸣. 日本农业政策调整及其原因分析 [J]. 农业经济问题，2006，（8）：72-75.

[161] 国家食物与营养咨询委员会赴日考察团. 日本食物发展状况及对我的启示 [J]. 中国食物与营养，2005，（4）：4-6.

[162] Kakuchi S. Agriculture Leans on Japanese Women [M]. Rome：Inter Press Service，2016.

[163] 范东君. 日本农业发展经验对中国农业发展方式转变的启示 [J]. 当代世界，2010，（11）：63-65.

[164] 谷口宪治，徐玥. 日本新型农业经营主体的发展与农村振兴：以村落营农为中心 [J].

南开日本研究，2017，（0）：33-42.

[165] 今村奈良臣，吴京英.世界各主要国家中的政府与农民的关系问题［J］.中国农村经济，1992，（10）：59-64.

[166] 朱福来，郭桂琦.日本北海道农业介绍［J］.世界农业，1990，（5）：39-41.

[167] 卢昆.日本北海道现代农业发展关键举措及其经验启示［J］.世界农业，2015，（9）：207-210.

[168] 高洋."互联网＋"视角下日本北海道绿色生态经济发展对绥化市的启示［J］.农民致富之友，2017，（12）：13.

[169] 北海道农政部.北海道农业［EB/OL］.http://www.pref.hokkiado.lg.jp/ns/nsi/for/Chinese-top.htm ［2018-09-14］.

[170] 邱胜.蓄"源头活水"促"开源节流"：贵州科技供给侧结构性改革新实践［J］.当代贵州，2017，（22）：30-31.

[171] 本报评论部.学习贯彻十八大精神，加快推进开封崛起［N］.开封日报，2013-01-15，（3）.

[172] 赵军平.国内外农机装备发展现状及发展趋势［J］.河北农机，2012，（2）：31-32.

[173] 邢红央.日本、美国的农业现代化发展及其对中国的启示［J］.世界农业，2012，（7）：32-35.

[174] 王新伟，龙毅.互联网为农业现代化注入新的发展动力，贵州农业冲上"云"端［J］.农业工程技术，2015，（24）：25.

[175] 佚名.德国农业走可持续发展道路（续）［J］.河北农业科技，2006，（11）：36.

[176] 中华人民共和国驻汉堡领事馆.下萨克森州概况［EB/OL］.http://www.fmprc.gov.cn/ce/cgham/chn/lqgk/t225576.htm（2005-12-09）［2018-05-31］.

[177] 中华人民共和国财政部.美国农业发展现状［EB/OL］.http://www.mof.gov.cn/mofhome/guojisi/pindaoliebiao/cjgj/201407/t20140708_1109872.html（2016-04-16）［2018-05-31］.

[178] 孙夏.从农业大省到农业强省：四川供给侧改革尚需加大马力［N］.四川经济日报，2017-05-12，（6）.

[179] 四川省人民政府办公厅.四川省人民政府办公厅关于印发推进农业供给侧结构性改革加快四川农业创新绿色发展行动方案的通知［EB/OL］.http://www.sc.gov.cn/10462/10464/13298/13301/2016/11/14/10403756.shtml（2016-11-14）［2018-07-10］.

[180] 胡莺，张天维.我国一些省份实施农业供给侧改革的内容、侧重点与保障［J］.农业经济，2017，（9）：17-18，86.

[181] 甘孜藏族自治州政府办公室.甘孜藏族自治州人民政府关于加强品牌建设工作的实施意

见［EB/OL］．http：//www.gzz.gov.cn/10000/10011/10012/10013/2016/08/12/10539415.
shtml （2016-08-08）［2018-06-08］．

［182］佚名.2016 年中央一号文件 5 大看点［J］．青海农技推广，2016，（1）：29.

［183］李天奇.西部国家连片特困地区发展特色农产品电子商务物流存在的问题及对策建议：
以达州市为例［J］．物流技术，2016，35（9）：25-27.

［184］宋敏.强化知识产权保护，实现地标品牌价值［N］．农民日报，2015-04-25，（6）．

［185］张亮.谈四川休闲农业旅游发展现状［J］．旅游纵览（下半月），2017，（6）：177.

［186］赵予新，汪来喜，殷笑晗，等.农业供给侧改革背景下河南农业全面转型的对策研究［J］．
农业经济，2018，（2）：48-50.

［187］新华社.关于落实发展新理念加快农业现代化实现全面小康目标的若干意见［EB/OL］．
http://www.gov.cn/zhengce/2016-01/27/content_5036698.htm（2016-01-27）［2018-06-08］．

［188］中共河南省委，河南省人民政府.关于深入推进农业供给侧结构性改革，加快培育农业
农村发展新动能的实施意见［N］．河南日报，2017-02-27，（4）．

［189］佚名.中央一号文件要求：开发农村人力资源 培育新型职业农民［J］．农民科技培训，
2017，（3）：1.

［190］中华人民共和国农业农村部.农业部办公厅 财政部办公厅关于做好 2014 年农民培训工
作的通知［EB/OL］.http://www.moa.gov.cn/govpublic/CWS/201408/t20140804_3989380.
htm （2014-08-01）［2018-07-10］．

［191］李秋芳，朱卫红，齐亚旭，等.兰考县新型职业农民培育的思考［J］．河南农业，2015，
（3）：59-60.

［192］惠婷.创新驱动，中原疾行［N］．河南日报，2013-05-09，（4）．

［193］陈蓓蕾，童举希.地方政府促进新型职业农民培育的思路与对策［J］．贵州农业科学，
2013，41（6）：249-251.

［194］杨飞，胡海军，韦红松，等.遵义市特色现代山地农业发展现状及对策［J］．贵州农
业科学，2018，46（2）：156-158.

［195］卢昌彩.加快浙江农业供给侧结构性改革研究［J］．决策咨询，2016，（6）：64-69.

［196］黄浩.衢江区发展放心农业的做法及启示［N］．衢州日报，2018-01-06，（3）．

［197］吴江平.发展放心农业，推进农业供给侧结构性改革：浙江省衢州市衢江区的实践与探
索［J］．中国党政干部论坛，2016，（11）：96-99.

［198］陈宜萍.扶贫新路径：特色性＋效益性［N］．金融时报，2017-01-12，（11）．

［199］储诗淇，张秋达，储开江.嵊州香榧品牌建设要走特色之路［J］．浙江林业，2018，（1）：
22-23.

[200] 黄志远. 扩大农业规模经营 提高产业聚集效应 [J]. 江西农业, 2014, (3): 46-47.

[201] 冯爱珍. 推进我国农村土地流转制度研究 [J]. 经济研究导刊, 2016, (12): 28, 103.

[202] 冯丹. 政府引导, 管理完善推进农村土地流转规范有序 [J]. 农民致富之友, 2012, (3): 80.

[203] 新华社. 中共中央国务院关于实施乡村振兴战略的意见 [N]. 人民日报, 2018-02-05, (1).

[204] 潘坤. 农业供给侧改革中的农民主体性思考 [J]. 社会科学家, 2016, (6): 41-44.

[205] 中共中央国务院. 关于落实发展新理念加快农业现代化实现全面小康目标的若干意见 [Z]. 北京, 2015-12-31.

[206] 贵州省农业委员会. 省农委关于印发《关于推进农业供给侧结构性改革加快重点产业突破发展的实施意见》的通知 (黔农发〔2016〕87 号) [EB/OL]. http://www.qagri.gov.cn/xwzx/tzgg/201611/t20161118_1436495.html (2016-07-12) [2018-07-10].

[207] 李进军, 陈云川. 现代旅游农业产业融合发展业态及问题分析 [J]. 商业经济研究, 2017, (15): 167-169.

[208] 彭玮蔚. 品牌建设助推农业供给侧改革 [N]. 长沙晚报, 2017-01-06, (A06).

[209] 毛雪艳, 王平. 农业供给侧结构改革要素对新型城镇化的影响效应分析 [J]. 东北农业大学学报 (社会科学版), 2018, 16 (1): 48-54.

[210] 魏后凯. 农业供给侧改革如何改 [J]. 人民论坛, 2017, (12): 60-62.

[211] 王清川, 何梅. 我国农业融资困境和体制创新策略 [J]. 农业经济, 2012, (6): 102-103.

[212] 陈华. 农业供给侧改革的现状、问题及对策 [J]. 淮海工学院学报 (人文社会科学版), 2017, 15 (7): 97-99.

[213] 秦志伟. 黔西南州: 薏仁串起脱贫产业链 [J]. 发明与创新 (大科技), 2017, (5): 18-19.

[214] 宋辉, 王筱丽, 邹晨莹. 加快建设无公害绿色有机农产品大省: 贵州农业供给侧结构性改革谋定速动 [EB/OL]. http://www.chinaguizhou.gov.cn/system/2017/04/17/015599366.shtml (2017-04-17) [2018-05-13].

[215] 杜典相. 欠发达地区新农村建设的对策探讨: 以贵州为例 [J]. 中共贵州省委党校学报, 2007, (1): 45-47.

[216] 贵州省国土资源厅. 2016 贵州省国土资源厅公报 [EB/OL]. http://www.gzgtzy.gov.cn/zwgk/xxgkml/tjsj/201709/t20170908_2832974.html (2017-05-03) [2018-05-13].

[217] 蔡滔, 颜谦. 大力推进农业标准化, 提升农产品竞争力 [J]. 贵州农业科学, 2005, 33 (3): 108-110.

[218] 毛林妹, 田文勇. 贵州山区种植业农户参与农业标准化生产意愿的实证研究 [J]. 湖北农业科学, 2016, 55 (14): 3769-3774.

[219] 赵海齐，谢东升，吴艳芸. 贵州农业园区农产品生产标准化研究 [J]. 农村经济与科技，2016，（1）：123-125.

[220] 牟秋菊. 从"背篼"到贵州农村剩余劳动力就业能力的思考 [J]. 商场现代化，2008，（28）：281-282.

[221] 黄琳. 贵州省农村人力资源开发对策研究 [D]. 杭州：浙江大学，2005.

[222] 李卉，李莉. 对新生代农民工文化生存的思考 [J]. 邢台学院学报，2014，（2）：14-15.

[223] 彭振华，李啸浪，马赞甫，等. 贵州省农业经济效益区域比较研究：基于四个地区数据的 DEA 分析 [J]. 天津农业科学，2013，19（11）：26-30.

[224] 贵州省统计局，国家统计局贵州调查总队. 2015 年贵州省国民经济和社会发展统计公报 [EB/OL]. http://www.gz.stats.gov.cn/tjsj_35719/tjgb_35730/tjgb_35732/201609/t20160929_1064863.html（2016-03-24）[2018-05-13].

[225] 张金华. 现代农业可持续发展综合效益评价研究：以贵州省为例 [J]. 中国农业资源与区划，2016，37（6）：178-183.

[226] 中国产业信息网. 2016 年中国农产品进出口数据及贸易逆差情况分析 [EB/OL]. http://www.chyxx.com/industry/201703/499467.html （2017-03-01）[2018-05-13].

[227] 梁洁，王燕，赵丹. 贵州省特色农产品品牌竞争力评价研究 [J]. 经贸实践，2017，（22）：11-12.

[228] 王栋. 贵州省发展农业循环经济面临的制约因素与对策 [C] //《决策与信息》杂志社，北京大学经济管理学院. "决策论坛：管理决策模式应用与分析学术研讨会"论文集（上），2016：1.

[229] 贵州省农委. 关于通报 2016 年省级现代高效农业示范园区建设工作绩效考评结果和新增认定省级园区的通知 [EB/OL]. http://www.gznyyq.gov.cn/content/2017-03-09/News/21953.html（2017-03-09）[2018-05-13].

[230] 王佳. 贵州省现代高效农业示范园发展评价研究 [D]. 贵阳：贵州财经大学，2016：17-18.

[231] 张纯信. 现代农业发展与农业经营体制机制创新 [J]. 河南农业，2016，（8）：98.

[232] 张越男. 绿色农业技术创新问题分析 [J]. 农民致富之友，2016，（18）：62.

[233] 车璐. 贵州农村土地确权登记 2017 年完成，让每块地都有"身份证" [EB/OL]. http://www.gog.cn/zonghe/system/2015/12/21/014681510.shtml（2015-12-21）[2018-05-13].

[234] 朱晓慧，陈康清. 大方县"四个坚持"推进现代高效农业园区建设 [EB/OL]. http://gz.people.com.cn/n2/2016/0923/c194849-29050879.html（2016-09-23）[2018-05-28].

[235] 蔡继乐. 打通从农技到田间的"最后一公里" [N]. 中国教育报，2009-06-19，（3）.

[236] 贵州省财政厅. 2016 年贵州省财政收支情况 [EB/OL]. http://www.gzcz.gov.cn/xxgk/zdgk/

tjxx/201701/t20170118_1605454.html（2017-01-16）[2018-05-28].

[237] 黄婧，史琼，欧国武，等. 贵州现代山地高效农业发展的困境与对策 [J]. 贵州农业科学，2015，43（8）：275-279.

[238] 徐大佑，孙永菊. 贵州省农业产业化龙头企业经营发展调查报告 [J]. 市场论坛，2010，（1）：46-48.

[239] 贵州省人民政府. 省人民政府办公厅关于印发贵州省发展农业龙头企业助推脱贫攻坚三年行动方案（2017—2019 年）的通知 [EB/OL]. http://www.gzgov.gov.cn/xxgk/zfxxgkpt/szfxxgkml/ajcfl/wj/zcwj/201709/t20170925_810083.html（2017-09-19）[2018-05-28].

[240] 吕敬堂. 贵州省农业产业化发展保障措施研究 [C] //贵州省农业工程学会，贵州省有机农业学会，贵州省技术经济研究会，等. 贵州省高效生态（有机）特色农业学术研讨会论文集，2011：6.

[241] 杜丹，路文如. 基于 PEST 分析的中国农业电子商务竞争环境研究 [J]. 中国农学通报，2009，25（8）：266-271.

[242] 余霜，李光. 贵州省农业产业结构调整对农民收入的影响研究 [J]. 湖北农业科学，2016，55（4）：1047-1050.

[243] 陈默涵，何腾兵，黄会前. 贵州地形地貌对土壤类型及分布的影响 [J]. 贵州大学学报（自然科学版），2016，33（5）：14-16，35.

[244] 张宏杰，胡磊. 安顺深化农业供给侧改革实践研究 [J]. 新西部，2017，（29）：46-49，59.

[245] 农业部科技教育司. 农业部关于印发《"十三五"全国新型职业农民培育发展规划》的通知 [EB/OL]. http://jiuban.moa.gov.cn/zwllm/ghjh/201701/t20170122_5461506.htm（2017-01-22）[2018-05-28].

[246] 周欢，刘洪. 贵州农地适度规模经营的思考 [J]. 城市地理，2015，（6）：167-168.

[247] 农业部新闻办公室. 推进农业供给侧结构性改革，加快培育农业农村发展新动能：农业部部长韩长赋等在十二届全国人大五次会议记者会上答记者问 [J]. 农业工程技术，2017，37（6）：14-19.

[248] 张著昶，杨旭. 整村整寨闯市场——德江桶井乡 39 家合作社引领 6000 农户投身产业革命 [N]. 贵州日报，2018-04-18，（9）.

[249] 张晓山. 实施乡村振兴战略的抓手 [J]. 农村工作通讯，2017，（24）：1.

[250] 陈秋分，王国刚，孙炜琳. 乡村振兴战略中的农业地位与农业发展 [J]. 农业经济问题，2018，（1）：20-26.

[251] 人民网财经频道. 韩长赋：从五个方面大力推进乡村振兴战略实施 [EB/OL]. http://www.cnr.cn/chanjing/gundong/20180410/t20180410_524193014.shtml（2018-04-10）[2018-

05-28〕.

[252] 中华人民共和国住房和城乡建设部. 住房城乡建设部, 国家发展改革委, 财政部关于开展特色小镇培育工作的通知〔EB/OL〕. http://www.mohurd.gov.cn/wjfb/201607/t20160720_228237.html（2016-07-01）〔2018-05-28〕.

[253] 汤跃, 孙智. 基于知识产权产业化背景下的贵州农产品地理标志品牌研究〔J〕. 贵州师范大学学报（社会科学版）, 2013,（6）: 59-67.

[254] 熊思维. 江西农产品冷链物流展望〔J〕. 合作经济与科技, 2011,（12）: 14-15.

[255] 李莉. 大数据在农产品冷链物流中的应用: 以贵州省为例〔J〕. 沿海企业与科技, 2015,（3）: 11-14.

[256] 王淑宜. 一季度我省实体经济企业降低成本89亿元〔N〕. 贵州日报, 2018-04-18,（02）.

[257] 国务院办公厅. 国务院办公厅关于加快推进农业供给侧结构性改革大力发展粮食产业经济的意见〔EB/OL〕. http://www.gov.cn/zhengce/content/2017-09-08/content_5223640.htm（2017-09-08）〔2018-07-10〕.

[258] 魏再玉. 贵州农产品价格畸高问题研究〔D〕. 贵阳: 贵州财经大学, 2015.

[259] 刘学侠. 土地股份制: 中国农村土地制度改革的方向〔J〕. 农业经济问题, 2007,（7）: 22-26.

[260] 刘云生, 吴昭军. 农村土地股份制改革中的行为特征〔J〕. 求实, 2016,（9）: 78-87.

[261] 鄢玉娟, 李建民, 王晓雯, 等. KSAIBs视角下新型职业农民的培养路径探析〔J〕. 中国市场, 2017,（18）: 169-170.

[262] 郭春丽, 赵国杰. 基于成员异质性的农民专业合作社知识管理模式的研究〔J〕. 电子科技大学学报（社科版）, 2010,（2）: 6-10.

[263] 黄娴, 张春雷, 赵静. 一路通, 百业兴〔N〕. 贵州民族报, 2018-04-12,（A01）.

[264] 李薛霏. 促进贫困劳动力就业创业助推脱贫攻坚〔N〕. 贵州日报, 2018-04-11,（1）.

[265] 韦倩. 就业脱贫的贵州实践〔J〕. 当代贵州, 2018,（1）: 58-59.

[266] 中国网. 科学技术部副部长: 2020年农业科技进步贡献率预超60%〔EB/OL〕. http://big5.china.com.cn/gate/big5/news.china.com.cn/2018-03-30/content_50775491.htm（2018-03-30）〔2018-05-13〕.

[267] 王斌, 王建忠. 农业科技园区引入社会资本的PPP融资模式研究〔J〕. 黑龙江畜牧兽医, 2017,（22）: 280-282.

[268] 孔祥智. 农业供给侧结构性改革需关注三大重点〔J〕. 前线, 2016,（10）: 46-49.

[269] 范龙昌, 范永忠. 农业产业化过程中农户利益的保障机制研究: 基于"公司+农户"经营模式的分析〔J〕. 改革与战略, 2011, 27（8）: 90-92.

［270］国务院办公厅. 国务院办公厅关于进一步激发民间有效投资活力促进经济持续健康发展的指导意见［EB/OL］. http：//www.gov.cn/zhengce/content/2017-09/15/content_5225395. htm（2017-09-01）［2018-08-10］.

［271］何宜庆，王舒舒. 激活江西民间资本与推动创新创业对策［J］. 企业经济，2018，37（2）：183-187.

［272］国家发展改革委. 国家发展改革委关于鼓励民间资本参与政府和社会资本合作（PPP）项目的指导意见［EB/OL］. http：//www.ndrc.gov.cn/gzdt/201711/t20171130_869138.html（2017-11-28）［2018-08-10］.

后 记

本书系 2016 年商务部与贵州财经大学联合研究基金重点项目"绿色发展理念下贵州农业供给侧结构性改革研究"（课题编号：2016SWBZD15）的最终研究成果。整个研究过程分为五个阶段。第一阶段是项目总体规划设计。通过专家座谈、课题组会议商讨等方式拟定研究提纲，围绕研究主题，在开展现状研究、理论准备和文献检索的基础上，经过反复论证和不断修改完善，最后确定研究方案。第二阶段是项目内容的实地调研。在两年的研究期间，课题组先后奔赴贵州省的贵阳市、遵义市、安顺市、黔东南苗族侗族自治州、黔西南布依族苗族自治州、黔南布依族苗族自治州、毕节市、铜仁市、六盘水市 9 个地州市开展调研，且与各地社会科学部门及基层部门建立了紧密联系，保证研究兼具理论性和实践性。第三阶段是深入分析研究。在理论研究和实地调研的基础上，运用农业经济学、产业经济学、区域经济学等领域的有关理论，进行资料的梳理及数据处理，开展分析研究。第四阶段是对研究内容的整理、校验、核对、确认，以保证研究的准确性和可靠性。第五阶段是最终研究报告的撰写，先后 5 次修改才最终定稿。

本书的形成和出版得到商务部国际贸易经济合作研究院和贵州财经大学的大力支持和帮助，项目研究得到贵州财经大学省级特色重点学科、贵州省区域一流学科工商管理学科的大力支持。在项目研究和本书形成过程中，肖小虹教授负责项目的总体设计和主持研究，以及研究提纲的拟定和统撰工作；王超教授、杜兴端副研究员负责了项目的研究设计、考察调研、综合协调、成果拟定、报告撰写及全书的整理工作，为研究的完成和本书的整理出版做出了突出贡献；工商学院齐慧杰、王婷婷、王帅、刘胜强、吕鹏、姚梅、段雯雯、邹云美、李仪等硕士研究生在资料搜集、数据分析、报告撰写等方面也做出了重要贡献。在此，对上述单位给予的宝贵支持及课题组和同学们付出的辛勤劳动表示衷心感谢！

特别需要说明的是，在本书的写作过程中，作者参阅了大量的文献和档案数据，在书中参考文献部分已尽可能的标注说明，如有缺漏深表歉意，在此一并致谢。由于作者的学识水平和本书的篇幅所限，难免存在不足，敬请专家和读者批评指正。

作 者

2018 年 8 月